AS ORGANIZAÇÕES RELIGIOSAS COMO PESSOA JURÍDICA DE DIREITO PRIVADO

LEÔNIDAS MEIRELES MANSUR MUNIZ DE OLIVEIRA

Prefácio
Taisa Maria Macena de Lima

Apresentação
Rodrigo Almeida Magalhães

AS ORGANIZAÇÕES RELIGIOSAS COMO PESSOA JURÍDICA DE DIREITO PRIVADO

Belo Horizonte

2022

© 2022 Editora Fórum Ltda.

É proibida a reprodução total ou parcial desta obra, por qualquer meio eletrônico, inclusive por processos xerográficos, sem autorização expressa do Editor.

Conselho Editorial

Adilson Abreu Dallari	Floriano de Azevedo Marques Neto
Alécia Paolucci Nogueira Bicalho	Gustavo Justino de Oliveira
Alexandre Coutinho Pagliarini	Inês Virgínia Prado Soares
André Ramos Tavares	Jorge Ulisses Jacoby Fernandes
Carlos Ayres Britto	Juarez Freitas
Carlos Mário da Silva Velloso	Luciano Ferraz
Cármen Lúcia Antunes Rocha	Lúcio Delfino
Cesar Augusto Guimarães Pereira	Marcia Carla Pereira Ribeiro
Clovis Beznos	Márcio Cammarosano
Cristiana Fortini	Marcos Ehrhardt Jr.
Dinorá Adelaide Musetti Grotti	Maria Sylvia Zanella Di Pietro
Diogo de Figueiredo Moreira Neto (*in memoriam*)	Ney José de Freitas
Egon Bockmann Moreira	Oswaldo Othon de Pontes Saraiva Filho
Emerson Gabardo	Paulo Modesto
Fabrício Motta	Romeu Felipe Bacellar Filho
Fernando Rossi	Sérgio Guerra
Flávio Henrique Unes Pereira	Walber de Moura Agra

FÓRUM
CONHECIMENTO JURÍDICO

Luís Cláudio Rodrigues Ferreira
Presidente e Editor

Coordenação editorial: Leonardo Eustáquio Siqueira Araújo
Aline Sobreira de Oliveira

Rua Paulo Ribeiro Bastos, 211 – Jardim Atlântico – CEP 31710-430
Belo Horizonte – Minas Gerais – Tel.: (31) 2121.4900
www.editoraforum.com.br – editoraforum@editoraforum.com.br

Técnica. Empenho. Zelo. Esses foram alguns dos cuidados aplicados na edição desta obra. No entanto, podem ocorrer erros de impressão, digitação ou mesmo restar alguma dúvida conceitual. Caso se constate algo assim, solicitamos a gentileza de nos comunicar através do *e-mail* editorial@editoraforum.com.br para que possamos esclarecer, no que couber. A sua contribuição é muito importante para mantermos a excelência editorial. A Editora Fórum agradece a sua contribuição.

Dados Internacionais de Catalogação na Publicação (CIP) de acordo com ISBD

O48o   Oliveira, Leônidas Meireles Mansur Muniz de

As organizações religiosas como pessoa jurídica de direito privado / Leônidas Meireles Mansur Muniz de Oliveira. - Belo Horizonte : Fórum, 2022.

292 p. ; 14,5cm x 21cm.
ISBN: 978-65-5518-387-0

1. Direito. 2. Direito Privado. 3. Direito Civil. 4. Direito do Terceiro Setor. 5. Direito Empresarial. I. Título. II. Série.

CDD 346
CDU 347

2022-1326

Elaborado por Vagner Rodolfo da Silva - CRB-8/9410

Informação bibliográfica deste livro, conforme a NBR 6023:2018 da Associação Brasileira de Normas Técnicas (ABNT):

OLIVEIRA, Leônidas Meireles Mansur Muniz de. *As organizações religiosas como pessoa jurídica de direito privado*. Belo Horizonte: Fórum, 2022. 292 p. ISBN 978-65-5518-387-0.

Aos meus pais, Sônia e Antônio. Com todo respeito, amor e admiração.

A Deus, por todo cuidado, e a você, por todo amor e amparo.

"Tenho apenas duas mãos e o sentimento do mundo."

(Carlos Drummond de Andrade)

SUMÁRIO

PREFÁCIO 13

APRESENTAÇÃO 15

INTRODUÇÃO 17

CAPÍTULO 1
A PERSONALIDADE JURÍDICA NO DIREITO
BRASILEIRO 21
1.1   O Código Civil, a tipificação e a estruturação da pessoa
        jurídica de direito privado 22
1.1.1   As sociedades empresárias, a empresa individual de
        responsabilidade limitada e a sociedade limitada
        unipessoal 35
1.1.2   As associações 40
1.1.3   As fundações 47
1.1.4   Os partidos políticos e as organizações religiosas 50
1.2   Teorias da pessoa jurídica: entre a negativa e o
        reconhecimento da existência real 55
1.3   O conceito ontológico-institucional de pessoa jurídica
        na obra de José Lamartine Corrêa de Oliveira 79

CAPÍTULO 2
O DIREITO, A RELIGIÃO E A PERSONALIDADE
JURÍDICA: ASPECTOS SOCIAIS, POLÍTICOS,
ETIMOLÓGICOS E FUNDAMENTAIS DAS
ORGANIZAÇÕES RELIGIOSAS 95
2.1   A religião por uma perspectiva histórica, sociológica
        e antropológica 96
2.1.1   A religião como fato social e sua definição substantiva 101
2.1.2   A religião como sistema e sua definição funcional 109

2.2 A relação entre personalidade jurídica e religião na
perspectiva da *joint guidelines on the legal personality
of religious or belief communites* 119

CAPÍTULO 3
A PESSOA JURÍDICA DE DIREITO PRIVADO
AMORFA: ORGANIZAÇÕES RELIGIOSAS OU
ASSOCIAÇÃO PRIVADA? 129

3.1 As organizações religiosas e a transformação do papel
da religião na sociedade 129

3.2 A diversidade religiosa e sua influência na constituição
das organizações religiosas sob uma perspectiva
censitária na teoria de Paula Montero 140

3.3 Organizações religiosas ou associações privadas de
cunho religioso? 153

CAPÍTULO 4
A CRISE DO RECONHECIMENTO DAS
ORGANIZAÇÕES RELIGIOSAS ENQUANTO
PESSOA JURÍDICA DE DIREITO PRIVADO 175

4.1 A crise no sistema e as organizações religiosas à luz
de José Lamartine Corrêa de Oliveira 176

CAPÍTULO 5
AS ORGANIZAÇÕES RELIGIOSAS ENQUANTO
PESSOA JURÍDICA DE DIREITO PRIVADO NO
CÓDIGO CIVIL BRASILEIRO: UMA TENTATIVA
DE CONCEITUAÇÃO 191

5.1 Breve trajetória histórica das organizações religiosas no
direito brasileiro 191

5.2 Uma visão cartográfica: o mapa das organizações
religiosas no Município de Belo Horizonte 201

5.3 Classificação e tipologias das organizações religiosas 210

5.4 A proposição conceitual 232

CONCLUSÃO 281

REFERÊNCIAS 287

PREFÁCIO

Coragem e pioneirismo são os substantivos que melhor prenunciam ao leitor a relevância do tema desenvolvido ao longo das páginas escritas pelo Professor e Doutor em Direito Leônidas Meireles Mansur Muniz de Oliveira.

O texto foi inicialmente apresentado e defendido perante banca examinadora, para obtenção do título de Doutor em Direito no Programa de Pós-Graduação em Direito da Pontifícia Universidade Católica de Minas Gerais, Área 1 (Democracia, Autonomia Privada e Regulação), Linha 2 (Função Social e Função Econômica das Instituições Jurídicas), sob a orientação do Prof. Dr. Rodrigo Almeida Magalhães.

Não raro, os escritos sobre pessoa jurídica voltam-se para aquelas tipificadas pela legislação para o desenvolvimento de atividades econômicas (como atividade empresarial ou mesmo exercício de profissões liberais). Nesse cenário, "As Organizações Religiosas como Pessoa Jurídica de Direito Privado" é uma bem-vinda exceção.

Quando de sua promulgação, o Código Civil Brasileiro de 2002 manteve a classificação tradicional de pessoas jurídicas de direito privado – sociedade, associação e fundação. Mas, com as modificações da Lei nº 10.825, de 22 de dezembro de 2003, o direito recodificado brasileiro inovou ao criar um modelo de pessoa jurídica destinado a dar abrigo às igrejas: a organização religiosa. Todavia, a inserção desse novo tipo legal se fez sem maior reflexão, diante da urgência de atender à demanda premente e relevante: preservar a liberdade religiosa, constitucionalmente assegurada, em face das exigências introduzidas pelo "novo" Código Civil.

Até o presente dia, a organização religiosa continua sendo a grande desconhecida, o que é explicável pela parcimônia da lei ao disciplinar a nova espécie de sujeito de direito personificado.

Duas décadas não foram suficientes para a produção de interpretações doutrinárias e para a formação de acervo jurisprudencial sobre as questões fundamentais que envolvem a organização religiosa.

Por isso, a obra que ora se leva a público é desbravadora e assume, corajosamente, todos os riscos do pioneirismo.

De início, o autor empreende o estudo sobre a personalidade jurídica no direito brasileiro focando na teorização, tipificação e estruturação da pessoa jurídica de direito privado e enfrentando ainda o delicado tema do liame Direito e Religião.

Em seguida, lança-se à investigação do modelo mais adequado para dar forma legal à igreja (organizações religiosas ou associação privada). Ainda que, à primeira vista, a Lei Civil tenha retirado as igrejas da normatividade das associações civis, a partir do levantamento de dados nas plataformas do IBGE e do IPEA delineia-se realidade bem diversa: as igrejas, em sua maioria, ainda se constituem juridicamente como associações. A constatação desse fato é o ponto de partida da profunda análise da crise no reconhecimento da organização religiosa como pessoa jurídica de direito privado.

Naturalmente, incontáveis fontes foram pesquisadas: o pesquisador-autor resgatou obras clássicas – juristas relevantes ontem e hoje – acrescentando ainda autores que já se fizeram essenciais, na atualidade, por se debruçarem sobre os problemas e os desafios próprios da primeira metade do século XXI. A fonte jurisprudencial não foi esquecida: a tese – transformada em livro – analisa criticamente decisões judiciais com a finalidade de "apresentar a confusão conceitual entre organizações religiosas e associações privadas" que ainda se observa no país.

Ao final, como conclusão, o leitor é presenteado com uma proposição conceitual de organização religiosa a partir de critérios testados pelo rigor da Ciência Dogmática do Direito.

Um trabalho precioso para ser lido, refletido e divulgado.

Belo Horizonte, 22 de março de 2022.

Taisa Maria Macena de Lima
Doutora e Mestre em Direito pela UFMG; Desembargadora do Trabalho; Professora do Curso de Graduação em Direito da PUC Minas; Professora do Mestrado e Doutorado em Direito da PUC Minas; Ex-bolsista do DAAD; Conselheira do KAAD; Membro da AJUCH-BH; Pesquisadora do Centro de Estudos em Biodireito (CEBID).

APRESENTAÇÃO

A obra "As Organizações Religiosas como Pessoa Jurídica de Direito Privado", de autoria do doutor, professor e advogado Leônidas Meireles Mansur Muniz de Oliveira, é um dos trabalhos realizados dentro de sua experiência profissional e acadêmica na área direito privado.

Esta obra, a meu juízo, é importante por três razões, dentre outras, que destaco. *Em primeiro lugar,* pela escolha do tema, pois, no domínio do direito privado, mais especificamente das organizações religiosas, ganhou maior destaque, nos últimos anos, com a criação de novas igrejas no Brasil. Através de uma construção científica analisando o aspecto prático, jurídico, religioso, cultural, sociológico e antropológico, o autor conseguiu demonstrar com dados, o que é raro no Direito, o atual cenário das organizações religiosas.

Ao abordar o tema, conseguiu manter uma análise jurídica, sem idealismo, de uma questão muito complexa, que os autores em geral somente abordam superficialmente. O autor conseguiu sanar uma lacuna na doutrina.

Mas tem uma *segunda realidade* nesta obra que traz contribuições inovadoras a respeito da questão. A obra possui uma análise interdisciplinar, que concilia o direito e a religião, duas ciências que aparentemente não possuem interligações, e que o autor conseguiu demonstrar que uma completa e explica a outra.

O *terceiro aspecto* da presente obra repousa no fato de que a capacidade metodológica do autor e a claridade conceitual dos temas abordados permitem e facilitam a sua entrada, sem dificuldade, no pensamento jurídico.

O autor possui uma formação em educação superior que foi demonstrada, no curso da obra, pela facilidade com que aborda temas tão difíceis.

Confio que o esforço realizado na releitura das organizações religiosas, visando a sua readequação aos tempos atuais e futuros, seja reconhecido nesta obra, a qual oportuniza à comunidade jurídica reflexões levadas a efeito com seriedade, competência acadêmica e lucidez, refletindo aprofundamento e problematização do discurso jurídico.

A obra de Leônidas Meireles Mansur Muniz de Oliveira reveste-se de inegáveis méritos e qualidades, com alta relevância expositiva e didática, fazendo com que sua leitura e seu estudo sejam de todo recomendáveis.

Prof. Dr. Rodrigo Almeida Magalhães
Doutor e Mestre em Direito pela PUC Minas; Professor do Mestrado e Doutorado em Direito Privado da PUC Minas; Professor de Direito Privado da PUC Minas e da UFMG.

INTRODUÇÃO

A temática que envolve o estudo da pessoa jurídica de direito privado, aparentemente, já estaria pacificada e sem nenhuma grande novidade. Afinal, desde o século XIX a produção literária envolvendo o ente coletivo é grande. Entre a negação e a afirmação real da pessoa jurídica de direito privado, foram tantas as teorias produzidas, até que o tema se estabilizou academicamente. O direito privado brasileiro segue a teoria da realidade técnica, e as discussões que envolvem a natureza jurídica da pessoa jurídica de direito privado já não são mais questões que ocupam a ordem do dia (CORRÊA DE OLIVEIRA, 1979).

Ainda sob a égide do Código Civil de 1916, Corrêa de Oliveira (1979) chamou a atenção de todos os estudiosos para a dupla crise que envolve a pessoa jurídica, especialmente, no direito brasileiro. Os estudiosos do tema foram alertados para a necessidade imperiosa de se considerar a existência real e institucional do ente coletivo e que a lei não faz existir as pessoas jurídicas, ela apenas as reconhece, formaliza a sua concretização. Inobservadas tais ponderações, a pessoa jurídica de direito privado é alvo de duas vicissitudes: a crise da função e a crise no sistema.

O Código Civil de 2002 surge com a promessa de evitar as vicissitudes e tratar a pessoa jurídica da forma mais fidedigna possível, concedendo a ela uma realidade técnica. Porém, ao se observar melhor a temática, torna-se perceptível que não foi isso o que aconteceu. O Código Civil de 2002 nasce lacunoso, deixando de fora a regulamentação das organizações religiosas como pessoa jurídica de direito privado.

No Código Civil de 1916, as entidades religiosas eram obrigadas a assumir a forma de uma "sociedade religiosa", e no Código Civil de 2002 foram completamente ignoradas, não contempladas pelo legislador, passando a ocupar um espaço cinzento no direito brasileiro. Sem uma natureza jurídica própria, foram obrigadas a se constituir na forma de uma "associação religiosa" que, em verdade, é uma associação privada. Nessa simples observação já se pode concluir que o direito brasileiro, ainda, não superou todas as discussões que envolvem a pessoa jurídica de direito privado.

Com o advento da Lei nº 10.825, de 22 de dezembro de 2003, as organizações religiosas foram inseridas – com os partidos políticos – no rol de pessoas jurídicas de direito privado, ou seja, constam expressamente no artigo 44 do Código Civil Brasileiro. Um avanço, o ente coletivo de vertente religiosa passa a ser reconhecido pelo legislador, levando em consideração a sua existência real, evitando o que Corrêa de Oliveira (1979) aponta como reconhecimento do elemento ôntico e institucional para a configuração da pessoa jurídica. No entanto, ao se analisar a literatura e a jurisprudência brasileira percebe-se que a alteração promovida no Código Civil Brasileiro (CCB) não trouxe nenhum avanço, pois, ainda hoje, as organizações religiosas são obrigadas a assumir uma formatação que não corresponde à vontade do legislador. Ou seja, todo e qualquer ente coletivo de vertente religiosa que optar por desenvolver atividade não lucrativa com viés religioso, porém, ato que vai além do culto e da liturgia, será considerado uma associação, e não uma organização religiosa. Sendo assim, de que adiantou o reconhecimento das organizações religiosas, se o operador do direito não a implementa?

Nessa perspectiva, a presente obra tem, como tema de estudo, as organizações religiosas e a sua conceituação como pessoa jurídica de direito privado. Para essa abordagem, buscou-se analisar a legislação brasileira específica (Código Civil, Leis infraconstitucionais, Constituição Federal, Acordo Brasil Santa Sé, Direito do Terceiro Setor etc.), as teorias das ciências correlatas que permitem uma melhor compreensão do tema (Sociologia da religião e teoria das organizações), o tratamento concedido pela jurisprudência e os dados censitários que demonstram o quantitativo do ente coletivo no país.

A discussão principal trata da ausência de conceituação de uma organização religiosa como pessoa jurídica de direito privado, o que limita sua atuação, viola sua liberdade de organização e, consequentemente, fere a liberdade religiosa no Brasil. Para tanto, serão apresentados casos concretos que demonstram o tratamento limitante concedido às organizações religiosas pelo Poder

Judiciário, que vincula a atuação delas apenas ao culto e liturgia, desconsiderando sua importância e atuação histórica na sociedade e na esfera pública. Tal posicionamento leva a uma confusão conceitual entre organização religiosa e associação privada, o que promove uma vicissitude no ordenamento jurídico brasileiro e demonstra que o estudo da pessoa jurídica no direito brasileiro ainda não foi superado.

Inicialmente apresentou-se um estudo sobre a teoria da personalidade jurídica, com a abordagem dos principais aspectos. Questões doutrinárias, históricas e conceituais foram trazidas à tona para embasar toda a teoria da conceituação que será construída neste livro. Em seguida, é apresentado um estudo sobre todas as teorias definidoras da pessoa jurídica com o objetivo de se compreender o estado da arte atual do tema e o porquê da existência de uma vicissitude no CCB. Solidificada a compreensão da pessoa jurídica, em sequência, apresenta-se a problemática da confusão conceitual e do tratamento equivocado concedido às organizações religiosas. Juntamente a essa trajetória conceitual, é apresentado um aporte teórico que envolve a sociologia da religião com o objetivo de delimitar a relação entre direito e religião. Essa relação é demonstrada por meio das teorias que definem a religião como um fato social e como um sistema funcional. Essa ligação também será confirmada por meio dos dados censitários que expressam a realidade das organizações religiosas no Brasil e, em particular, no Município de Belo Horizonte, em Minas Gerais.

Para além da problemática constatada no Brasil, apresenta-se, nesta obra, o tratamento concedido ao tema no contexto internacional por meio da análise da *Joint Guidelines on the Legal Personality of Religious or Belief Communities*, e, por fim, será construída uma possível conceituação do ente coletivo de vertente religiosa.

Com o escopo de apresentar uma conceituação para a pessoa jurídica de direito privado do tipo organizações religiosas sem exaurir as possibilidades de discussões identificadas sobre o tema, foi elaborado um plano metodológico com base na análise jurisprudencial, na revisão literária com enfoque teórico e bibliográfico, no levantamento de dados na plataforma do Instituto Brasileiro de Geografia e Estatística (IBGE), especificamente por meio de operação da plataforma SIDRA, e no levantamento de dados na plataforma no Instituto de Pesquisas Econômica Avançada (IPEA). Todos os dados são utilizados como suporte de aplicação da cartografia que permitiu a construção do mapa das organizações religiosas no Município de Belo Horizonte bem como viabilizou a visão do mapa das organizações religiosas em nível nacional. Os dados apresentados corroboram com a necessidade de uma conceituação das organizações religiosas.

A aplicação da metodologia descrita obedeceu às seguintes etapas: 1) seleção da bibliografia que levou em consideração obras clássicas, contemporâneas, teses e dissertações de mestrado e doutorado, artigos científicos publicados em revistas e sites de universidades nacionais e internacionais (essa sistemática foi utilizada tanto para a seleção da bibliografia jurídica quanto para a bibliografia dos demais temas abordados); 2) realização de um recorte jurisprudencial com o fito de apresentar a confusão conceitual entre organizações religiosas e associações privadas (os julgados foram selecionados levando-se em consideração dois aspectos: a compatibilidade do assunto existente no mérito, o que demonstra a divergência no tratamento do assunto, bem como a relevância, vez que foram jurisprudências muito discutidas no contexto nacional); 3) uso da cartografia por meio de levantamento de dados nas plataformas do IBGE e do IPEA que permitem demonstrar a relevância do assunto assim como a necessidade de um correto tratamento. A construção do mapa das organizações religiosas tem como escopo demonstrar, em números, as instituições de vertente religiosa no Município de Belo Horizonte e seu quantitativo geral nacional.

A escolha do tema se justifica pela necessidade de apresentar um conceito para as organizações religiosas, demonstrando que a confusão conceitual (associação privada *versus* organização religiosa) fere diretamente a liberdade religiosa, bem como o Código Civil Brasileiro, com a geração da denominada crise no sistema, de acordo com a teoria de Corrêa de Oliveira (1979); demonstrando ainda que é possível a caracterização do ente coletivo de vertente religiosa, em acordo com o artigo 44, inciso IV do CCB, quando realizadas atividades consideradas além do culto e da liturgia.

CAPÍTULO 1

A PERSONALIDADE JURÍDICA NO DIREITO BRASILEIRO

Neste capítulo, apresenta-se uma reflexão com enfoque teórico e bibliográfico sobre o conceito de pessoa jurídica. Como um dos principais institutos do direito privado, a construção de sentido do termo sempre foi alvo de grandes discussões doutrinárias que giraram em torno de sua conceituação, funcionalidade e tipificação.

O marco teórico principal deste capítulo é a obra de José Lamartine Corrêa de Oliveira, o que se faz necessário para a correta interpretação dos capítulos subsequentes. Contudo, outros autores, como Francisco Ferrara, Caio Mário da Silva Pereira, Pontes de Miranda, Alexandre Ferreira de Assumpção Alves, César Fiúza, Rodrigo Xavier Leonardo, Wilson Melo Silva e Sílvio Venosa, fornecerão subsídios na forma de marco teórico de complementação.

O método dialético de elaboração deste capítulo terá, como ponto de partida, o estado da arte atual da personalidade jurídica no direito brasileiro. Será discutida a teoria de definição, acolhida pela doutrina majoritária, e serão abordados os tipos de pessoa jurídica adotados pelo Código Civil Brasileiro. Também buscar-se-á traçar uma diferenciação entre personalidade e capacidade – com base nas ideias de Walter Moraes.

Em busca de uma análise mais verticalizada sobre o instituto, serão revisitadas as principais teorias de definição da pessoa jurídica, elaboradas entre o século XIX e XX, com o objetivo de firmar a justificativa do ordenamento jurídico brasileiro pela teoria atual e demonstrar a importância em se reconhecer quais teorias afirmam e quais teorias negam a existência real da pessoa jurídica.

Por fim, será apresentado um conceito ontológico-institucionalista, em acordo com a obra de José Lamartine Corrêa de Oliveira, de extrema relevância ao desenvolvimento e à interpretação dos capítulos subsequentes.

1.1 O Código Civil, a tipificação e a estruturação da pessoa jurídica de direito privado

José Lamartine Corrêa de Oliveira (1979) leciona que a teoria da personalidade jurídica tem, como postulado maior, a analogia realizada pela lei entre o ente coletivo e o ser humano. Por isso, o estudo da pessoa jurídica deve passar pela diferenciação conceitual entre personalidade e capacidade, o que inclusive é fundamental para o autor.

O conceito de pessoa é algo preexistente ao direito. Logo, com o evoluir dos mais diversos sistemas jurídicos, foi sendo adequado aos novos contornos. Segundo César Fiuza (2021, p. 145), a pessoa jurídica é "uma entidade criada para a realização de um fim e reconhecida como pessoa, sujeito de direitos e deveres". A pessoa jurídica, compreendida enquanto uma manifestação da pessoa natural, será entendida como uma realidade técnica com alto grau de analogia com a pessoa natural. Toda essa construção se faz necessária para a classificação da pessoa jurídica como sujeito de direitos e deveres na ordem civil. Uma das condições essenciais para ser sujeito de direitos é ser pessoa. Nesse mesmo caminho, segue Caio Mário da Silva Pereira:

> (...) Mas a complexidade da vida civil e a necessidade da conjugação de esforços de vários indivíduos para a consecução de objetivos comuns ou de interesse social, ao mesmo passo que aconselham e estimulam a sua agregação e polarização de suas atividades, sugerem ao direito equiparar à própria pessoa natural certos agrupamentos de indivíduos e certas destinações patrimoniais e lhe aconselham atribuir personalidade e capacidade de ação aos entes abstratos assim gerados. Surgem, então, as pessoas jurídicas, que se compõem, ora de um conjunto de pessoas, ora de uma destinação patrimonial, com aptidão para adquirir e exercer direitos e contrair obrigações (PEREIRA, 2014, p. 249).

Pontes de Miranda também chama a atenção para uma conceituação tendo como base a analogia entre pessoa jurídica e pessoa natural. O autor destaca que a pessoa jurídica é uma realidade e não uma ficção, mas ressalta as importantes diferenças que devem ser observadas entre pessoa jurídica e pessoa física:

> As pessoas jurídicas, como as pessoas físicas, são criações do direito: é o sistema que atribui direitos, deveres, pretensões, obrigações, ações e exceções a entes humanos ou a entidades criadas por esses, bilateral, plurilateral (sociedade, associações), ou unilateralmente (fundações). Em todas há o suporte fáctico; e não há qualquer ficção em se ver pessoa nas sociedades e associações (personificadas) e nas fundações: não se diz que são entes humanos; caracteriza-se mesmo, em definição e em regras jurídicas diferentes, a distinção entre pessoas físicas e pessoas jurídicas. Nem sempre todos os homens foram sujeitos de direito, nem só eles o foram e são. A discussão sobre serem reais, ou não, as pessoas jurídicas, é em torno de falsa questão: realidade, em tal sentido, é conceito do mundo fáctico; pessoa jurídica é conceito do mundo jurídico. O que importa é assentar-se que o direito não as cria *ex nihilo*: traz para as criar, algo do mundo fáctico. Se há realidades, espirituais (E. I. Bekker, Was sind geistige Realitäten?, *Archiv für Rechts – und Wirtschaftsphilosophie*, I. 185-193), ou se não há, constitui problema que se há de ter resolvido, ou dado como resolvido, *antes* de se entrar no mundo jurídico (PONTES DE MIRANDA, 2012, p. 401).

É perceptível que a grande preocupação em torno da personalidade jurídica é o reconhecimento do atributo que a ela será ligado, ou seja, à capacidade. Walter Moraes (2000), ao apresentar um conceito tomista de pessoa, leciona a diferença entre pessoa e personalidade. Para o autor, sujeito de direitos e pessoa são conceitos sinônimos aos olhos da lei. Já a personalidade é uma aptidão para ser pessoa. Logo, a personalidade seria o elo jurídico entre a realidade de tal ente e a previsão legal, considerando-o, por consequência, como pessoa. Personalidade é um *quid* que garante, a determinado ente, a característica de pessoa.[1]

---

[1] Em Direito, define-se personalidade com grande precisão, nestes termos: aptidão para ser sujeito de direito. 1º Ser sujeito de direito (de direitos e obrigações) é ser pessoa. Pessoa e sujeito, no plano jurídico, são conceitos equivalentes. Personalidade vem a ser, então, aptidão para ser pessoa; seja, personalidade é o *quid* que faz com que algo seja pessoa. E isto é exato. Estes conceitos de personalidade e de pessoa pode afirmar-se que satisfazem os desígnios práticos do trato jurídico estrito, onde o que interessa da pessoa é ser ela o sujeito de atribuição dos direitos e das obrigações. Admiravelmente simples e claros, aptos a serem apreendidos de imediato, não revelam, contudo, as extensões conceituais de que necessitamos para avaliar a personalidade pelo prisma crítico de um possível objeto de direito (MORAES, 2000, p. 16).

A expressão dessa teoria é de grande valia para a teoria da personalidade jurídica, afinal, sem o estabelecimento do *quid*, o ente coletivo não alcançará o *status* legal de sujeito de direito. A personalidade (*quid*) é percebida antes da consagração da pessoa jurídica. Tanto a aptidão quanto a existência do ente coletivo são pré-jurídicos. O direito brasileiro, ao eleger a teoria da realidade técnica, deixa claro que a pessoa jurídica surge da realidade, de sua institucionalização. A personalidade jurídica, entendida como uma aptidão para ser pessoa, possibilita o reconhecimento legal, ou seja, demonstra a importância de se considerar o ente sujeito de direitos e deveres.

Expressar a diferença entre pessoa e personalidade jurídica contribui para a evolução do tema. Afinal, é com o entendimento dos conceitos corretos que se pode afirmar que a pessoa jurídica surge da observação completa e perfeita da existência do ente coletivo na sociedade. Ou seja, o legislador, antes de estabelecer algum tipo de pessoa jurídica, primeiro deve observar, na realidade, a aptidão de determinado ente de ser considerado um sujeito de direitos e deveres. Caio Mário (2014) leciona que três são os elementos essenciais para a configuração da pessoa jurídica: "vontade humana criadora, a observância das condições legais de sua formação e a liceidade de seus propósitos" (PEREIRA, 2014, p. 250).

Observada a realidade, identificado o ente coletivo, constatada a sua aptidão, não restam dúvidas que determinado ente deve ser considerado pessoa jurídica e consequentemente passar a ser entendido como sujeito de direitos e deveres. Tal processo é de suma importância, vez que, com essa consagração, a pessoa jurídica passa a ser dotada de capacidade jurídica.

Lamartine Corrêa (1979) considera que a capacidade é uma medida da personalidade, ou seja, uma extensão da personalidade. Tal compreensão informa que, uma vez considerado como sujeito de direitos, o ente coletivo passa a ser apto, do ponto de vista jurídico, para estabelecer relações jurídicas no seio da sociedade e responder em nome próprio por elas. No mesmo sentido, entende Caio Mário: "A capacidade das pessoas jurídicas é uma consequência natural e lógica da personalidade que lhes reconhece o ordenamento jurídico" (PEREIRA, 2014, p. 260).

Tal concepção é um dos fundamentos para a teoria da personificação do ente coletivo. Lamartine Corrêa (1979) leciona que a personalidade é una e invariável e pertence à pessoa. Somente a pessoa é dotada de personalidade, e ela não poderá ser limitada ou reduzida. A personalidade é plena por ser uma aptidão própria. Isso significa que a personificação do ente coletivo também deve ser plena, ou seja, detectada a aptidão em ser pessoa do ente coletivo, essa deve ser considerada em sua integralidade pelo ordenamento jurídico.

A título ilustrativo, neste momento pode ser invocada a problemática da pessoa jurídica de direito privado do tipo organização religiosa. O ordenamento identificou a realidade do ente coletivo, positivou o tipo personificado, mas, na realidade, o ente coletivo tem sua personalidade limitada ao ter o seu registro negado, sob alegação de exercício de atividade que foge ao culto e à liturgia, sem observar suas especificidades.

A personalidade expressa também a existência da capacidade. Somente mediante a aptidão de ser pessoa é que se fala em capacidade. Essa sim poderá ser medida em relação ao exercício de determinado direito.

No caso da pessoa jurídica de direito privado, percebe-se essa medida na sistemática adotada pelo artigo 44 do CCB, ao estipular que as pessoas jurídicas de direito privado do tipo sociedade e do tipo empresa individual de responsabilidade limitada podem desenvolver atividade econômica com finalidade lucrativa, enquanto que as pessoas jurídicas de direito privado do tipo associações, fundações, partidos políticos e organizações religiosas podem exercer atividades econômicas desde que sem a finalidade lucrativa. Nessa perspectiva, encontra-se a capacidade, que se traduz em uma limitação de um direito subjetivo que é oriundo da personalidade.

Não se pode deixar de iluminar o tema com os dizeres de José Lamartine Corrêa de Oliveira, segundo o qual a personificação da pessoa jurídica deve ser realizada da observação institucional do ente, levando em consideração o seu substrato ôntico. Ou seja, a sistemática adotada pelo art. 44 do CCB parte exclusivamente da observação da realidade.

Todos os tipos de pessoa jurídica de direito privado que constam no dispositivo já traziam, da realidade pré-jurídica, a limitação que, ao ser positivada, identifica-se como capacidade. Isso é um indicativo preciso para este estudo. O ordenamento jurídico, ao decidir personificar o ente coletivo, deve considerar integral sua personalidade, podendo, para os fins gerais do ordenamento, limitar sua capacidade estabelecendo um complexo de normas próprias que guiem determinado tipo de pessoa jurídica quanto à atenção de seus fins essenciais. Um forte exemplo dessa situação é o complexo de normas existentes no Código Civil para dirigir as fundações e associações, tudo com o intuito de fazer valer a finalidade última do ente.

É importante ressaltar que essa medida da capacidade, em relação ao reconhecimento da personalidade jurídica do ente coletivo, é fundamental para demonstrar a atenção do ordenamento jurídico com a posição institucionalista que a pessoa jurídica ocupa no seio social.

O que não pode ocorrer é o reconhecimento e a medida da personalidade. Esse limite vai contra a essência do instituto, o que ocasiona a crise do sistema lecionada por José Lamartine Corrêa de Oliveira (1979). Fundamental esclarecer que o autor, em sua obra, apresentou a ideia de que a concessão de forma minimalista e monista da personalidade jurídica seria um pressuposto para existência da crise sistêmica no direito brasileiro.

Nesse compasso, concorda-se com o autor. Ao reconhecer um ente coletivo como pessoa jurídica, com base em elementos mínimos de analogia, o ordenamento jurídico tende a instituir uma pessoa jurídica cuja personalidade facilmente poderá ser limitada. Utilizados requisitos mínimos e reconhecido o tipo apenas com uma característica normativista, o sistema normativo provavelmente mostrar-se-á viciado, vez que positiva, na legislação, a aptidão de pessoa do ente coletivo, mas limita sua personalidade por uma questão meramente legal.

José Lamartine Corrêa de Oliveira (1979) estabelece um marco temporal ao refletir sobre a construção doutrinária da pessoa jurídica de direito privado no direito brasileiro. Segundo o autor, antes do Código Civil de 1916 não eram pacíficas as teorias que serviriam de pouso para a definição e consagração da pessoa jurídica. O legislador do Código Comercial de 1850 não possuía uma concepção de pessoa jurídica, o que apresentou a negativa de personalidade jurídica a diversos entes coletivos que faziam jus a tal.

O Código Comercial de 1850 apresentava alguns problemas em relação à personificação. A ausência de uma teoria instrutiva fez com que o legislador cometesse erros de personificação para as sociedades mercantis, associações e sociedades. José Lamartine Corrêa de Oliveira destaca, por exemplo, que "as sociedades mercantis não eram consideradas pessoas jurídicas", o que foi extremamente discutido pelos doutrinadores da época. O Código Comercial de 1850 apresentava, nesse aspecto, apenas a diferenciação entre uma sociedade e uma associação (CORRÊA DE OLIVEIRA, 1979, p. 96).

O Código Civil de 1916 é que vem mudar esse panorama legislativo. José Lamartine Corrêa de Oliveira leciona que o Código Civil de 1916

> (...) alteraria duplamente os dados do problema. Por um lado, o diploma de 1917, fiel à orientação monista de seu ilustre autor *viria a reconhecer a personalidade jurídica de todas sociedades*, civis ou mercantis (art. 16) deixando expresso, ainda, que a existência legal das pessoas jurídicas de Direito Privado começa com a inscrição dos contratos, ato constitutivo, estatutos (art. 18) no registro peculiar; (...) (OLIVEIRA, 1962, p. 96, grifo do autor).

Ao apresentar as mudanças trazidas pelo Código Civil de 1916 na conceituação da pessoa jurídica, Corrêa de Oliveira insere uma importante informação. Antes do referido código, a legislação conceituava e concedia a personalidade jurídica aos entes coletivos "às cegas", afinal, não existia uma doutrina conceitual firmada.

Com o advento da nova legislação (o projeto de lei foi apresentado em 1829 e o Código Civil, promulgado em 1917), percebe-se que o autor afirma que o direito brasileiro passa a conceder personalidade jurídica a todas as sociedades, marcando o início de tal existência com o registro dos atos formais. Corrêa de Oliveira destaca a característica de um ordenamento minimalista, traço esse que permanecerá no Código Civil de 2002:

> Temos, portanto, no Brasil, um regime minimalista, monista, e ao contrário dos precedentes europeus em matéria de monismo (França) totalmente liberal em matéria de concessão da personalidade jurídica. Mínimos são os requisitos de analogia para que se reconheça a personalidade jurídica, visto que são considerados ontologicamente pessoas as sociedades, quaisquer que sejam, as associações e as fundações. E, ao mesmo tempo, é liberal a atitude do Poder Público, pois que não existe o sistema da concessão de personalidade, embora exista

o sistema – excepcional e restrito – de autorização para constituição ou funcionamento (CORRÊA DE OLIVEIRA, 1979, p. 96 e 97).

O autor destacava, desde sua época, a relativização que o legislador brasileiro concede à análise dos requisitos essenciais do ente coletivo antes da personificação. O direito brasileiro adota a teoria da realidade técnica, mas com um viés normativista profundo oriundo do minimalismo adotado. O que se percebe é uma tipificação mínima do ente coletivo que não abarcou a existência coletiva real e que culminou em concepção abstrata e fundada exclusivamente na lei.

O Código Civil de 2002 (CCB), apesar de ter estendido o rol de tipificação da pessoa jurídica, mantém a mesma vertente minimalista e normativista, prova disso é o critério de início da personalidade jurídica adotado pelo artigo 45.

Venosa (2015) ensina que uma das grandes benesses trazidas pelo Código Civil de 2002 foi apresentar tipificação diversa para as sociedades e as associações, o que não era observado no Código Civil anterior.

O artigo 45 do Código Civil Brasileiro estabelece que "a existência legal da pessoa jurídica de direito privado começa com a inscrição do ato constitutivo no respectivo registro", o que marcaria a adoção da teoria da realidade técnica ou jurídica. Do trecho do dispositivo, é perceptível que o legislador impõe o registro para a "existência legal" do ente coletivo, ou seja, não há que se falar da negativa de sua existência real antes da formalização expressa (BRASIL, 2002).

O Código Civil Brasileiro permite, na melhor exegese do artigo 45, dividir a criação da pessoa jurídica de direito privado em duas fases, são elas: ato constitutivo e registro. A primeira fase é marcada pela constituição da pessoa jurídica; é uma declaração de vontade, ou seja, é a apresentação escrita do estatuto ou contrato constitutivo (PEREIRA, 2014).

Já a segunda fase é marcada por ser uma formalidade administrativa consubstanciada pelo registro. O grande objetivo do registro é deixar "anotados e perpetuados os momentos fundamentais de sua existência (começo e fim), bem como as alterações que venham a sofrer no curso de sua vida" (PEREIRA, 2014, p. 292).

O registro para a pessoa jurídica de direito privado é considerado elemento complementar para a aquisição da personalidade, o que não acontece quando se trata de registro de pessoa física:

> Ontologicamente, porém, há uma diferença radical entre o registro das pessoas naturais e o das pessoas jurídicas. O das primeiras tem uma função exclusivamente probatória, de vez que simplesmente importa em anotar aqueles atos da vida civil, ligados ao estado (*status*), sem qualquer função atributiva, pois não é pelo fato do assento do nascimento que o ser humano é dotado de personalidade, nem é a averbação da interdição que implica a incapacidade. A personalidade, a capacidade, a restrição que esta sofre advém de um acontecimento, que o registro patenteia. O das pessoas jurídicas, ao revés, tem força atributiva, pois que, além de vigorar *ad probationem*, recebem ainda o valor de providência complementar da aquisição da capacidade jurídica (PEREIRA, 2014, p. 292).

O registro, portanto, consagra a personalidade jurídica. A existência do ente na realidade, por si só, não garante que ele possa exercer plenamente todas as suas atividades aos olhos do sistema jurídico. Como se depreende da obra de Caio Mário (2014), o registro terá duas importantes funções: fazer prova da personalidade e servir de elemento para concessão da capacidade. Essas marcas são o que Corrêa de Oliveira (1979) já apontava como elemento de ordenamento jurídico normativista.

Caio Mário (2014) chama a atenção para os sistemas jurídicos existentes quando o assunto é o início da pessoa jurídica. Para o autor, "o processo genético das pessoas jurídicas de direito privado é muito diferente. Em última análise, seu fato gerador vai alojar-se na vontade humana (...)" (PEREIRA, 2014, p. 290).

Importante o que destaca o autor, pois, independente do sistema adotado pelo legislador para dar início à pessoa jurídica, o grande elemento "genético" e definidor será a atividade ou seu objetivo. Esse elemento permitirá o correto enquadramento legal e, por esse motivo, o artigo 44 apresenta tipos "afetados" de pessoa jurídica de direito privado.

O legislador, segundo Caio Mário, pode adotar três sistemas de atribuição de personalidade jurídica, são eles: "livre formação, reconhecimento, e o das disposições normativas" (PEREIRA, 2014, p. 290).

Cada um dos sistemas possuirá peculiaridades, mas leva em consideração a vontade humana/atividade no momento da personificação. O sistema de livre formação tem como base a mera manifestação de vontade dos membros na constituição da pessoa jurídica, a mera formação dos atos constitutivos já seria suficiente para a personificação (PEREIRA, 2014).

O sistema do reconhecimento é aquele que exige uma autorização para a personificação, ou seja, a liberdade de atuação será dependente da autorização. Já o sistema das disposições normativas, que é adotado pelo artigo 45 do Código Civil e desenha a teoria da realidade técnica, é aquele considerado como um sistema misto ou eclético. Concede o poder criador, mas exige a observância de condições legais para a personificação (PEREIRA, 2014).

Sobre o direito brasileiro e o sistema das disposições normativas, leciona Caio Mário:

> O direito brasileiro, que pertencia ao primeiro sistema até o séc. XIX, filia-se atualmente ao das disposições normativas. Não com absoluta rigidez, pois, na verdade, nenhum sistema contemporâneo guarda absoluta fidelidade a um só deles. Por isto mesmo, tem sido classificado como intermédio ou misto. Enquadramo-lo no das disposições normativas porque, salvo os casos especiais de exigência de autorização, o princípio dominante é o de que a vontade dos indivíduos, obedecendo a requisitos predeterminados, é dotada do poder de criar a pessoa jurídica. Mas, personalidade em formação, permanece ela em estado potencial até que, preenchida as exigências alinhadas na lei, converte-se em um *status* jurídico (PEREIRA, 2014, p. 290).

O direito brasileiro, ao adotar a teoria da realidade técnica, indica que a positivação da pessoa jurídica, nos moldes do artigo 45 do CCB, tem significativa importância em relação ao reconhecimento do vínculo de analogia entre o ente coletivo e a pessoa natural. Esse dispositivo pode ser entendido como um marco formal que demonstra a transformação de uma realidade substancial para uma realidade jurídica.

Na realidade jurídica, o ente coletivo passa a ser reconhecido como pessoa, sendo capaz de figurar como titular de direitos e, consequentemente, a ser entendido como um sujeito de direito. Sobre a teoria da realidade técnica adotada pelo Código Civil, leciona Caio Mário:

O jurista moderno é levado, naturalmente, à aceitação da teoria da realidade técnica, reconhecendo a existência dos entes criados pela vontade humana, os quais operam no mundo jurídico adquirindo direitos, exercendo-os, contraindo obrigações, seja pela declaração de vontade, seja por imposição da lei. Sua vontade é distinta da vontade individual dos membros componentes; seu patrimônio, constituído pela afetação de bens, ou pelos esforços dos criadores ou associados, é diverso do patrimônio de uns e de outros; sua capacidade limitada à consecução de seus fins pelo fenômeno da especialização, é admitida pelo direito positivo. E, diante de todos os fatores de sua autonomização, o jurista e o ordenamento jurídico não podem fugir da verdade infestável: as pessoas jurídicas existem no mundo do direito e existem como seres dotados de vida própria, de uma vida real (PEREIRA, 2014, p. 260).

A "tradição" da transformação do ente coletivo em pessoa jurídica possui um grande significado para o direito, pois o reconhecimento da pessoa jurídica não apresenta, necessariamente, a negativa de sua existência anterior. Pelo contrário, após o estudo de todas as teorias que versam sobre a natureza jurídica do instituto, pode-se entender que quanto mais o direito se vincula à realidade preexistente, mais concreto e seguro será o reconhecimento da existência jurídica do ente coletivo.

Como exposto, um ordenamento jurídico[2] pode ser conceituado de acordo com a importância concedida à existência real do ente coletivo antes de sua existência jurídica. José Lamartine Corrêa de Oliveira (1979) ensina que se o direito, no desenvolvimento da norma reconhecedora da pessoa jurídica, observa com detalhes, é fiel e contempla todas as características essenciais de um ente coletivo, esse ordenamento será maximalista, pois a formalização do vínculo de analogia que irá equiparar pessoa jurídica e pessoa física será criteriosa, será rigorosa. Não bastam apenas alguns requisitos; é preciso o máximo de requisitos equiparáveis possíveis. Para Corrêa de Oliveira, um ordenamento maximalista, na configuração da pessoa jurídica, apresenta um critério seguro de positivação.

---

[2] Segundo Norberto Bobbio, ordenamento jurídico pode ser conceituado como um conjunto de normas coesas e coerentes entre si. O autor leciona também uma diferença conceitual entre ordenamento jurídico e direito. Contudo, os termos podem ser utilizados como sinônimos, o que se faz nesta obra. Sempre que se utiliza a expressão direito ou ordenamento jurídico, a intenção é remeter o leitor ao conjunto de normas vigentes no Brasil (BOBBIO, 1992, p. 24).

Em contrário senso, o mesmo autor leciona que o ordenamento que deixa de observar, com rigor, a realidade pré-normativa do ente coletivo e que estipula requisitos de analogia mínimos será considerado, do ponto de vista da personificação, minimalista. O minimalismo exige o mínimo de aptidão possível do ente para receber a personificação. Sendo assim, a lei passa a reconhecer a existência jurídica de determinado ente sem nem bem ter definido que ele é, de fato, correspondente a uma pessoa jurídica, o que é o caso do direito brasileiro desde a legislação anterior ao CCB.

A adoção do sistema minimalista de consagração da pessoa jurídica, segundo Corrêa de Oliveira (1979), deixa o ordenamento mais suscetível, vez que cria uma possibilidade genérica de personificação, que pode levar à personalização limitada e parcial. Esses problemas são considerados, pelo autor, como mola propulsora para o surgimento de uma crise sistêmica no direito – tema que será aprofundado mais adiante.

De posse das questões conceituais e doutrinárias, o direito brasileiro define a pessoa jurídica valendo-se de uma classificação finalística. O direito brasileiro segue a vertente de considerar o termo pessoa jurídica com um significado binário. Ou seja, serão duas as espécies de pessoa jurídica no direito brasileiro: a pessoa jurídica de direito público e a pessoa jurídica de direito privado. Essa opção classificatória do legislador pátrio pode ser retirada do artigo 40 do CCB, cuja lição é que, no direito brasileiro, a pessoa jurídica será de "direito público interno ou externo ou de direito privado" (BRASIL, 2002).

A classificação interna da pessoa jurídica de direito público interno e de direito privado utiliza como critério a detenção do poder político. Já a classificação da pessoa jurídica de direito público externo leva em consideração a soberania estatal e atuação do estado perante entes internacionais (PEREIRA, 2014).

Nesse sentido, o ente coletivo que desenvolve uma atividade finalística com pouso no poder político e no interesse coletivo será tratado pelo CCB como pessoa jurídica de direito público. Já o ente coletivo que desenvolve uma atividade finalística voltada para a atuação na sociedade de forma privada, sem uma organização voltada ao poder político, será considerada pessoa jurídica de direito privado (PEREIRA, 2014).

Em observância ao objetivo desta obra, ocupar-se-á da tipologia da pessoa jurídica de direito privado, não tendo como foco a pessoa jurídica de direito público. No tocante à pessoa jurídica de direito privado, Caio Mário ressalta que:

> As pessoas jurídicas de direito privado, especialmente as consideradas pelo direito civil, podem ser agrupadas em três tipos fundamentais, em razão de sua constituição e ao mesmo tempo de suas finalidades: o primeiro tipo abrange as *associações* (...); o terceiro, as *fundações* (...); e o terceiro, as *sociedades* (...). O Código, a partir da Lei 10.825/2003, indica em apartado os *partidos políticos* e as *organizações religiosas*, em virtude de suas peculiaridades. A lei 12.441/2011, por sua vez, acrescentou ao rol do art. 44 do Código Civil as chamadas *empresas individuais de responsabilidade limitada* (...) (PEREIRA, 2014, p. 294).

O autor considera três agrupamentos "clássicos" de pessoa jurídica de direito privado, considerando, neste grupo, apenas as associações, fundações e sociedades. Ele informa sobre os partidos políticos e as organizações religiosas, reforça as peculiaridades desse tipo de pessoa jurídica e deixa a entender que a Lei nº 10.825/2003 regula por completo as especificidades das pessoas jurídicas inseridas no artigo 44 do CCB. Isso é um grande problema para as organizações religiosas, pois a doutrina não apresenta literatura robusta sobre o tema, deixando esse tipo de pessoa jurídica sempre preso ao limbo jurídico ao qual foi atirada desde 2003.

Nessa perspectiva, o melhor entendimento – e o que se passa a adotar – é o do artigo 44, que enumera seis tipos de pessoa jurídica de direito privado: associações, fundações, sociedades empresárias, partidos políticos, organizações religiosas e a empresa individual de responsabilidade limitada (EIRELI).

Para além dessas considerações gerais, Caio Mário apresenta o seguinte conceito para as pessoas jurídicas de direito privado:

> As pessoas jurídicas de direito privado são as entidades que se originam do poder criador da vontade individual, em conformidade com o direito positivo, e se propõem realizar objetivos de natureza particular, para benefício dos próprios instituidores, ou projetadas no interesse de uma parcela determinada ou indeterminada da coletividade. Aqui se compreende toda a gama de entidades dotadas de personalidade jurídica, sem distinção se se trata de fins lucrativos ou de finalidades não econômicas. Não há, também, qualquer restrição às de natureza

espiritual ou temporal. Qualquer que seja a pessoa jurídica de direito privado está sujeita às normas do Código, ou de uma lei especial que lhe seja aplicável, uma vez que preencha, para sua constituição e funcionamento, as exigências dele ou das leis que a ela especialmente se refiram (PEREIRA, 2014, p. 267).

A classificação das pessoas jurídicas de direito privado leva em consideração os "objetivos a que se propõem originalmente, à natureza de atuação e à órbita de seu funcionamento" (PEREIRA, 2014, p. 264). Muito se discutiu na doutrina sobre o grau de imperatividade da norma estabelecida no artigo 44 do CCB.

A III Jornada de Direito Civil, realizada nos anos de 2005, leciona que o rol de pessoas jurídicas de direito privado apresentado no artigo 44 do CCB não é taxativo e, sim, exemplificativo.[3] Esse entendimento tem como base a compreensão de que o Código Civil Brasileiro é um sistema aberto composto por cláusulas gerais e, por isso, é possível encontrar entes coletivos que são pessoas jurídicas e que não estão enumerados no artigo 44. O que reforça a afirmação de Corrêa de Oliveira de que o direito brasileiro é minimalista em relação à configuração da pessoa jurídica, o que permitiria um extenso rol de pessoas jurídicas.

A tipificação da pessoa jurídica é entendida como a manifestação de três elementos. Em destaque tem-se o elemento volitivo, que será a manifestação individual dos componentes do ente coletivo em se reunir pela busca de determinado fim. Essa finalidade dará origem ao segundo elemento, que é o objetivo da pessoa jurídica. A manifestação da vontade deverá ter, como finalidade, o alcance de um objetivo de fins privado. Por fim, o titular desse benefício de finalidade privada poderá ser o próprio titular ou parcela determinada da coletividade (VENOSA, 2014, p. 253).

Nessa perspectiva para o direito brasileiro, considerando sua filiação à teoria da realidade técnica e sua classificação minimalista, a pessoa jurídica de direito privado será entidade dotada de personalidade que poderá atuar na sociedade como sujeito de direito, vez que terá capacidade jurídica.

---

[3] Enunciado nº 144 – A relação das pessoas jurídicas de direito privado constante do art. 44, incs. I a V, do Código Civil não é exaustiva (JUSTIÇA FEDERAL, 2012).

Conquanto seja existente na realidade, a capacidade da pessoa jurídica restará prejudicada, pois, em decorrência da realidade técnica, a pessoa jurídica que não observa a formalidade jurídica para o reconhecimento de sua existência não pratica atos em nome próprio, e sim por intermédio de terceiros (GOMES, 2006).

Analisando a tipificação realizada pelo direito brasileiro, considerando que o sistema pátrio é minimalista, observando o artigo 44 do Código Civil Brasileiro como um rol exemplificativo, poder-se-ia afirmar que uma consequência do reconhecimento da personalidade jurídica seria a distinção entre o patrimônio dos titulares e o patrimônio da pessoa jurídica. O patrimônio, como se percebe, não é um requisito essencial para a existência formal da pessoa jurídica.

Contudo, o elemento primordial para configuração da pessoa jurídica é seu objeto, ou seja, sua atividade, que nada mais é do que a concretização da vontade humana (PEREIRA, 2014). É por meio dele que a tipificação ocorrerá de forma inequívoca. Esse objeto é o elemento implícito que propulsiona a configuração e manifestação do elemento volitivo e carrega, em sua gênese, a essência da pessoa jurídica consagrada.

A identificação do objeto permitirá o correto enquadramento do ente coletivo nos tipos trazidos pelo artigo 44 do Código Civil Brasileiro bem como a concretização da teoria da realidade técnica. Por isso, serão expostos, de forma breve, cada um dos tipos de pessoa jurídica de direito privado, positivadas no artigo supracitado. Neste momento, vislumbrando os objetivos desta obra, será discutido, de forma mais profunda, apenas o conceito de associação privada, o que servirá de apoio às ideias que serão apresentadas no capítulo 5.

1.1.1 As sociedades empresárias, a empresa individual de responsabilidade limitada e a sociedade limitada unipessoal

A pessoa jurídica de direito privado do tipo sociedade tem, como característica, a reunião contratual de pessoas que, por meio da união de bens ou serviços, comprometem-se na execução de uma atividade com finalidade econômica que resultará na partilha dos resultados entre todos os membros.[4] O objetivo da reunião contratual permite uma especificação do tipo de sociedade, ou seja, poderá ser classificada em duas espécies com objetivos distintos: as sociedades empresárias e as sociedades simples[5] (NEGRÃO, 2017).

O fator que determina a classificação específica é o objeto fundamental da pessoa jurídica. Ou seja, a reunião de uma ou mais pessoas que expressem vontade de exercer atividade típica de empresário manifestará o objeto específico da pessoa jurídica de direito privado do tipo sociedade empresária. Já as sociedades simples são aquelas cujo objeto não coincide com o exercício de atividade exclusiva de empresário (NEGRÃO, 2017).

A sociedade simples é definida como aquela formada por profissionais liberais e prestadores de serviços que exercem profissão de cunho exclusivamente intelectual, científico, literário e artísticos.[6] Não será identificável, nesse tipo societário, o interesse em constituir sociedade nos moldes da atividade empresarial; o objeto será distinto. Ao lado da sociedade simples, não se pode deixar de elencar a sociedade cooperativa. Com previsão expressa na Constituição Federal de 1988,[7] a cooperativa possui a característica coletiva de uma sociedade, mas contempla uma finalidade bem específica (NEGRÃO, 2017).

---

[4] "Art. 981. Celebram contrato de sociedade as pessoas que reciprocamente se obrigam a contribuir, com bens ou serviços, para o exercício de atividade econômica e a partilha, entre si, dos resultados.
Parágrafo único. A atividade pode restringir-se à realização de um ou mais negócios determinados" (CÓDIGO CIVIL, 2002).

[5] "Art. 983. A sociedade empresária deve constituir-se segundo um dos tipos regulados nos 1.092; a sociedade simples pode constituir-se de conformidade com um desses tipos, e, não o fazendo, subordina-se às normas que lhe são própria" (CÓDIGO CIVIL, 2002).

[6] "Art. 966. Considera-se empresário quem exerce profissionalmente atividade econômica organizada para a produção ou a circulação de bens ou de serviços.
Parágrafo único. Não se considera empresário quem exerce profissão intelectual, de natureza científica, literária ou artística, ainda com o concurso de auxiliares ou colaboradores, salvo se o exercício da profissão constituir elemento de empresa" (CÓDIGO CIVIL, 2002).

[7] "Art. 5º. Todos são iguais perante a lei, sem distinção de qualquer natureza, garantindo-se aos brasileiros e aos estrangeiros residentes no País a inviolabilidade do direito à vida, à liberdade, à igualdade, à segurança e à propriedade, nos termos seguintes:
XVIII – a criação de associações e, na forma da lei, a de cooperativas independem de autorização, sendo vedada a interferência estatal em seu funcionamento (...)" (CONSTITUIÇÃO FEDERAL, 1988).

A cooperativa se destaca por conta de seu objetivo, que é traduzido como a união de membros em prol da sobrevivência, evolução e manutenção de uma atividade econômica que beneficiaria todos os seus membros. Importante destacar que uma cooperativa não pode ser confundida com uma organização beneficente, pois sua finalidade é econômica, afetada pela cooperação de todos os membros. O Código Civil, observando tal afetação, estipula que uma sociedade cooperativa sempre será organizada na forma de uma sociedade simples. A cooperativa pode ter sua finalidade destinada há três tipos próprios: produção, consumo e crédito (NEGRÃO, 2017).

Já a sociedade empresária, por possuir finalidade lucrativa, enquanto pessoa jurídica é entendida como titular da empresa e do estabelecimento empresarial. Uma grande diferença quanto à personificação de uma sociedade empresária e uma sociedade simples é que aquela é registrada na Junta Comercial, enquanto esta será registrada no Registro de Pessoa Jurídicas. Ricardo Negrão estabelece uma valiosa diferenciação entre as espécies de sociedades:

> No conceito adotado pelo Código Civil de 2002 a expressão "simples" faz distinção entre o empresário e o não empresário, na mesma linha da dicotomia anterior existente entre o ato de comércio e o ato civil. Dentro da estrutura do direito de empresa, a diferenciação ocorre no confronto entre a atividade empresarial – complexo de atos de natureza econômica, realizados profissionalmente sob uma organização – e os atos que não o são. Distingue-se, pois, a sociedade empresária da simples porque sua atividade é caracterizada por três elementos formadores: a) economicidade-consistente na criação de riquezas; b) a organização – representada por uma estrutura visível, de fatores objetivos e subjetivos de produção; e c) a profissionalidade – ou habitualidade de seu exercício (NEGRÃO, 2017, p. 283).

Os elementos elencados pelo autor cristalizam a conduta intrínseca dos membros, deixando claro o caráter econômico do ente coletivo. Percebe-se que, no tocante à sociedade empresária, o elemento economicidade se traduz em objeto essencial para tipificação dessa pessoa jurídica de direito privado. A sociedade empresária ou mercantil será reagrupada em diferentes "tipos societários", cujo estudo verticalizado compete ao direito empresarial. Nesse sentido, com o escopo de fidelidade aos objetivos propostos, não se adentrará no estudo dos tipos societários.

O foco será mantido na questão conceitual da pessoa jurídica, por isso, destaca-se a seguinte lição de Negrão:

> (...) nem toda sociedade é pessoa jurídica, tendo sido previstas duas espécies não personificadas. Na primeira, o Código reconhece a existência de relações negociais e entre os sócios antes mesmo de inscritos todos os atos constitutivos. A essa espécie de sociedade sem personalidade o legislador optou por denominar "sociedade em comum" (art. 986 a 990), elaborando regras que permitem pacificar os conflitos decorrentes da assunção de obrigações entre os sócios e para com terceiros. Na segunda, a nova legislação assenta o entendimento de que os contratos em conta de participação são sociedades, embora desprovidas de personalidade jurídica, regulamentando-as nos arts. 991 a 996 (NEGRÃO, 2017, p. 283).

O trecho citado expressa vários argumentos apresentados por José Lamartine Corrêa de Oliveira (1979), em sua época, e um deles é a característica minimalista do direito brasileiro no âmbito da definição da pessoa jurídica. figura da sociedade sem personalidade comprova as afirmações do autor.[8]

O legislador reconhece a realidade daquele ente, não o capacita, mas não deixa de validar os atos praticados. Esse seria o problema sistêmico presente no direito brasileiro no que se refere à definição de pessoa jurídica. É perceptível que o legislador se vale da realidade para o reconhecimento da pessoa jurídica, mas concede uma forte importância normativa em que a própria lei pode reconhecer tipos "parecidos" ou, até mesmo, criar a figura real da pessoa jurídica, mas limitar a sua atuação, contrariando sua essência pré-jurídica, o que Pereira (2014) chamou de sistema de personificação *intermédio* ou *misto*.

Outro tipo de pessoa jurídica de direito privado que corrobora com a ideia de um direito minimalista e normativista é a Empresa Individual de Responsabilidade Limitada, denominada de EIRELI, que foi acrescentada ao rol de pessoas jurídicas de direito privado pela Lei nº 12.441, de 11 de junho de 2011.

---

[8] "Art. 982. Salvo as exceções expressas, considera-se empresária a sociedade que tem por objeto o exercício de atividade própria de empresário sujeito a registro (art. 967); e, simples, as demais.
Parágrafo único. Independentemente de seu objeto, considera-se empresária a sociedade por ações; e, simples, a cooperativa."

Esse tipo de pessoa jurídica é uma grande controvérsia, pois recebe a qualificação de pessoa jurídica sem ser um ente coletivo. A EIRELI é formada por uma única pessoa, titular da totalidade do capital social, mas gozará de uma caraterística própria da pessoa jurídica que é a diferenciação entre o patrimônio do titular e o da pessoa jurídica.

A EIRELI é um tipo de pessoa jurídica de direito privado considerada ainda em consolidação e pode ser utilizada para demonstrar o forte caráter normativista e minimalista do direito brasileiro em relação ao reconhecimento da personalidade jurídica. Prova disso é a modificação da EIRELI promovida pela Lei nº 14.195, de 27 de agosto de 2021. O artigo 41 da referida Lei substituiu a figura da EIRELI pelas Sociedades Limitadas Unipessoais (SLU):

> Art. 41. As empresas individuais de responsabilidade limitada existentes na data da entrada em vigor desta Lei serão transformadas em sociedades limitadas unipessoais independentemente de qualquer alteração em seu ato constitutivo (BRASIL, 2021).

O artigo 41 da Lei nº 14.195, de 08 de agosto de 2021, apresenta um novo tipo de pessoa jurídica de direito privado que substitui a figura da EIRELI. Porém, o Código Civil, em seus artigos 44, inciso VI, e artigo 980-A continuam intactos, ou seja, tais dispositivos tornaram-se letra morta. Ou seja, a EIRELI continua existindo no CCB/02, mas a Lei nº 14.195 determinou a transformação de toda ERELI existente em SLU. Essa alteração recente corrobora, completamente, com o posicionamento que será apresentado. Essa forte centralização da pessoa jurídica na lei sem a correta observação de sua realidade preexistente promove uma grande crise no sistema da pessoa jurídica no direito brasileiro. Neste momento, além das organizações religiosas, tem-se como figura morta no CCB a EIRELI.

Resta firmado o caráter normativista, porém é preciso ressaltar que a partir do momento em que a lei nega uma realidade de fato, o Poder Judiciário acaba sendo um dos poucos caminhos para declarar os efeitos jurídicos de uma realidade antes desconsiderada pela lei.

A realidade do mundo contemporâneo é dinâmica e não consegue ser acompanhada pela legislação por motivos diversos, de ordem política, social e cultural. Nesse sentido, a norma, apesar de seu caráter geral e abstrato, não consegue dar conta de todos os fenômenos que ganham impulso na sociedade atual, mas, em se tratando de pessoa jurídica, a norma nunca deve deixar de contemplar, por completo, sua existência real, sob pena de instaurar a denominada vicissitude sistêmica definida por Corrêa de Oliveira (1979).

É perceptível que a sociedade empresária, enquanto pessoa jurídica de direito privado, teve como elemento qualificativo, em todas as versões que se apresentam, sua atividade. É esse objeto de atuação, que demonstra a vontade humana que motiva aquela pessoa jurídica, que deve ser observado pelo legislador no momento de definir os contornos da personificação.

Nesse sentido, a sociedade empresária, a EIRELI e a SLU figuram no grupo das pessoas jurídicas de direito privado que perseguem finalidade lucrativa, ou seja, o que motiva o desenvol-vimento de suas atividades é o *superavit*. A partir de agora, passa-se a expor as pessoas jurídicas cujas atividades objetivam alcançar fins diversos do lucrativo.

1.1.2 As associações

Pessoa jurídica de direito privado, o ente coletivo do tipo as-sociação, tem como base jurídica primária o direito constitucional de se associar. A Constituição Federal de 1988 classifica, como garantia fundamental,[9] o direito de as pessoas se reunirem de forma pacífica para alcançar fins lícitos. Anteriormente denominada como socie-dade civil sem fins lucrativos, com o CCB passa a ser reconhecida com base em sua essência primordial, que é o direito fundamental de associar-se:

> Consagrou o Código Civil de 2002 a distinção doutrinária entre sociedades e associações, denominação última que passou a designar unicamente a união de pessoas para *fins não econômicos* (art. 53). Ao contrário das sociedades, que via de regra se compõe (salvo as

---

[9] "Art.5º (...)

XVII – é plena a liberdade de associação para fins lícitos, vedada a de caráter paramilitar;

XVIII – a criação de associações e, na forma da lei, a de cooperativas independem de autorização, sendo vedada a interferência estatal em seu funcionamento;

XIX – as associações só poderão ser compulsoriamente dissolvidas ou ter suas atividades suspensas por decisão judicial, exigindo-se, no primeiro caso, o trânsito em julgado" (BRASIL, 1988).

anônimas) de um grupo reduzido de pessoas, as associações em geral congregam número, perseguindo fins morais, criativos, literários, artísticos, desportivos ou de lazer. Adotando tal critério, o Código Civil permite inferir que não têm, elas próprias, qualquer finalidade lucrativa (PEREIRA, 2014, p. 294).

Da leitura de Caio Mário é possível extrair que uma associação é a reunião de indivíduos que objetivam buscar um fim ideal, ou seja, é a manifestação de uma vontade ideal que passa a ser comum entre um grupo de pessoas. Poderão ser perseguidos os mais diversos fins (morais, ideais, lazer etc.), mas é perceptível que a gênese dessa finalidade vem da esfera particular dos indivíduos que dela fazem parte. A associação não requer uma estrutura preexistente que incite, nos indivíduos, a vontade de associar; ela existirá por si só. Logo, a existência legal dessa pessoa jurídica de direito privado deve obedecer a dois requisitos do CCB,[10] considerados essenciais, quais sejam: reunião de pessoas e desenvolvimento de atividade sem fins lucrativos.

A pluralidade de pessoas e a finalidade da associação são elementos salutares para o reconhecimento de sua existência legal. O requisito pluralidade é interpretado em acordo com o sentido expresso no próprio Código Civil. Sempre que existir mais de uma pessoa reunida para o desenvolvimento de uma atividade lícita e sem finalidade lucrativa, o requisito pluralidade será observado.

Já o objeto da associação gerou certa discussão. O CCB traz a expressão realização de atividade sem fins econômicos, o que apresentaria uma ideia primária de que uma associação não poderia exercer nenhuma atividade de viés econômico. Sobre essa questão, chama atenção Pereira:

> Caracteriza-se a associação sem fim econômico como a que se não dedica a operações industriais ou comerciais, nem proporciona aos membros uma vantagem pecuniária, tendo o cuidado de assinalar que a procura de vantagens *materiais*, indispensáveis a que a associação viva e atinja sua finalidade de ordem moral, não retira o caráter não lucrativo do fim social (...) (PEREIRA, 2014, p. 295).

---

[10] "Art. 53. Constituem-se as associações pela união de pessoas que se organizem para fins não econômicos" (BRASIL, 2002).

A associação surge, no CCB, como um tipo de pessoa jurídica oponente à sociedade. O Código Civil de 1916 reconhecia esse tipo de pessoa jurídica como Sociedade Civil. O legislador teve de separar os conceitos, bem como estabelecer um critério claro no artigo 44, separando as pessoas jurídicas que se constituem objetivando a lucratividade das pessoas jurídicas que possuem fins não lucrativos e imateriais.

Sendo assim, o objeto de uma associação não visa desenvolver uma atividade lucrativa, ou seja, alcançar um *superavit* que será distribuído entre seus membros. Esse é o objetivo de uma sociedade mercantil. A associação possui fins voltados à sociedade, ao desenvolvimento social, ou seja, fins imateriais e ideológicos. Isso não significa que o ente coletivo não pode desenvolver uma atividade econômica. Uma associação pode desenvolver qualquer atividade econômica, desde que seja para a manutenção e o alcance de seu próprio objeto. O que iria desvirtuar o conceito de associação seria a finalidade lucrativa, pois é elemento essencial de uma sociedade. O desenvolvimento de uma atividade econômica não implica a busca necessária pelo lucro, o que apresenta uma grande diferença entre os conceitos.

Sobre esse tema, leciona Eduardo Szazi:

> O uso da expressão fins não econômicos trouxe grande preocupação às associações que desenvolvem programas de geração de renda. Isso porque, com essa expressão impressa na lei, a interpretação de órgãos públicos pode ser alterada e, se levada ao pé da letra, representa um grande retrocesso se configurar que as entidades de fins sociais estão proibidas de realizar atividades econômicas. O alvo das atenções é, hoje, a Receita Federal já que está intrinsecamente ligada à outorga de benefícios fiscais (...) não há vedação para que uma associação desenvolva atividades econômicas para geração de renda, conquanto não distribua os resultados apurados entre seus associados, devendo aplicá-lo integralmente na consecução de seus objetivos estatutários (SZAZI, 2004, p. 89).

Não há que se falar na proibição do desenvolvimento de uma atividade econômica por uma associação, pois isso inviabilizaria por completo sua manutenção. O que deve sempre ser observado é se o exercício de tal atividade é, de fato, para a colaboração do seu objeto essencial, ou seja, sua nobre finalidade. Tomáz de Aquino também destaca essa ideia:

CAPÍTULO 1
A PERSONALIDADE JURÍDICA NO DIREITO BRASILEIRO | 43

Sem nenhuma dúvida que as expressões "fins econômicos" ou "fins não lucrativos" (esta última mais apropriada, entendemos) não significam que a entidade não possa comercializar bens e serviços, obtendo com tais atividades receita e, mesmo, lucro (*superavit*), muito menos que não possa remunerar seus dirigentes. O que a lei sempre impediu, e que agora também a própria lei das relações civis deixou patente, é que jamais poderá haver, nesse tipo de pessoa jurídica, a distribuição de lucros, dividendos, excedentes operacionais ou qualquer outra denominação que se dê a eventuais recursos sob a administração da entidade, entre os sócios, associados, conselheiros, doadores ou empregados (RESENDE, 2015, p. 40).

O objeto de uma associação em momento algum poderá deixar de observar esse pressuposto, sob pena de descaracterização do tipo estabelecido. Não há como negar que o liame que separa a associação de uma sociedade, levando em consideração o exercício de atividade econômica, é tênue. Contudo, como já ressaltava José Lamartine Corrêa de Oliveira (1979), o importante na pessoa jurídica é sua essência, é seu desenvolvimento com base em sua real atuação.

A associação é um tipo de pessoa jurídica de direito privado oriunda do desdobramento do direito fundamental de associar-se. Esse direito, considerado como uma garantia constitucional, apresenta uma importante significação. A própria Constituição Federal de 1988 (CF/88) reconhece a relevância social de um ente coletivo a ponto de positivar sua existência. O direito fundamental de associar-se deve ser entendido como um gênero que comporta diversas formas de associação (associações filantrópicas, sindicatos, associação de classes, associações de produtores etc.). Tal interpretação é oriunda da leitura conjunta do artigo 44 do CCB com o artigo 5º da Lei nº 4.657, de setembro de 1972,[11] conhecida como Lei de Introdução às Normas de Direito Brasileiro.

É com base nessa ideia que, à luz da CF/88, a associação pode ser conceituada como a pessoa jurídica de direito privado, composta por uma pluralidade de membros que possuem, como objetivo, o desenvolvimento de uma atividade de cunho social ou ideológico no seio da sociedade sem buscar, no desenvolvimento de sua atividade, uma finalidade lucrativa.

---

[11] "Art. 5º (...) Na aplicação da lei, o juiz atenderá aos fins sociais a que ela se dirige e às exigências do bem comum" (BRASIL, 1972).

Desse conceito de associação destacar-se-ão três elementos específicos para sua configuração, são eles: pluralidade de pessoas, objeto generalista de atuação social, inexistência de lucratividade. O CCB prevê, do artigo 53 ao 61, todos os requisitos formais para a constituição de uma associação, ressaltando que sua existência legal pressupõe o registro de seu estatuto (com todas as especificidades legais atendidas) no Registro Civil de Pessoas Naturais e Jurídicas.

No estudo das associações enquanto pessoa jurídica de direito privado, o parágrafo anterior apresenta uma importante característica desse tipo de pessoa jurídica, que pode ser percebida pela leitura do CCB; o legislador preocupou-se em regular cada detalhe necessário para individualizar uma associação de uma sociedade. Caio Mário ressalta que essa preocupação é patente no CCB pelo fato de que "as associações não geram obrigações e direitos recíprocos entre os associados, mas somente destes com a entidade, na forma das disposições estatutárias" (PEREIRA, 2014, p. 295).

Foram apresentadas regras de estrutura interna e de formalização que levaram em consideração o substrato ôntico das associações, bem como suas especificidades essenciais. Por esse motivo, desde já, é possível afirmar que a estrutura de uma associação irá se aplicar apenas a esse tipo de pessoa jurídica de direito privado, o que significa que uma sociedade empresária, uma EIRELI, uma fundação e uma organização religiosa não poderão adotar a mesma estrutura, pois teriam violados os seus elementos essenciais próprios. Essa, aparentemente, é a vontade do legislador e, por isso, ele apresenta, no artigo 44, tipos diferentes de pessoas jurídicas.

Ao verificar o CCB é possível identificar que a constituição de uma associação privada requer a observação de diversos atos que são próprios dessa pessoa jurídica. O primeiro elemento privativo da constituição de uma associação que chama atenção são as disposições estatutárias obrigatórias. Segundo o artigo 54 do CCB, obrigatoriamente, o estatuto de uma associação deverá conter:

> A denominação, os fins e a sede da associação; os requisitos para a admissão, demissão e exclusão dos associados; os direitos e deveres dos associados; as fontes de recursos para a manutenção; o modo de constituição e funcionamento dos órgãos deliberativos; as condições para a alteração das disposições estatutárias e para a dissolução; a

forma de gestão administrativa e de aprovação das respectivas contas (BRASIL, 2002).

Os elementos obrigatórios do estatuto de uma associação demonstram, em verdade, a forma encontrada pelo Estado de fiscalizar o correto exercício do direito individual de associar– se bem como uma forma de identificar se a pessoa jurídica está, de fato, realizando a atividade finalística por ela proposta. Como mencionado anteriormente, uma associação surge da vontade individual da pessoa que opta em aderir ou não à proposta moral/ideológica por ela apresentada. Essa constatação é corroborada quando o CCB exige que uma associação apresente, em seu estatuto, a forma de constituição e funcionamento de seus órgãos deliberativos, sua forma de gestão administrativa, formas de dissolução, alteração estatutária e regras para demissão e admissão de associados.

Uma associação não possui uma ligação externa com nenhuma estrutura minimamente existente, ou seja, ela tem como mola propulsora uma vontade individual que passa a ser comungada com diversas outras pessoas que se identificam com a proposta. O máximo que poderá acontecer é uma associação que objetive o alargamento de utilidades para associados que são ligados à determinada pessoa jurídica, apresentando benefícios como clubes recreativos, refeições e utilidades diversas (PEREIRA, 2014).

Essa ausência de inspiração e/ou ligação a uma estrutura preexistente permite a livre formação e organização interna de uma associação, o que facilita a admissão e demissão dos associados, "a admissão no quadro social é fundada em razões *personalíssimas*, e subordinada a requisitos estatuários (art. 54, II)" (PEREIRA, 2014, p. 296).

Quando analisados os elementos da associação à luz da lição de Corrêa de Oliveira (1979), é perceptível o cuidado do legislador em deixar claro o respeito à essência desse tipo de pessoa jurídica, qual seja a união de pessoas para o alcance de fins não econômicos que têm, como elemento primordial, uma relação personalíssima entre associação e associado. O elemento personalíssimo, destacado por Caio Mário (2014), é o elemento diferenciador da associação enquanto pessoa jurídica de direito privado. Esse elemento não é essencial, por exemplo, em uma organização religiosa, cujo elemento diferenciador será a religião.

Essa percepção é importante, pois, para constituir uma associação, basta que uma reunião de pessoas decida por sua constituição e acertem as regras da pessoa jurídica em conformidade com o Código Civil. Da leitura dos dispositivos do Código Civil é possível constatar que a associação será livre para estabelecer direitos e deveres dos associados, definir sua fonte de recursos, o funcionamento de seus órgãos deliberativos e de controle interno (PEREIRA, 2014).

Uma associação, enquanto pessoa jurídica de direito privado, não é uma estrutura complexa dotada de extrema especificidade, portanto sua constituição e estruturação são simples. Em via de regra, uma associação será composta por um órgão deliberativo (assembleia geral) que será considerado o órgão supremo de decisões da pessoa jurídica; terá um órgão de gestão ou executivo com função de implementar o objetivo da pessoa jurídica, órgão de controle interno ou conselho fiscal que exerce a fiscalização do patrimônio da pessoa jurídica (PEREIRA, 2014).

Outro ponto que merece destaque é a possibilidade de extinção da pessoa jurídica do tipo associação; essa poderá ocorrer de forma convencional ou legal. Será extinta de forma convencional uma associação quando os membros competentes deliberam por essa extinção. Para Caio Mário (2014), esse tipo de extinção é a consagração do poder da vontade humana, sendo assim, "qualquer associação pelo fato de ter nascido da declaração de vontade pode dissolver-se por uma declaração de vontade" (PEREIRA, 2014, p. 298).

Já a dissolução legal irá ocorrer em razão de um motivo determinado em lei. "A associação termina *ipso iure* pelo implemento da condição a que está subordinada sua durabilidade, ou pela expiração do seu *prazo* de duração" (PEREIRA, 2014, p. 299). Como a associação não possui quadro de capital, e não se cogita sua falência, sua extinção estará ligada, também, à vontade criadora.

Todos esses elementos são extremamente peculiares à pessoa jurídica de direito privado do tipo associação. Na realização de uma interpretação teológica e sistemática do Código Civil Brasileiro, percebe-se que o artigo 44, inciso I deve ser combinado com o artigo 53 e seguintes para a correta personificação do ente coletivo. A mesma lógica será realizada com as fundações. Porém, quando se verifica o artigo 44, inciso IV do CCB, nota-se que não existe, nesse diploma ou fora dele, normas que disciplinam

CAPÍTULO 1
A PERSONALIDADE JURÍDICA NO DIREITO BRASILEIRO | 47

a constituição do tipo previsto de pessoa jurídica de direito privado, organizações religiosas.

Da verificação dos elementos que compõem uma associação privada, com base na lei, é possível afirmar que as normas que regulam esse tipo de pessoa jurídica não podem ser aplicadas a outros tipos de pessoa jurídica, pois levam em consideração a realidade de uma associação, e não de outro tipo de pessoa jurídica. Essa hermenêutica retomaria o clássico problema existente entre as sociedades civis e as associações (tipo não previsto) no Código Civil de 1916. Sendo assim, como ficaria a situação das organizações religiosas enquanto pessoa jurídica de direito privado? Possuidoras de um elemento essencial e especial, que é a religião, que se desdobra em um direito constitucional de viés público, poderia uma organização religiosa seguir a forma de uma associação? Seria uma organização religiosa uma pessoa jurídica amorfa?

Todas essas questões serão discutidas nos próximos capítulos, porém, antes de aprofundar nesses temas será visitado, no direito civil, as definições de fundação, partidos políticos e a comprovação da falta de regulação das organizações religiosas por esse diploma legal.

1.1.3 As fundações

A fundação, assim como as associações, foi bem especificada pelo legislador civilista e é considerada o tipo de personificação mais abstrato do artigo 44 do CCB (PEREIRA, 2014). O CCB apresenta um rol de dispositivos para a regulação do ente coletivo de forma própria. Questões como constituição, administração, fiscalização foram observadas e positivadas pelo legislador. A fundação segue o principado do rol de pessoas jurídicas de direito privado que não objetivam o desenvolvimento de uma atividade lucrativa. Caio Mário disserta sobre a grande diferenciação da pessoa jurídica de direito privado do tipo fundação das demais:

> A fundação espelha alta expressão do abstracionismo jurídico na sua capacidade de atribuir personalidade a um ente concebido pela vontade heterônoma. Análoga às sociedades e associações nos resultados da personalização, delas difere a fundação, essencialmente, na sua constituição, que não se origina, como aquelas, de uma aglomeração

orgânica de pessoas naturais. O que se encontra, aqui, é a atribuição de personalidade jurídica a um patrimônio, que a vontade humana destina a uma finalidade social (PEREIRA, 2014, p. 302).

A grande especificidade de uma fundação é sua gênese, ou seja, enquanto uma associação e uma sociedade são formadas por uma reunião de pessoas que possuem em comum um objeto essencial, a fundação tem seu elemento essencial com a formação de um patrimônio que será destinado para o desenvolvimento de determinada atividade na sociedade, ou seja, deverá ocorrer a afetação patrimonial para o alcance de fins específicos.

É por esse motivo que o legislador civilista apresentou severa preocupação em regular esse tipo de pessoa jurídica de direito privado, pois uma fundação será a subscrição de um patrimônio para o alcance de determinado fim.

As regras de constituição de uma fundação devem ser observadas de perto, pois a constituição efetiva depende de chancela do Estado por meio de ato avaliativo do Ministério Público que, depois de verificar a regularidade do patrimônio e sua destinação, irá confirmar sua efetivação. Esta pode ser considerada a principal diferença entre uma fundação, associação e uma sociedade: a atuação do Ministério Público como ente que vela pela essencialidade da pessoa jurídica.

Essa diferenciação é visível, e segundo Caio Mário assim é determinada pela legislação pelo fato de a fundação ter como pilar a afetação de determinado patrimônio:

> O ordenamento jurídico dá vida à fundação por amor ao ideal que o anima: necessário, então, que o instituidor declare o *fim* a que se destina, obrigatoriamente de natureza "religiosa, moral, cultural ou de assistência" (Código Civil, art, 62, parágrafo único). Por esse meio, recebe a coletividade serviços desinteressados e proveitosos, e o Estado verifica a finalidade da dotação econômica. A *liceidade* do fim é evidentemente imprescindível. Além disso, há de ser coletiva, pois que a própria natureza da entidade repele a sua *individualidade*, e tem de ser *duradoura*, não significando isto a sua perpetuidade, porém a sua continuidade indefinida, ou ao menos estendida a um período de tempo relativamente longo (PEREIRA, 2014, p. 305).

A fundação possui uma essência diferenciada, afinal sua formação exige dois elementos específicos: objeto essencial voltado para atuação nos interesses coletivos e afetação de patrimônio destinado. Ou seja, diferentemente dos demais tipos de pessoas jurídicas, a fundação pode ser definida como um conjunto de bens destinados à execução de atividades que atendam ao interesse público.

Essa especificidade apresenta discussões sobre o conceito de fundação. Tómaz de Aquino Resende leciona sobre o tema:

> Diversas conceituações jurídicas foram dadas pelos doutrinadores às fundações, tais como: "(...) uma pessoa jurídica instituída por liberalidade privada, ou pelo Estado, para um fim de utilidade pública ou beneficência (...)"; "Uma universalidade de bens personalizada em atenção ao fim, que lhe dá unidade"; ou "um patrimônio transfigurado pela ideia, que o põe a serviço de um fim determinado".
>
> Percebemos, diante de tais definições, que uma fundação é um tipo especial de pessoa jurídica; nela não há, como nas demais e conforme se depreende do próprio conceito de pessoa jurídica de direito privado, uma associação de pessoas. Ela é formada por um conjunto de bens com um fim determinado, ao qual a lei atribui a condição de pessoa (RESENDE, 2019, p. 46).

A fundação é, de fato, um tipo muito específico de pessoa jurídica de direito privado. Analisando a personalização de uma fundação à luz da teoria da realidade técnica, verifica-se que a fundação se identifica com as teorias que julgavam essencial a existência de patrimônio para configuração da pessoa jurídica. Ou seja, suas raízes históricas no Antigo Egito (biblioteca de Alexandria), na Grécia (Academia legada de Platão aos seus discípulos), em Roma (Fundos Assistenciais dos Imperadores) e a sua primeira concepção jurídica de ente constituído pela Igreja Católica que, com a autorização do Estado, constituía pessoas jurídicas com finalidade filantrópica, como foi o caso das Santas Casas, demonstram que a fundação sempre teve esse caráter diferenciador (RESENDE, 2019).

Assim como a associação, a fundação também surge de um direito constitucional, que é a disposição de patrimônio livre para a constituição de um ente que irá se ater a uma finalidade social e coletiva. É uma regra que a fundação não tenha viés lucrativo, mas nada impede a realização de atividade econômica desde que para a manutenção de seu próprio fim.

O legislador, mesmo no período de indefinição sobre o conceito de pessoa jurídica, como ocorreu na égide do Código Comercial de 1850, nunca desvirtuou a concepção de fundação. Verifica-se que o instituto segue diretrizes lineares tanto no Código Civil de 1916 como no Código Civil de 2002. Na literatura jurídica, não existiu uma confusão conceitual como existiu no Código Civil de 1916 entre sociedade e associação e como existe no Código Civil de 2002 entre associação e organização religiosa.

A característica de afetação patrimonial seja *inter vivos* ou *mortis causa* apresenta um alto grau de abstração com relação à conceituação desse ente coletivo. O mesmo não se observa do estudo das associações, uma vez que é oriunda do direito subjetivo e fundamental de associar-se, o que acaba apresentando uma dualidade no momento de apresentar critérios distintivos (PEREIRA, 2014)

O CCB, do artigo 62 a 69, apresenta um rol de exigências para a formação de uma fundação, especialmente quanto à avaliação e à legalidade de seu estatuto. Essa preocupação do legislador demarca, mais uma vez, o elemento ontológico que é destacado por Corrêa de Oliveira (1979) como essencial para o reconhecimento de uma pessoa jurídica.

A fundação, enquanto pessoa jurídica de direito privado, por mais que esteja inserida em um ordenamento minimalista, monista e formalista, não oferece nenhuma possibilidade de ser fator de risco para uma crise no sistema da pessoa jurídica, pois o legislador não nega suas características essenciais, pelo contrário, ele cria regras para fazer valer o máximo possível a finalidade e a atividade desse tipo de pessoa jurídica. A situação é contrária, quando se verifica as organizações religiosas enquanto pessoa jurídica de direito privado, o que se passa a fazer.

1.1.4 Os partidos políticos e as organizações religiosas

Os partidos políticos e as organizações religiosas não foram contemplados, de imediato, pelo CCB, como pertencentes ao rol de pessoas jurídicas de direito privado. Esses entes coletivos foram considerados como espécies do tipo associação por possuírem, como característica, a reunião de pessoas ligadas por um mesmo propósito e por terem, como base, o direito constitucional de associação livre. Na exposição de motivos do Código Civil de 2002, o legislador considerou o tema pessoa jurídica como "lacunoso e vacilante", lecionando que o diploma legal traria uma nova visão sobre os entes coletivos.

> Tratamento novo foi dado ao tema pessoas jurídicas, um dos pontos em que o Código Civil atual se revela lacunoso e vacilante. Fundamental, por sua repercussão em todo sistema, é uma precisa distinção entre as pessoas jurídicas de fins não econômicos (associações e fundações) e as de escopo econômico (sociedade simples e sociedade empresária), aplicando-se a estas, no que couber, as disposições concernentes às associações. Revisto também foi todo capítulo relativo às fundações, restringindo-se sua destinação a fins religiosos, morais, culturais, ou de assistência. Daí as regras disciplinadoras da vida associativa em geral, com disposições especiais sobre as causas e a forma de exclusão de associados, bem como quanto à repressão do uso indevido da personalidade jurídica, quando esta for desviada de seus objetivos sócio– econômicos para a prática de atos ilícitos, ou abusivos (BRASIL, 2008, p. 121).

Da leitura do trecho acima é possível concluir que o Código Civil de 1916 não tratava de forma correta o instituto pessoa jurídica, vez que suas concepções lacunosas geravam reflexos negativos em todo o sistema de normas privadas. O novo código surge com a proposta de clarear o enquadramento legal dos tipos diversos de pessoa jurídica no direito privado brasileiro. Adotou-se a teoria da realidade técnica ou jurídica e se estabeleceu dois grandes grupos de pessoas jurídicas de acordo com o objeto essencial por elas encampado.

De um lado, as pessoas jurídicas de direito privado que buscavam essencialmente a realização de uma atividade econômica cujo objetivo finalístico seria a lucratividade. Do outro, as pessoas jurídicas formadas pela união de pessoas ou conjunto de patrimônio cuja finalidade seria diversa da atividade lucrativa. Sendo assim, o "Novo Código Civil" apresentava, dentro desse agrupamento, três tipos específicos de pessoa jurídica de direito privado: sociedades (empresárias ou simples), fundações e associações.

Contudo, como exposto nos tópicos anteriores, a realidade social possui um forte peso na construção conceitual da pessoa jurídica de direito privado. Ou seja, o legislador brasileiro, ao observar a realidade já identificava entes coletivos com características específicas (partidos políticos e organizações religiosas), porém optou por estabelecer um "limbo jurídico", no caso das organizações religiosas, englobando essas realidades específicas no tipo genérico associação.

Em relação às organizações religiosas é preciso reforçar que o Código Civil de 1916 previa o ente como sociedade religiosa, o que o Código Civil de 2002 extinguiu. Esse diploma reconheceu apenas três tipos de pessoa jurídica, o que foi em confronto direto com uma realidade milenar, no caso das organizações religiosas, e uma realidade plausível, no caso dos partidos políticos, apesar de que esses últimos já tiveram o reconhecimento como pessoa jurídica de direito privado pela Lei nº 9.096, de 1995, sendo que, por regramentos anteriores revogados, eram considerados pessoa jurídica de direito público interno (Lei nº 5.682/1971 e Lei nº 4.740/1965). Por esse motivo, no ano de 2003 foi publicada a Lei nº 10.825, que acrescentou, ao rol do artigo 44 do CCB, as organizações religiosas e os partidos políticos como tipo específico de pessoa jurídica de direito privado.

A Lei nº 10.825/03, em seu texto de justificativa, deixa claro que as entidades religiosas e os partidos políticos devem ser tratados como tipos específicos de pessoa jurídica de direito privado no rol apresentado pelo artigo 44 do CCB.

O legislador explicita que sua intenção era reconhecer esses dois tipos de entes coletivos levando em consideração suas características próprias para evitar a manutenção de um limbo jurídico presente desde o Código Civil de 1916. Uma vez existentes e sem tipo próprio previsto no artigo 44, as organizações religiosas deveriam ter sua natureza jurídica considerada como de uma associação, fundação ou sociedade, o que para o legislador seria um grande erro de atecnia:

> O novo código admitiu apenas ter tipos de pessoa jurídica de direito privado, artigo 44, a saber, associação, sociedade e fundação.
>
> A partir da sua vigência os partidos políticos e as igrejas, bem como suas entidades mantenedoras, entraram numa espécie de limbo jurídico/legal, na lei civil, porque não podem ser associação, já que não se enquadram na definição legal do artigo 53, pois não tem fins econômicos *strito sensu*.
>
> Não podem também serem sociedades, porque a definição do artigo 981, as afasta totalmente daquela possibilidade. Resta para as igrejas serem consideradas fundações, pois assim permite o artigo 62, ocorre, porém, que a instituição de uma fundação tem que seguir, além das normas do atual código, mais a lei específica que trata daquelas organizações, cujas normas inviabilizam, para as igrejas, sua instituição.
>
> Quanto aos partidos políticos nem isto é possível, porque não foi contemplado a possibilidade deles se organizarem como fundação, já que seus fins não se enquadram nas possibilidades legais do artigo 62.

CAPÍTULO 1
A PERSONALIDADE JURÍDICA NO DIREITO BRASILEIRO | 53

Há também a ressaltar que com a entrada em vigor da lei 10.406/02, as atuais entidades religiosas e os partidos políticos estão sem definição jurídica, porque não podem ser associação, nem sociedade, pois os seus fins são religiosos ou políticos e a transformação em fundação, para as igrejas é inviável legal, técnica e operacionalmente, além de contrária ao fim a que se destinam, pois fundação também não pode ter fim econômico, já que pela definição legal, só podem ser instituídas, segundo o artigo 62, se tiverem fins morais, culturais, ou de assistência, além do religioso, quanto aos partidos políticos, a própria lei orgânica que os rege, nº 9.096/95, os impedem de serem fundações. Ressalva-se assim a possibilidade, embora remota, das igrejas se tornarem pessoas jurídicas, via fundação, mas aos partidos políticos não (BRASÍLIA, 2003).

As organizações religiosas e os partidos políticos são tipos específicos de pessoa jurídica que, em nome da função exercida, não podem assumir a forma dos tipos originários previstos pelo artigo 44. Por esse motivo, foram acrescentados ao Código Civil dois novos tipos de pessoas jurídicas: as organizações religiosas e os partidos políticos.

Não resta nenhuma dúvida de que o tratamento a ser dado a tais entes coletivos deve ser diferenciado dos demais, ou seja, são tipos próprios que possuem especificidades que devem ser observadas quanto à configuração de sua natureza jurídica, assim como é feito no caso das sociedades, associações e fundações.

Os partidos políticos possuem organização e atuação definidos em lei própria, o que facilita a configuração de sua natureza jurídica sem nenhuma barreira no que tange ao seu registro e execução.

Já as organizações religiosas não possuem legislação específica de regulação de sua atuação, bem como não ganharam uma definição legal, o que dificulta a concessão de sua natureza jurídica. Ao contrário do que foi feito com as associações e fundações, as organizações religiosas não possuem nenhum tipo de regulação quanto à sua constituição, estruturação e desenvolvimento de atividades. O Código Civil apenas apresenta uma pessoa jurídica denominada de organização religiosa, mas não esclarece o que ela é e qual forma ela deverá adotar.

Esse silêncio legislativo com forte traço do normativismo jurídico do direito brasileiro apenas marcou a presença das organizações religiosas como ente coletivo reconhecido pela lei, mas embaraçou, por completo, suas atividades. Constantes e palpáveis são as dúvidas que rondam esse tipo de pessoa jurídica de direito privado. Uma organização religiosa é uma igreja? O que é uma igreja? Qual a diferença entre uma organização religiosa e uma associação? Quais atividades podem ser desenvolvidas por uma organização religiosa?

No decorrer da construção desta obra notou-se que a doutrina é silente sobre o assunto. Os principais autores de direito civil visitados não abordam o tema. Reconhecem a organização religiosa como pessoa jurídica de direito privado e pronto. Silvio Venosa (2014) é quem apresenta uma visão crítica sobre a inserção das organizações religiosas no rol das pessoas jurídicas de direito privado e alerta: é preciso estudar e definir melhor sobre o tema.

Neste momento, apresentar-se-á um quadro comparativo com as características de todas as pessoas jurídicas de direito privado apresentadas neste capítulo. O objetivo é deixar visível que apenas as organizações religiosas não apresentam uma definição jurídica se comparadas com as demais:

Quadro sinóptico 01

Tipo	Definição	Especificidades
Associação	Pessoa jurídica de direito privado formada pela união de pessoas que se organizaram para fins não econômicos.	Possui regramento próprio: Artigos 53 a 61 do Código Civil.
Fundação	Pessoa jurídica de direito privado formada pela destinação de bens voltados para uma finalidade própria.	Possui regramento próprio: Artigos 62 a 69 do Código Civil. Importante: o Estatuto da Fundação depende de aprovação do Ministério Público.
Organizações religiosas	——	Possui liberdade de organização e constituição. Inserida no rol do artigo 44 pela Lei nº 10.825/03.
Partidos políticos	Pessoa jurídica de direito privado que se destina a assegurar os interesses do regime democrático.	Sua organização e seu funcionamento devem obedecer a lei própria. Inseridos no rol do artigo 44 pela Lei nº 10.825/03. Possuem lei que os regula: Lei nº 9.096/95.

Fonte: Elaborado pelo autor.

Do quadro comparativo é visível o silêncio do legislador quando o assunto é organizações religiosas enquanto pessoa jurídica de direito privado, o que tem causado barreiras para implementação do ente coletivo de vertente religiosa bem como tem provocado uma crise no sistema da pessoa jurídica de direito privado. Nos próximos capítulos, o objetivo é apresentar um estudo aprofundado sobre as organizações religiosas, sua atuação, definição e seus elementos caracterizadores enquanto uma pessoa jurídica de direito privado.

No entanto, antes de entrar necessariamente na problemática que recai sobre o tema, o que será feito no capítulo 2, é preciso compreender por que o direito brasileiro adotou a teoria da realidade técnica para o reconhecimento do ente coletivo, compreender o conceito ontológico-institucional apresentado por Corrêa de Oliveira (1979), revisitar todas as teorias elaboradas no decorrer do século XIX sobre a definição da pessoa jurídica e compreender o histórico e a importância do instituto para o direito e para sociedade.

Esse caminho metodológico e doutrinário é necessário, pois servirá de sustentáculo para a afirmação de que a não correta regulamentação das organizações religiosas enquanto pessoa jurídica de direito privado causa, hoje, no ano de 2022, uma crise no reconhecimento da pessoa jurídica apontada por José Lamartine Corrêa de Oliveira em 1979.

Sendo assim, os últimos dois tópicos deste capítulo são essenciais para todo o desenrolar teórico e metodológico que se passará a fazer no capítulo 2.

1.2 Teorias da pessoa jurídica: entre a negativa e o reconhecimento da existência real

A conceituação da pessoa jurídica é tema árduo e possui, como base, diversas teorias. As doutrinas que versam sobre a natureza conceitual do instituto adotam os mais diversos pontos de partida, o que torna essa análise extremamente importante para os objetivos da presente obra. Sobre a conceituação da pessoa jurídica, leciona Sílvio Venosa:

> É por demais polêmica a conceituação da natureza da pessoa jurídica, dela tendo-se ocupado juristas de todas as épocas e de todos os campos do Direito. Como diz Francisco Ferrara (1958:18), com frequência o problema dessa conceituação vê-se banhando por posições e paixões

políticas e religiosas e, de qualquer modo, sobre a matéria formou-se uma literatura vastíssima e complexa, cujas teorias se interpenetram e se mesclam, num emaranhado de posições sociológicas e filosóficas (VENOSA, 2014, p. 243).

Posições políticas, religiosas, filosóficas e sociológicas fazem do estudo do tema algo complexo, pois essas teorias, além de vastas, objetivam conceituar o mesmo instituto com vieses completamente distintos. Coadunando com o objeto desta obra, pertinente citar a base religiosa da conceituação da pessoa jurídica lecionada por Wilson Melo Silva:

> O Papa Inocêncio IV batizava tais entidades com o nome expressivo, de *corpus mystticum*, falando, ainda, os canonistas de atanho, com regular frequência, em *persona universitatis, persona invisilbilis, persona universalis, persona representata, persona collegi* e congêneres (SILVA, 2014, p. 67).

Da leitura dos dizeres de Venosa (2014) e Silva (2014) encontra-se a mesma preocupação apresentada por José Lamartine Corrêa de Oliveira (1979): a doutrina vasta e com pontos de partida distintos gera uma problemática sobre o conceito de pessoa jurídica. Sendo assim, a teoria mais adequada para conceituar o instituto é aquela que leva em consideração sua existência na ordem social (CORRÊA DE OLIVEIRA, 1979).

No mesmo sentido caminha Alexandre Ferreira de Assumpção Alves destacando a importância da pessoa jurídica:

> A sociabilidade é uma das qualidades mais marcantes do ser humano. Para que o homem possa atingir seus fins e objetivos une-se a seus semelhantes formando agrupamentos.
>
> É cada vez mais raro a pessoa física conseguir isoladamente suas ambições e metas. Seus desejos vão muito além das suas possibilidades materiais e mesmo intelectuais; a complexidade da vida civil aconselha e estimula com assaz responsabilidade que uma pessoa procure outras a fim de juntas, diminuindo o esforço individual, desenvolvam com maior êxito suas potencialidades.
>
> Frequentemente, não visam os participantes constituir uniões efêmeras, uma vez existindo a comunhão de vontades e interesses para criar a entidade. Ao contrário, procuram uma continuidade no tempo até que subsista o elo de ligação entre todos, elemento subjetivo fundamental para possibilitar a união de esforços e/ou recursos no atingimento dos fins comuns.

Surge, destarte, a necessidade de personalizar a entidade, para que possa agir com unidade, individualmente praticando atos jurídicos, assumindo responsabilidades (...) (ALVES, 1998, p. 10 e 11).

Wilson Melo da Silva (2014) também identificou, em sua obra, a importância da pessoa jurídica, mas destacou a complexidade que gira em torno da conceituação de natureza jurídica:

> Mas, se as complexidades da matéria, já, neste passo se avultam, maiores e mais transcendentes se mostrariam elas, mais adiante, quando se tratasse de apurar a exata natureza das pessoas jurídicas.
>
> Em verdade, que cousa são as pessoas jurídicas?
>
> De que estofo se urdiu a tecidura dessas "sombras" destinadas a operar a plena luz do dia, perguntou, com ênfase, GIERKE em obra *personengemeinschaft und Vermögensinbegriffe*, editada e Berlim em 1899 (pág. 5)?
>
> Seriam, acaso, elas, as pessoas jurídicas, simples produtos da fantasia, sêres puramente fictícios, como entender, *v.g.*, de SAVIGNY ou de PUCHT? Ou seriam, ao reverso, como no modo de considerar de um FERRARA, de um GIERKE, de um NOVICOW, de um BLUNTSCHLI ou RENÉ WORMS, lídimas realidades, tangíveis, do mundo do direito? Ou, quem sabe, até nem chegassem a se construir em cousa nenhuma, como resultaria da pregação de um DUGUIT?
>
> A essa altura o problema se torna, deveras, tormentoso.
>
> Tão tormentoso e complexo que não trepidam BRETHE DE LA GRESSAYE e LABORDE-LACOSTE, no que acaba, por secundados por COVIELLO e DUSI, em qualifica-lo como *"I"une des théories les plus difficiles du droit"* (SILVA, 2014, p. 68).

Adotando a complexidade apresentada por Sílvio de Salvo Venosa, Wilson Melo da Silva, José Lamartine Corrêa de Oliveira, e a importância do ente coletivo, destacada por Alexandre Ferreira de Assumpção Alves, serão apresentadas todas as teorias conceituais e suas bases. O estudo de todas as teorias definidoras da pessoa jurídica é importante para que se possa verificar se a adoção da teoria da realidade técnica pelo Código Civil Brasileiro tem levado em consideração as principais características dos entes coletivos positivados.

Em uma visão doutrinária e geral, de acordo com Wilson Melo da Silva (2014), as teorias que definem a pessoa jurídica podem ser enumeradas da seguinte forma: teoria da ficção, teoria individualista, teoria do patrimônio destinado a um fim, teoria da propriedade coletiva, teoria da vontade incorporal, teoria biológica ou orgânica, teoria da realidade objetiva ou da realidade orgânica, teoria da realidade técnica ou jurídica.

> E por isso mesmo e por uma questão de método, no que seguimos, de perto, a esteira traçada por GUDESTEU PIRES, SALVAT, BARCIA LOPEZ, SALEILLES e AMARO CAVALCANTI, subdividiremos, para fins de estudo, as diferentes (principais) teorias que curam da natureza das pessoas jurídicas em dois blocos iniciais: o dos negativistas, vale dizer, o de todos aqueles autores que, por uma maneira ou outra, acabam por negar a existência de tais entidades e o dos realistas, melhor dito, o daqueles que acolhem como entidades reais e vivas, as pessoas jurídicas (SILVA, 2014, p. 68 e 69).

Silva (2014) realizou um estudo sobre os principais autores e suas definições de pessoa jurídica. Metodologicamente organizou seu pensamento criando dois grandes grupos teóricos. No primeiro, foram elencadas todas as teorias denominadas negativistas, definições que negam a existência real da pessoa jurídica. Já o segundo grupo reúne todas as teorias que afirmam a existência real da pessoa jurídica.

Os grupos teóricos levaram em consideração elementos diversos, como conteúdo filosófico, político, social e jurídico, com enfoque na teoria do direito subjetivo (noção que será aprofundada adiante). Adota-se, inicialmente, a metodologia do autor Wilson Melo Silva com o intuito de apresentar uma visão geral sobre as principais teorias de definição. Mais adiante será aprofundada a metodologia de estudo do autor José Lamartine Corrêa de Oliveira, que apresenta, em sua obra, a construção ontológico-institucionalista do conceito de pessoa jurídica. O objetivo de revisitar as teorias e compreender o conceito ontológico-institucional da pessoa jurídica é possibilitar uma visão crítica ao estado da arte atual do tema no Código Civil de 2002.

A primeira doutrina apresentada por Silva (2014) é a doutrina negativista denominada teoria da ficção. Sistematizada por Savigny, é considerada uma teoria clássica de definição da pessoa jurídica. A teoria da ficção parte do pressuposto que o homem, somente o homem, pode ser o titular de direitos e deveres dentro das relações jurídicas. Contudo, direitos e deveres são incorporados ao homem por força do direito. Sendo assim, o direito pode conceder ou retirar direitos dos homens e dos seres em geral (SILVA, 2014).

A teoria da ficção seria a somatória das duas premissas anteriormente elencadas: somente o homem pode ser detentor de direitos e deveres nas relações jurídicas, e que o direito pode conceder ou retirar direitos e deveres dos homens e dos seres em geral. Tais premissas somadas levam à possibilidade de afirmar que o direito poderá, também, conceder direitos e deveres para aqueles entes que são distintos do ser humano (SILVA, 2014).

O conjunto de pessoas físicas, reunidas em prol de uma atividade última, atuando diretamente dentro da sociedade é, inicialmente, considerado como uma entidade distinta do ser humano e sem qualquer possibilidade de atuação diante dos olhos do direito. Salvo se o direito considerar que tal agrupamento de pessoas físicas pode ser detentor de direitos e deveres nas relações jurídicas. Na teoria da ficção a pessoa jurídica "não passaria de um mero artifício, criado pela vontade da lei" (SILVA, 2014).

Rodrigo Xavier Leonardo[12] apresenta uma interessante fórmula sobre a teoria da ficção:

> O conceito primitivo de pessoa, ou seja, de sujeito de direito, deve coincidir com o conceito de homem, e esta primitiva identidade dos dois conceitos pode ser expressa com a seguinte fórmula: qualquer ser humano, e apenas o ser humano, tem capacidade de direito. Ora, na medida em que qualquer direito subjetivo tem fundamento na liberdade moral intrínseca ao homem, a partir de sua potencial expressão de vontade, apenas o ser humano seria dotado de autêntica capacidade.
> A despeito desses pressupostos, a ciência do direito não poderia simplesmente ignorar a existência e a importância dos agrupamentos humanos que, desde remotos tempos, agem em sociedade com autonomia. Para evitar contradição lógica insuperável, Savigny constrói a teoria da ficção, segundo a qual a pessoa jurídica seria fruto de uma extensão do conceito de pessoa efetuada pela lei (LEONARDO, 2007, p. 122).

A teoria da ficção, trabalhada por Savigny, possui como base a relação existente do direito com a liberdade e vontade, como se

---

[12] O autor destaca que, no pensamento de Savigny, pode-se verificar "o individualismo, pela negação das realidades sociais coletivas, e o voluntarismo, pela justificação dos direitos subjetivos pela expressão da vontade, resultado numa concepção artificial de pessoa jurídica" (LEONARDO, 2007, p. 123).

verifica na exposição anterior. O autor revela que somente o ser humano pode ser detentor dos atributos liberdade e vontade, e que somente por meio da construção de uma "ilusão jurídica" poderia a entidade estranha ao homem ser detentora de tais atributos; uma visão diferente dessa poderia ocasionar graves erros. Savigny nega, portanto, a existência da pessoa jurídica, indicando a não realidade do instituto como pessoa:

> *He tratado de la capacidad juridica por lo que toca al individuo, y ahora la voy á considerar en relacion con otros seres ficticios, á los cuales se les llama personas jurídicas, es decir, personas que no existen sino para fines jurídicos, que nos aparecen al lado del indivíduo como sujetos de las relaciones de derecho. Pero para precisar convenientemente esta idea, importa trazar los limites del dominio en donde se desarolla la capacidad de las personas juridicas: el olvido de esta determinacion ha dado lugar á numerosos error'es* (SAVIGNY, 1879, parágrafo LXXXV).

Considerada como não detentora de liberdade e atributos psicológicos que permitem o exercício da vontade, para a teoria da ficção a pessoa jurídica jamais poderia ser considera real, pois não se assemelha à pessoa, e sua existência é marcada exclusivamente para uma finalidade jurídica (SAVIGNY, 1879).

A doutrina da ficção prega a pessoa jurídica como um ente dotado de grande abstração. Sua não existência real concede, ao direito, o poder de definir quais os direitos e obrigações podem ser exercidos pela pessoa jurídica, bem como pode decretar sua inexistência. A ficção abstrata apresenta a separação entre o ente e as pessoas naturais que compõem o conjunto de pessoas. Sendo assim, o conjunto de pessoas reunidas para a prática de um determinado fim só existirá se tal conjunto encontrar, no direito, justificativa e permissão para a existência, ou seja, fica à deriva da mera criação arbitrária da lei.

Segundo Silva (2014), a teoria da ficção pecou por apresentar duas falhas: ser extremamente materialista e possuir excesso de antropomorfismo. A primeira falha possui correspondência à negativa, de Savigny, em reconhecer a existência da pessoa jurídica. Para Silva (2014), essa negativa se traduz na necessidade de se enxergar a realidade apenas através do que é acessível e material. A visão materialista nega os fenômenos reais que ocorrem na sociedade, o que dificulta a percepção daqueles pelo direito.

Já a segunda falha tem correspondência à visão de que só há que se falar na possibilidade de o homem ser peça chave nas relações jurídicas. Silva (2014) ressalta que "nem sempre coube apenas ao homem a titularidade das relações jurídicas". Para o autor, retirar a realidade da pessoa jurídica, reconhecendo essa apenas por meio de uma ficção, seria admitir a "a tese dos direitos sem sujeito" (SILVA, 2014).

Francesco Ferrara também ressalta o erro de se fechar os olhos para a realidade e apostar no poder ficcionista da lei:

> *Pero ya contra esta concepción empiezan a surgir objeciones. Si el querer es condición imprescindible para tener personalidad, como el Derecho podrá crear personalidad, cuando faltan los requisitos? Tal obra excede el poder del legislador. Así Böhlau (I): la capacidad de atribuir capacidad a los entes finitos debe ser contestada. Porque la capacidad de tener derechos presupone la realidad de la facultad de querer, y el Derecho no tiene la virtude de ignorar presupuestos lógicos. Crear um ente artificial no lo puede hacer, capacidade tan extensa es inconcebible* (FERRARA, 1929, p. 128).

Ferrara ressalta a impossibilidade de a lei conceber de forma artificial uma capacidade tão extensa e que negue a realidade. Nesse mesmo sentido, fundamental destacar a crítica apresentada por Wilson Melo da Silva com base na doutrina de Francesco Ferrara e Teixeira de Freitas:

> Teoria, por dizer assim, mais política que mesmo jurídica, além de conduzir, como conduziu, a desastrosas consequências, armou também o Poder Público com as perigosas armas da prepotência e do arbítrio, nela tendo se estribado o Estado revolucionário francês, de 79, para por fim às entidades eclesiásticas e àquelas outras, ditas de mão-morta, com a promoção dos subsequentes confiscos.
> E para chegar a tais resultados bastou apenas que a lei (que cria as pessoas jurídicas ou as de ficções, no ensinamento de SAVIGNY) tivesse negado seus favores a tais entidades, retirando-lhes a personalidade jurídica (SILVA, 2014. p. 75).

A negativa real da existência da pessoa jurídica convalida uma conclusão ilógica e que não deve ser abarcada pelo direito. Como apresentado no início do capítulo, é de grande valia levar em consideração o importante papel da pessoa jurídica para a construção e o desenvolvimento da sociedade. A partir do momento em que apenas o Estado, de forma arbitrária, pode escolher qual realidade será aceita como pessoa jurídica, e qual realidade atenderá como um sujeito de direitos e deveres, constrói-se um sistema político de criação que passa a ser destinado a uma pretensão que diverge da realidade, como foi o caso das entidades eclesiásticas citado. É importante frisar, também, que não basta reconhecer a realidade em partes, ou seja, o reconhecimento da pessoa jurídica pela lei deverá ser completo e fiel ao seu exercício na realidade, não podendo existir limitadores no seu enquadramento.

A teoria da representação possui a ideia central bem próxima à teoria da ficção, pois irá sugerir o reconhecimento de algo fictício. Gudnsteu Pires, citado por Wilson Melo da Silva, estabelece a sutil diferença entre a teoria da ficção e a teoria da representação. Para o autor, "a teoria de Savigny empresta a qualidade de ficção à própria pessoa, a teoria da *Personenrolle* reputa, na espécie, fingindo, apenas o órgão representativo dessa mesma pessoa" (GUDNSTEU, 1968, p. 252, *apud* SILVA, 2014, p. 76).

A *personenrolle* leciona que o direito não pode criar sujeitos artificiais; o que pode o direito fazer é equiparar, por ficção, um patrimônio existente a uma pessoa. Essa teoria tinha, como base, a existência do patrimônio sem o sujeito que o representava, por isso, por meio de uma equiparação, o patrimônio existente passa a representar parte de uma pessoa (patrimônio de pessoa). O direito não pode criar o sujeito, mas, no caso da pessoa jurídica, face a existência do patrimônio, o direito poderia, por equiparação, considerar que tal sujeito exista. A representação é ficta, e não o sujeito, pois ele não existe.

Ferrara chama atenção para a gênese da teoria da representatividade:

> Entre la teoria de la ficción y la teoria de Brinz se intento una fórmula de conciliación, fórmula que debía resultar necessariamente inservible porque quería combinar dos términos absolutamnetes antitéticos. Tal es la concepcíon de Randa y de Bohlau, que se conoce con el nombre de personenrolle, Ya ela primero de estos escritores advertia que al concebir la persona jurídica no debía enterse que en virtude del Derecho hubiera un sujeto donde no existía, pero que era como si le hubiese, y Bohlau, pocos años despues, al desarrollar este pensamiento, decía que si el Derecho no puede crear sujetos fingidos, puede, sin embargo, equiparar por una ficción un patrimonio materialmente sin sujeto a un patrimonio de persona (FERRARA, 1929, p. 164).

O autor ensina que a teoria da representatividade afirma que o direito não pode criar um sujeito inexistente e nem reconhecer a sua existência; o que o direito irá fazer é conceder representatividade, por meio da equiparação, ao patrimônio sem sujeito. Ou seja, não se cria um sujeito, apenas se concede, ao patrimônio, por equiparação, parte de um atributo de pessoa. Ferrara critica a visão apresentada por essa teoria, afirmando que a pessoa jurídica deve ser vista e reconhecida como uma realidade, e não um patrimônio morto:

> *La persona jurídica no es um patrimonio muerto o um punto abstracto de lación o un centro ideal de interesses, sino uma fuente de fuerza, de actividad, de vida. Es preciso ver, em las personas jurídicas formas reales y vivientes de la asociación humana, organismos sociales que a se,ejanza de los hombres pretenden ser reconocidos como sujeito de derecho. Y esta es la labor que se propone* (FERRARA, 1929, p. 168).

Wilson Melo da Silva (2014) ressalta que a teoria da representatividade repete o mesmo erro da teoria da ficção: não reconhecer a realidade da pessoa jurídica e, por isso, não é útil para a conceituação do instituto. Para o autor, essa teoria apenas trata a pessoa jurídica "como se existisse um sujeito", o que seria uma negativa da existência real da pessoa jurídica e que, portanto, se mostraria uma teoria insuficiente para definir o instituto.

A teoria da representatividade, ao fundar-se na tese dos direitos sem sujeito, define a pessoa jurídica como uma representação ficta de um patrimônio, negando patentemente a sua existência real. Essa ideia de uma representatividade ficta que poderia ocorrer por uma mera representação faz-se apenas uma variável da teoria da ficção. Esta teoria trata como fictas a representatividade, e aquela, a pessoa.

A teoria individualista, ou teoria realista, como é chamada por Rudolf Von Jhering (1943), é uma oposição direta à teoria da ficção. Ela tem como premissa o direito subjetivo e ressalta que o sujeito da relação jurídica sempre será representado pelo destinatário do direito. Traçando esse paralelo entre direito subjetivo e realidade coletiva, a teoria individualista entende a pessoa jurídica apenas como uma mera aparência que surge como o somatório de seus membros. Eles são os titulares da vontade que é manifestada aparentemente como sendo da pessoa jurídica (SILVA, 2014).

Sobre a teoria individualista, leciona Wilson Melo da Silva:

> (...) as pessoas jurídicas se veriam reduzidas a simples anteparos, a meras aparências, a puros "colchetes algébricos", por detrás das quais se agitassem aqueles que, nas pessoas jurídicas, pudessem ser considerados os únicos e verdadeiros titulares dos direitos das mesmas: seus membros integrantes (SILVA, 2014, p. 78).

A teoria individualista ou realista, quando invoca como sustentáculo o direito subjetivo, admite somente a realidade do destinatário desse direito. A pessoa jurídica, composta por esses destinatários, assumiria, assim, uma função representativa e instrumental, vestiria uma "máscara social" para atuação na sociedade, mas seus interesses sempre seriam oriundos dos sujeitos que a compõem.

A pessoa jurídica assume apenas um papel técnico, pois, como é composta por diversos sujeitos de direito, ela, em si, seria um sujeito indeterminado que se materializaria por meio da expressão da vontade de seus membros. A teoria individualista também não reconhece a existência da pessoa jurídica, o que é alvo de críticas nessa teoria.

Silva considera que a teoria individualista provoca uma confusão entre dois conceitos distintos:

> (...) a afirmativa de que o titular dos direitos, ou, mais precisamente, de que o destinatário das vantagens propiciadas pelo Direito fosse, na espécie, apenas aquêle que se erigisse em verdadeiro sujeito das relações jurídicas, poderia, não raro, conduzir a extremos não queridos ou, mesmo, a verdadeiros absurdos. Não é sempre, objeta Barcia Lopez, que o titular do interesse, o beneficiário, se constitua no verdadeiro titular de direito, tal como sói acontecer, *ad exemplum*, no caso do fiduciário. O que, em tal particular, se verifica, prossegue o mesmo autor (já agora acostado a Giorgi), é que Jhering estabelece uma confusão entre dois conceitos distintos e dissociados ao tomar a *quaestio facti* (aproveitamento ou gôzo de certas vantagens materiais) pela *quaestio juris* (determinação da subjetividade jurídica).
>
> E não seria mesmo possível sustentar-se, aclara Salvat, que o titular do interesse, o destinatário, seja sempre o titular do direito (SILVA, 2014, p. 80).

A teoria individualista, portanto, considera, como sujeitos, as pessoas físicas que se integram. Sendo assim, o ente coletivo não possui interesses e consecutivamente não terá direitos. Ao ponderar que somente o destinatário pode ser considerado o sujeito de direitos na relação, além de negar a existência da pessoa jurídica, cria-se uma situação que nem sempre poderá ser sustentada, qual seja: não é sempre que o destinatário do direito subjetivo será o titular do interesse envolvido na relação jurídica, pois o interesse visto como uma questão de fato não se confunde com a subjetividade jurídica.

A teoria do patrimônio ao fim, assim como as anteriores, nega a existência da pessoa jurídica. Essa teoria tem, como ponto de partida, o direito subjetivo como uma tradução da manifestação da vontade. A vontade seria um atributo psicológico que somente o homem poderia exercer, o que demonstraria a inexistência real da pessoa jurídica. Segundo Silva (2014), essa teoria teve como seu principal expoente Brintz, que tem como base a clássica teoria do direito subjetivo sustentada por Windscheid.[13]

A teoria do patrimônio ao fim afirma que nenhuma pessoa pode ser comparada à pessoa física no que diz respeito à sua configuração enquanto um sujeito de direitos. Somente o ser humano teria a aptidão para ser detentor de direitos e deveres. Nesse sentido, esse conjunto de pessoas físicas detentoras de certo patrimônio não poderia ser equiparado ao homem, mas o seu patrimônio que compõe essa coletividade junto com seus membros precisa de um titular. Sendo assim, a grande questão que a teoria do patrimônio ao fim apresenta é: a que coisa pertenceria o patrimônio destinado nessa coletividade?

A teoria do direito subjetivo de Windscheid impossibilita que esse patrimônio pertença ao grupo de pessoas físicas que o organiza. Esse grupo não possui o atributo de vontade, portanto, nessa conotação existiria um patrimônio sem um sujeito de direito que pudesse assumir a posição de seu detentor; portanto a teoria em tela apresenta que a pessoa jurídica não seria detentora do patrimônio e tampouco exerceria o atributo vontade, pois ela não

---

[13] Tal teoria, integrante do bloco dos que negam a existência da pessoa jurídica como titular de direitos, é capitaneada principalmente por Brintz e bem acolhida por autores outros como: Demelius, Bolze, Bekker, Tobben, Dietzel, Bonelli etc. Firma-se Brintz, inicialmente, na concepção, clássica, do direito subjetivo externada por Windscheid e consoante à qual seria ele, o direito subjetivo, tão somente o poder de vontade assegurado pela ordem jurídica (SILVA, 2014, p. 83).

existe. Na realidade, o que existiria seria um patrimônio dotado de uma finalidade específica.

Sobre a teoria do patrimônio, ao fim, leciona Silva:

> Tal teoria que teve apenas um ligeiro triunfo para cair desde logo, no mais profundo descrédito, tão logo tivessem se apercebido, todos, dos paradoxos e sofismas com que vinham entretecida, é teoria insustentável à simples luz da lógica não resistindo, aos demais, ao mais ligeiro confronto com os fatos.
>
> Em verdade parte ela, antes de mais nada, da equivocada premissa dos direitos sem sujeitos. O sujeito, afirma-se à unanimidade, é considerado um elemento conceitual necessário, ontológico, da noção de qualquer direito. E por isso mesmo raiaria, já agora, pelo fantástico e pelo absurdo, a teoria daqueles, à maneira de Windscheid, Bekker, Dietzelou Fiting, ainda admitissem a só possibilidade de direitos sem sujeitos (SILVA, 2014, p. 85).

Assim como a teoria individualista, a teoria do patrimônio ao fim surge com a perspectiva de conceituar a pessoa jurídica com base na tese dos direitos sem sujeito. Contudo, o sujeito é substrato ôntico que deve ser preexistente à atribuição do direito. Sendo assim, não há que se falar na existência de um direito sem o sujeito, ou seja, sem o destinatário. A mera afetação do patrimônio ao fim não é suficiente para justificar e manter o ente coletivo que existe e desenvolve uma atividade no seio da sociedade.

A pessoa jurídica, nessa perspectiva, seria composta de forma binária pelo patrimônio e pelo fim destinado a ele. Em nenhum momento seria reconhecida como sujeito de direitos, não podendo ser detentora desse patrimônio quanto aos direitos e às obrigações. O ente coletivo teria sua realidade negada, tendo, como condição de afetação, a existência de um patrimônio e uma finalidade.

A teoria da propriedade coletiva foi idealizada pelo jurista francês Marcel Planiol e tem como base de sustentação o direito de propriedade.[14] O autor funda sua teoria no paralelo existente entre a propriedade coletiva e a propriedade individual. A propriedade, entendida em sua primeira concepção, teria sido coletiva, e os direitos dela emanados tinham como sustentáculo essa coletividade.

---

[14] É teoria de criação de Planiol, dela fazendo, também, profissão de fé, M. Berthelemy (SILVA, 2014, p. 86).

Porém, com o desenvolver das sociedades, a propriedade começa a ganhar uma conotação individualista. O que era pertencente a todos, de forma coletiva, passa a ser redesenhado como manifestação da propriedade individual.

A hegemonia do direito individual de propriedade, porém, não foi capaz de retirar, por completo, a existência do direito de propriedade em sua forma primária, e a pessoa jurídica seria essa manifestação. Ou seja, a pessoa jurídica, também chamada por Planiol de "pessoa ficta", seria um conjunto de bens que pertenciam em comum a um coletivo de pessoas físicas (SILVA, 2014).

Segundo Silva (2014), essa teoria é completamente falha, pois tem como base dois pressupostos que, se ausentes, não deixam de caracterizar a existência da pessoa jurídica. A teoria do patrimônio coletivo tem como pilar de sustentação a existência do patrimônio e coletividade de sujeitos, que, de forma plúrima, são os sujeitos de direito detentores desse patrimônio. Contudo, não se poderia negar a existência da pessoa jurídica no caso de estar presente a coletividade e restar ausente o patrimônio, bem como no caso de existência do patrimônio e ausência da coletividade.

Sobre a teoria do patrimônio coletivo, leciona Silva:

> Os patrimônios, ditos coletivos, nem sempre são elementos ontológicos das pessoas jurídicas. Assim como podem faltar as vezes, como vimos, sem que isso implique na inexistência da pessoa jurídica, pode, vezes outras, e muitas, aparecer em caráter quase que apenas subsidiário, superado pelos fins justificadores da existência de certas modalidades de pessoas jurídicas (SILVA, 2014, p. 87).

Percebe-se que a grande crítica feita pelo autor é a mesma que a doutrina moderna direciona a todas as teorias que negavam a existência real da pessoa jurídica. Elementos como direito subjetivo, patrimônio, finalidade e outros não são substratos elementares para a definição dos institutos na ontologia jurídica. A ontologia, segundo Maia (1999), "busca investigar o que é o ente"; por esse motivo, o elemento essencial para a definição do que é a pessoa jurídica é o reconhecimento de sua existência real. Todos os elementos utilizados nas teorias que negam a existência da pessoa jurídica são subsidiários, o que torna todas as teorias falhas, uma vez que não são elementos ônticos na busca pela definição do ente.

A teoria da vontade incorporal, defendida por Zitelmann e Meurer, ao contrário de todas as teorias até aqui apresentadas, afirma a existência da pessoa jurídica com base na cristalização da vontade.[15] Essa cristalização, invocada pelos autores, funda-se na afirmação de que a pessoa jurídica, por ser um ente coletivo, existente e real, emite, em sua realização, uma vontade geral e homogênea. A teoria da vontade incorporal leciona que a vontade manifestada pela pessoa jurídica é o somatório, a cristalização, da vontade individual de todos os seus membros.[16]

Silva (2014) afirma que a teoria da vontade incorporal é dotada de dois elementos: a unidade da pluralidade e a fusão orgânica. Esses elementos seriam os promotores da pessoa jurídica. Entendida como um ente coletivo, composto por uma pluralidade de membros que destinam um patrimônio individual e plural, a pessoa jurídica seria a soma desse patrimônio que, fundido, produziria um único organismo composto por um único patrimônio.

Zitelmann, citado por Silva, assim descreve essa teoria:

> No entanto, se ao invés da simples adição ou da mera justaposição, tivéssemos nós promovido a fusão orgânica de tais grandezas (A + B = C), teríamos dado origem ao nascimento de uma terceira, ou seja: C. E essa terceira grandeza, C, não obstante constituída, na sua essência, de A e de B, delas (de A e de B) diferiria, erigindo-se, como se erigiu, numa terceira grandeza, real e autônoma, como reais e autônomas também seriam aquelas grandezas A e B de que tivesse originado.
> O Hidrogênio (H) em sua íntima fusa com o oxigênio (O), em adequadas proporções, daria lugar à formação da água (H-O), que seria, em verdade, um novo corpo, portador de qualidades específicas e próprias, diversas das daqueles seus dois corpos integrantes.
> Um combustível, associado a um comburente, resultou num terceiro corpo, distinto, a água, que apaga o fogo (ZITELMANN, 1873, p. 80, *apud* SILVA, 2014, p. 90).

---

[15] Essa é a teoria, dentre outros, de Zitelmann e de Meurer. Levando a extremos inusitados o papel da vontade no Direito, pretenderam eles que a pessoa jurídica não fosse além da efetiva cristalização de uma vontade (SILVA, 2014. p. 89).

[16] A vontade que, aqui na teoria, corporificaria o próprio ser titular dos direitos, a pessoa jurídica em suma, corresponderia não às vontades, isoladas ou justapostas, dos elementos-membros da pessoa jurídica, mas à própria fusão de todas essas vontades individuas num só bloco, superior, compacto, orgânico e homogêneo e bem diverso daquele que pudesse resultar da simples adição ou da simples justaposição de vontade isolada.

Da definição de Zitelmann percebe-se que para a teoria da vontade incorporal a pessoa jurídica é mais que a soma de patrimônios individuais; ela é o resultado autônomo e orgânico dessa soma patrimonial. O patrimônio final, resultado da fusão, teria vontade, características e atuação diferenciada do patrimônio unitário que o compõe.

A teoria da vontade classifica a pessoa jurídica apenas com base na vontade, excluindo qualquer elemento corporal para tutela. Esse seria o primeiro problema dessa teoria apontado por Silva (2014). Afinal, o objeto de proteção do direito é o sujeito de onde vem o elemento volitivo, e não a vontade unicamente.

É perceptível que essa teoria não nega a realidade da pessoa jurídica, porém retira sua materialidade quando pousa apenas sobre a vontade que emana da fusão do patrimônio. Amaro Cavalcanti (1905), sobre essa teoria, entendia ser inconcebível um "ente que nada mais seja que uma simples vontade e, muito menos ainda, admitir-se à vontade como constituindo uma faculdade independente do indivíduo" (CAVALCANTI, 1905, p. 73).

Essa percepção causa o esvaziamento da pessoa jurídica, pois reconhecer sua existência apenas com base no elemento vontade é o mesmo que admitir a sua existência sem substância. Fundada na realidade, é imprescindível que a vontade emanada da pessoa jurídica tenha como origem uma unidade real e concreta, sob pena de inviabilizar o alcance do instituto pelo direito.

Silva considera essa teoria completamente limitada, pois facilmente refutada:

> E se imaginássemos uma pessoa jurídica, do tipo fundação, apenas destinada a seres infantes ou alienados mentais, vale dizer, apenas por seres destituídos de qualquer vontade psicológica?
>
> Onde iriam buscar, aí, os dois insignes mestres, Zitelmann e Meurer, a matéria prima, volitiva, com a qual pudessem chegar até a vontade orgânica, maior, titular das relações jurídicas nas entidades personificadas, isto é, àquela unidade na pluralidade (*Einheit in der Vielheit*) a que tais autores se referem?
>
> Sabido não é que o nada, o nada gera e que o nada, adicionado ou fundido ao nada, só poderá proporcionar, como resultado, um outro nada? (SILVA, 2014, p. 92).

O conceito de pessoa jurídica vai além da concepção da vontade, promovida pela fusão orgânica de patrimônios individuais e destinados à formação do ente coletivo. O patrimônio e a vontade são alguns dos elementos que, se somados, geram a pessoa jurídica. Porém, tais elementos não devem ser entendidos como condicionante para a existência da pessoa jurídica, vez que o ente coletivo poderá existir mesmo na ausência deles.

A teoria biológica e orgânica define a pessoa jurídica como um organismo vivo e real de atuação no corpo social. A existência orgânica da pessoa jurídica, para a teoria, é real a ponto de ela ser comparada diretamente com o ser vivo. Essa teoria, segundo Silva (2014), teve como promotores Bluntschli, René Worms, Novicow, Schaeffle, Foillée, M. Spencer, Lilienfeld e Greff.[17]

Os defensores dessa teoria acreditavam que a pessoa jurídica deveria ser entendida como um organismo vivo e real cujos elementos seriam partes vitais de sua existência. O grande problema dessa afirmação foi que ela não era uma assertiva de viés comparativo. Espinas, citado por Silva, considerava que "o estudo das pessoas jurídicas deveria ser realizado ao lado das sociedades animais, das próprias sociedades humanas, representadas pelas pessoas jurídicas" (ESPINAS, 187, p. 7-8, *apud* SILVA, 2014, p. 93).

Nessa perspectiva, a pessoa jurídica possuiria vontade própria que não seria aquela ligada à vontade de seus membros. Essa independência da vontade seria tão grande, que a pessoa jurídica teria existência espontânea e seria equiparada fisiologicamente à pessoa física. Essa existência não seria fruto de uma analogia ou de uma ficção, e sim da realidade. Percebe-se o fomento de uma vontade superior e completamente independente que consagra ao ente coletivo um surgimento espontâneo e orgânico.

Essa vertente da teoria voluntarista da pessoa jurídica apresenta, na verdade, um conceito vazio de significado, pois seria impossível a concretização da vontade orgânica apresentada pela pessoa jurídica. Essa independência, apresentada entre a vontade dos membros da pessoa jurídica e da própria entidade, não possui sustentação na realidade e é exatamente o ponto frágil que abre margem para críticas.

---

[17] É a teoria sistematizada e defendida, dentre outros, por Bluntschli, René Worms, Novicow, Schaeffle, Foilée e, também, por M. Spencer, Lilienfeld, Greff. Por tal teoria a pessoa jurídica se constituiria num ser orgânico e vivo. Tão vivo e orgânico como os demais seres humanos também o fossem.

Silva (2014) revela que a teoria é esdrúxula, paradoxal e extravagante exatamente por não demonstrar algo palpável e real. Não há como se afirmar essa unidade orgânica e fisiológica da pessoa jurídica a ponto de torná-la idêntica à pessoa física de forma espontânea. O autor entende que se a expressão de tal teoria fosse apenas de forma comparativa poder-se-ia até compreender os seus ditames; mas essa concepção orgânica da realidade seria inadmissível ao direito, vez que a pessoa jurídica não pode alcançar essa concepção de ser vivo e orgânico apresentada pela teoria.[18]

A teoria da realidade objetiva parte de um pressuposto completamente contrário ao da teoria da ficção. Essa teoria tem como base a afirmação de que o direito reconhece realidades além do homem e as concede titularidade jurídica. Sendo assim, em relação às pessoas, não seria somente a pessoa física a detentora da titularidade jurídica de sujeito de direitos. A pessoa jurídica, nesse entendimento, é uma realidade existente que não pode ser ignorada pelo direito. A concessão da titularidade jurídica não tem como precedente obrigatório ser pessoa física.

Essa teoria tem como objeto central a realidade de institutos que vão além da pessoa natural e que devem ser titulares de direito em nome de sua importância no conceito social ao qual está envolvido. Logo, a titularidade de direitos e obrigações pela lei vai além da pessoa natural, que não pode ser considerada o seu único e exclusivo destinatário.

A teoria da realidade objetiva ou orgânica teve, como seu principal expoente, Gierke, que além de afirmar que a pessoa jurídica seria titular de direitos e obrigações por conta de sua realidade objetiva, assim deveria ser por que a pessoa jurídica seria dotada de vontade própria.[19] Exatamente com base nessa percepção é que a teoria de Gierke apresenta sua falha. Assim como a teoria biológica

---

[18] É teoria extravagante, descambando para o imaginoso e para o fantástico, para o paradoxal e para o incongruente. Se ela pretendesse expressar tão só uma maneira comparativa de ser da pessoa jurídica, ainda se compreenderia. Acontece, porém, que seus adeptos não ficaram apenas na comparação. Foram além e fizeram um símile exato da pessoa orgânica e viva (SILVA, 2014, p. 93).

[19] Essa, em síntese, é a construção da teoria do citado Gierke, para quem, no dizer de Gudesteu Pires, "a pessoa jurídica é um ente real, nada tendo de comum com os sectários da escola organicista (biológica), apesar de ensinar que existe na pessoa jurídica uma organização tendente a executar a vontade volitiva" (SILVA, 2014, p. 94).

ou orgânica, o autor afirmava que a pessoa jurídica era um ente real e dotado de uma vontade psicológica própria.

Essa atribuição de uma vontade própria e autônoma foi o que enfraqueceu tal teoria. Enquanto baseada na realidade do ente, a teoria encontrava sustentação; mas, ao invocar a vontade como um requisito de validade da titularidade de direitos e obrigações pelas pessoas jurídicas, a teoria perde sua conexão com o factível. Ferra leciona que o ato de vontade, para se cumprir, deve observar sensibilidade, consciência e inteligência daquele que o quer. Requisitos esses que não serão manifestados pelo ente coletivo, vez que não existe a possibilidade da manifestação de uma vontade própria e autônoma (FERRARA, 1929, p. 221).

Silva apresenta uma interessante crítica à teoria da realidade objetiva:

> Só o homem sente, só o homem pensa. E, por isso mesmo, só homem pode querer. Não haveria, pois, possibilidade, realisticamente falando, em se emprestar à pessoa jurídica, uma vontade autônoma e própria.
>
> Isso seria a burla, a mentira, o contrassenso.
>
> E muito embora tenha caminhado a largas passadas no sentido de uma adequada solução para o problema da caracterização da exata natureza das pessoas jurídicas, Gierke que, por aproximadamente quarenta anos a tais estudos de dedicou, deixou-se, contudo, aí, extraviar, rumando para o mundo da fantasia e do exotismo (SILVA, 2014, p. 96).

O trecho destacado deixa transparecer como a busca conceitual do instituto pessoa jurídica se fez complexa. Ao considerar o ente à imagem e semelhança da pessoa natural, muitos autores objetivavam a aproximação em demasia, tendo como base a teoria do direito subjetivo. A vontade, como centro gravitacional, acabou afastando parte das teorias que afirmavam a realidade da pessoa jurídica, pois não se conseguiu atribuir ao ente coletivo o domínio e a autonomia do elemento volitivo, vez que os compositores desse elemento são atributos exclusivos do homem. Sendo assim, reconhecer a pessoa jurídica como ente vivo e real já foi um grande passo para sua conceituação. O ponto final seria a construção dessa realidade ligada à titularidade de direitos, sabendo que talvez a aproximação da pessoa jurídica com a pessoa física por meio da vontade já não seria um caminho tão seguro assim.

A teoria da realidade técnica ou jurídica tem como grande caraterística sua oposição à ficção da pessoa jurídica. Essa teoria é uma evolução da ideia de Gierke, pois trata a pessoa jurídica como uma concepção, rejeitando a ideia ficcionista proposta por Savigny. Essa ideia de concepção de pessoa jurídica se traduz em sua necessidade, ou seja, o ente coletivo não adota a "imagem e semelhança da pessoa física" em uma conotação corporal, e sim em uma concepção ideal. A pessoa jurídica se faz ente vivo, real e necessário, por isso faz jus em ser vista como titular de direito. É uma manifestação da titularidade de direitos da pessoa natural, e por isso não pode ter sua realidade negada.[20]

Silva (2014) leciona que o direito é uma ciência que não trabalha com a causalidade, ou seja, não se vincula apenas ao estudo de efeitos de uma determinada causa. A ciência do direito tem, como viés, a valoração dos fenômenos reais que ocorrem na vida social, portanto, se apenas o homem for considerado como uma realidade por conta de seu aspecto psicológico e biológico, de fato a pessoa jurídica deveria ser tratada como uma ficção. Porém, o ente coletivo se manifesta como um aspecto que tem, como origens, os tributos da pessoa natural, e por isso deve ser considerado como um ideal. O que o direito faz é perceber a manifestação do indivíduo como um aspecto próprio e o configurar do ponto de vista jurídico; por isso, a ontologia se faz tão necessária no estudo da pessoa jurídica.

A pessoa jurídica possui, então, uma realidade jurídica, e é nessa realidade que pousa sua semelhança com a pessoa natural, sempre entendida como manifestação de um dos atributos do homem. Portanto, para o direito a palavra pessoa terá um significado além do conceito de pessoa natural, pois reconhece a pessoa jurídica semelhante à pessoa física no que diz respeito a requisitos específicos. Logo, a pessoa jurídica só deixa de ser

---

[20] Elas, as pessoas jurídicas, podem carecer de "corporalidade", nunca, porém, de realidade. São concepções, porém não são ficções. As ficções evocam aquilo que é fantástico, contrário à realidade. As concepções, porém, cristalizam as ideias que se relacionam com a verdade das cousas e dos fatos. Seriam, em suma, realidades ideias, jurídicas e não simples realidades corporais e sensíveis (SILVA, 2014, p. 96).

idêntica ao ser humano naquilo que se faz característica própria do homem.

Sobre a teoria da realidade técnica, leciona Gomes:

> (...) o direito se dá conta da existência de agrupamentos de indivíduos formados para a consecução de fins comuns ou coletivos, tratando-se de organismos já existentes na vida social; o direito capta-os e investe-os de poderes, de sorte a disciplinar as relações de que eles participam. Assim, o agrupamento é personificado, passando a exercer atividade jurídica como uma unidade. O fato social sobre o qual se erige essa construção técnica não pode ser ignorado. Destarte, a pessoa jurídica tem sua base primeira na realidade social (GOMES, 2006, p. 227).

A teoria da realidade técnica ou jurídica demonstra que o direito apenas reconhece a existência real do ente coletivo como pessoa. É pessoa por que tem, como ponto de partida, a vontade manifesta da pessoa natural em se reunir para o desenvolvimento de um fim específico. É real, pois essa união produz efeitos sociais que podem ser identificados como oriundos do ente coletivo e não de seus membros isolados. A reunião de pessoas físicas atuantes na sociedade contemplará as vontades individuais em uma vontade maior e coletiva, que guiará as decisões e as ações do coletivo, ou seja, orientará. Será jurídica, pois o papel do direito será o de reconhecer sua existência real, considerando titular de direitos para o correto exercício de suas atribuições. Sendo assim, a teoria da realidade técnica reconhece a existência do ente coletivo, com base na realidade social, como pessoa jurídica, mas só reconhece capacidade jurídica após a observação do processo técnico exigido pelo ordenamento jurídico.

O estudo das teorias conceituais da pessoa jurídica demonstra a complexidade do tema bem como deixa clara a dificuldade existente em se enquadrar os diversos tipos de ente coletivo dentro de uma única teoria. Foi desenvolvido um quadro sinóptico que engloba todas as teorias que versam sobre a conceituação da pessoa jurídica. Veja-se:

CAPÍTULO 1
A PERSONALIDADE JURÍDICA NO DIREITO BRASILEIRO | 75

Quadro sinóptico 02

(continua)

Teoria	Características	Crítica
Teoria da Ficção	**Nega a existência da pessoa jurídica.** Somente o homem poderia ser titular de direitos e deveres. A pessoa jurídica seria uma mera criação do direito. Tem como base a tese dos "direitos sem sujeito".	Doutrina extremamente materialista, verifica a realidade apenas sob o que é material e acessível. Possui um grande excesso de antropomorfismo, pois considera que somente os homens podem ser titulares de direitos e deveres.
Teoria da Representação	**Nega a existência da pessoa jurídica.** Com base na tese dos "direitos sem sujeito", afirma que o direito não pode criar sujeitos artificiais. O que pode fazer é equiparar um patrimônio a uma pessoa.	Considerada uma variável da teoria da ficção, a teoria da representação negava a existência real da pessoa jurídica considerando a representação ficta e a negativa do sujeito.
Teoria Individualista ou Realista	**Nega a existência da pessoa jurídica,** fazendo uma oposição direta à teoria da ficção. Tem como base o direito subjetivo e define a pessoa jurídica como uma aparência oriunda do somatório de seus membros, que são os titulares da vontade. A pessoa jurídica seria um sujeito indeterminado que materializaria a vontade de seus membros.	Ao instrumentalizar a pessoa jurídica, a teoria da realidade nega a existência real do ente coletivo e cria uma premissa insustentável, qual seja: não é sempre que o destinatário do direito subjetivo será o titular do interesse envolvido na relação jurídica, pois o interesse visto como uma questão de fato não se confunde com a subjetividade jurídica.
Teoria do Patrimônio ao Fim	**Nega a existência da pessoa jurídica** com base na concepção clássica de direito subjetivo. Essa teoria parte do pressuposto que somente a pessoa física poderá ser considerada titular de direitos e deveres. Sendo assim, as pessoas jurídicas não poderiam ser titulares de direito.	Assim como a teoria individualista, a teoria do patrimônio ao fim surge com a perspectiva de conceituar a pessoa jurídica com base na tese dos direitos sem sujeitos. Contudo, o sujeito é substrato ôntico que deve ser preexistente à atribuição do direito. Sendo assim, não há que se falar na existência de um direito sem o sujeito, ou seja, sem o destinatário. A mera afetação do patrimônio ao fim não é suficiente para justificar e manter o ente coletivo que existe e desenvolve uma atividade no seio da sociedade.

(continua)

Teoria	Características	Crítica
Teoria da Propriedade Coletiva	Nega a existência da pessoa jurídica com base no direito de propriedade. Para essa teoria, a pessoa jurídica, chamada de pessoa ficta, seria um conjunto de bens pertencentes a um grupo de pessoas físicas.	A teoria do patrimônio coletivo tem como pilar de sustentação a existência do patrimônio e coletividade de sujeitos, que de forma plúrima são os sujeitos de direito detentores desse patrimônio. Contudo, não se poderia negar a existência da pessoa jurídica no caso de estar presente a coletividade e restar ausente o patrimônio, bem como no caso de existência do patrimônio e ausência da coletividade.
Teoria da Vontade Incorporal	Reconhece a existência da pessoa jurídica com base na cristalização da vontade. A pessoa jurídica, aos olhos dessa teoria, seria o somatório da vontade individual de todos os seus membros. A junção individual produziria, ao final, um patrimônio único e homogêneo, que seria diferente do patrimônio que o compõe. Essa formação seria dotada de uma vontade autônoma e orgânica.	O conceito de pessoa jurídica vai além da concepção da vontade promovida pela fusão orgânica de patrimônios individuais e destinados à formação do ente coletivo. O patrimônio e a vontade são alguns dos elementos que, se somados, geram a pessoa jurídica. Porém, tais elementos não devem ser entendidos como condicionante para a existência da pessoa jurídica, vez que o ente coletivo poderá existir mesmo na ausência deles.
Teoria Biológica ou Orgânica	Reconhece a existência da pessoa jurídica como um organismo vivo e real. A pessoa jurídica possuiria vontade própria, que não seria aquela ligada à vontade de seus membros. Essa independência da vontade seria tão grande, que a pessoa jurídica teria existência espontânea e seria equiparada fisiologicamente à pessoa física.	A afirmação de que a pessoa jurídica é um organismo real e vivo não é uma mera comparação, ou seja, fruto de uma analogia ou ficção. A existência da pessoa jurídica seria orgânica. A concepção dessa vontade autônoma e fisiológica da pessoa jurídica inviabiliza a teoria. Não é possível afirmar que a pessoa jurídica é semelhante à pessoa física de forma espontânea, vez que o ente não consegue alcançar o *status* de ser vivo e orgânico, como leciona a teoria.
Teoria da Realidade Objetiva ou Orgânica	Reconhece a existência da pessoa jurídica em oposição direta à teoria da ficção, pois leciona que o direito tem a atribuição de reconhecer titulares da relação jurídica além da pessoa natural. Pertencente a uma realidade objetiva, a pessoa jurídica seria dotada de uma vontade própria.	A vontade própria e autônoma foi o que enfraqueceu essa teoria. Enquanto baseada na realidade do ente, a teoria encontrava sustentação, mas, ao invocar a vontade como um requisito de validade da titularidade de direitos e obrigações pelas pessoas jurídicas, a teoria perde sua conexão com o factível.

(conclusão)

Teoria	Características	Crítica
Teoria da Realidade Técnica ou Jurídica	Reconhece a existência da pessoa jurídica em sua concepção. O ente é equiparado à pessoa física de forma ideal e não corporal. A pessoa jurídica se faz ente vivo, real e necessário, por isso faz jus em ser vista como titular de direito. É uma manifestação da titularidade de direitos da pessoa natural, e por isso não pode ter sua realidade negada.	Adotada pelo Código Civil Brasileiro.

Fonte: Elaborado pelo autor.

A adoção da teoria da realidade técnica pelo Código Civil Brasileiro não retira a complexidade do tema, uma vez que atualmente, como será demonstrado no capítulo 3, ainda pode ser identificada confusão conceitual entre diferentes tipos de pessoa jurídica de direito privado, o que demonstra o uso equivocado de elementos definidores de teorias não adotadas pelo ordenamento jurídico brasileiro.

De acordo com Caio Mário (2014) e Pontes de Miranda (2015), da observação geral de todas as teorias definidoras é possível afirmar que não há que se falar da inexistência da pessoa jurídica, ou seja, o ente coletivo existe na realidade, e cabe ao legislador apenas reconhecê-lo. O Código Civil Brasileiro, ao adotar a teoria da realidade técnica, objetiva equilibrar o vínculo de analogia existente entre pessoa jurídica e pessoa física, destacando suas diferenças e especificidades bem como reconhecendo, de forma primordial, sua existência enquanto fato social.

No entanto, Leonardo (2005) chama a atenção para o fato de o CCB guardar uma forte tendência normativista, o que prejudicaria uma personificação pautada na observância do substrato ôntico do ente coletivo. O autor retira essa conclusão da obra de Côrrea de Oliveira, que frisa a importância de a legislação reconhecer o ente coletivo como ele é em sua "pré-vida" antes da personificação.

É com o olhar voltado para a realidade que José Lamartine Corrêa de Oliveira propõe o estudo da pessoa jurídica com uma base fundamentalmente apoiada na ontologia e no institucionalismo.

O estudo da pessoa jurídica deve transcender a característica normativa, observando-se a técnica de reconhecimento da existência do ente coletivo, que leva em consideração todos os seus elementos reais e essenciais. Afinal, o Estado concede juridicidade ao instituto, mas não contempla na lei, como sua capacidade, todas as suas atividades exercidas como se pode depreender da observação da realidade.

Um exemplo de tal posicionamento, e que, por si só, justifica a importância deste estudo, é a inserção das organizações religiosas como pessoa jurídica de direito privado no rol do artigo 44 do Código Civil.

José Lamartine Corrêa de Oliveira (1979), ao verificar todo o emaranhado de teorias existentes sobre a pessoa jurídica e percebendo a forte tendência até hoje diagnosticada, segundo Leonardo (2005), ao normativismo, propõe um reagrupamento de todas as teorias, com o intuito de apresentar um conceito com base na teoria francesa do institucionalismo e na ontologia.

O autor chegou à conclusão de que todas as teorias definidoras da pessoa jurídica poderiam ser agrupadas em três grandes vertentes: doutrinas individualistas, doutrinas da existência das realidades coletivas e doutrinas normativistas. O objetivo de José Lamartine Corrêa de Oliveira, ao optar por essa metodologia, foi fixar a importância de se verificar o instituto por meio de teorias que apresentam uma maior aderência à realidade social, afastando-se das teorias jurídicas que possuem, como centro, única e exclusivamente a norma jurídica (LEONARDO, 2005).

O estudo das teorias que gravitam em torno da pessoa jurídica tem um grande e profundo objetivo: evitar a desmedida distância entre a realidade ontológica dos entes coletivos e o tratamento jurídico a eles concedido para evitar a crise do reconhecimento e a crise da função.

Sendo assim, a realidade técnica deve observar e contemplar toda a essência existente no ente coletivo, o que pressupõe que a norma jurídica reconhece a pessoa jurídica por analogia à pessoa física, devendo contemplar, no que refere à sua capacidade, todas as atividades essenciais desenvolvidas pelo ente em sua existência real.

O mero reconhecimento do ente como pessoa jurídica por meio de uma norma abrangente e que limita sua atuação viola a concepção correta da pessoa jurídica. O conceito ontológico-institucionalista da pessoa jurídica, portanto, abrange a teoria da realidade técnica ou jurídica, mas ressalta a importância de o direito reconhecer a essência do ente coletivo no momento da formalização da capacidade jurídica (institucionalismo). Essa teoria será a base para a conceituação das organizações religiosas enquanto pessoa jurídica de direito privado apresentada no capítulo 5. Portanto, é fundamental compreender o conceito ontológico-institucional de pessoa jurídica segundo Corrêa de Oliveira (1979).

1.3 O conceito ontológico-institucional de pessoa jurídica na obra de José Lamartine Corrêa de Oliveira

César Fiuza (2021) afirma que a pessoa jurídica tem sua base no Direito Romano no momento em que o conceito de pessoa, no Direito Romano pré-clássico, não estava bem definido. O autor chama a atenção para o fato de o termo "pessoa jurídica" não ter sido empregado no Direito Romano: "Os textos da época utilizavam a palavra *persona*, para designar colégios e as corporações, são nitidamente interpolações, isto é, foram reescritos em época posterior, com interferência de quem os reescreveu" (FIUZA, 2021, p. 143).

A afirmação de Fiuza (2021) corrobora com as ideias apresentadas por Corrêa de Oliveira (1919), que leciona o fato de o século XIX ter sido marcado pela intensa busca da conceituação da pessoa jurídica. Debates produtivos e calorosos surgem no intuito de apresentar uma formatação específica para esse instituto tão caro ao direito privado. A grande quantidade de teorias produzidas para a definição do instituto sempre aguçou o direito civil a buscar aquela que mais se adequasse à dualidade existente entre teoria e aplicabilidade prática.

Para Francesco Ferrara (1929), a pessoa jurídica é um instituto de grande importância porque se faz perceber em todas as searas da vida social. Ela influencia a vida em sociedade e a própria movimentação do Estado. O Estado, com sua conotação política, determina o território e organiza a vida em sociedade, mas são as associações diversas, as sociedades mercantis e de outros fins, as corporações religiosas entre outras, que atuam em paralelo ao Estado para auxiliar na movimentação da vida em sociedade.[21]

Por esse motivo, o tema pessoa jurídica chama tanto a atenção dos estudiosos do direito civil. O conceito de personalidade e pessoa jurídica se apresenta como uma questão difícil de ser solucionada (FERRARA, 1929).

Essa busca por adequação, força a um estudo constante e atualizado do direito privado e das disposições que versam sobre a pessoa jurídica. Atualmente, muitos estudiosos consideram o tema já pacificado e completamente delineado. Contudo, por ser um instituto de extrema importância, as reflexões sobre a conceituação da pessoa jurídica devem ser constantes, tendo em vista os novos problemas que chocam com a conceituação já adotada.

José Lamartine Corrêa de Oliveira (1979) considerava a conceituação da pessoa jurídica como um problema doutrinário. Para o autor, a pessoa jurídica e todas as suas teorias de definição sempre deveriam ser estudadas de acordo com os reflexos do instituto na sociedade. Para o autor, essa problemática surge em decorrência da importância do instituto no desenvolvimento da engrenagem social. As reflexões acerca da formação e conceituação da pessoa jurídica nascem da necessidade apresentada pelo próprio desenvolvimento social.

A problemática da conceituação da pessoa jurídica surge da necessidade social do agrupamento organizado dos indivíduos para a produção de atividades que ultrapassam a condição da pessoa física. Esse agrupamento de pessoas passou a desenvolver suas atividades no seio da sociedade a ponto de tais atividades se tornarem

---

[21] *"Acaso no habrá, em toda la doctrina del Derecho Civil, assunto que reclame más la atención de los jurisconsultos que el de las pesonas jurídicas. Las causas de este fenómeno son varias. Ante todo, el concepto e personalidad es uno de los problemas más graves y delicados de la técnica jurídica, que está relecionado y guarda un íntimo vínculo com la idea del derecho subjetivo, por lo que se originan una serie de controvérsias y dudas que hacen cada vez más difícil su solución. Por consiguiente, la cuestión se plantea en la más altas regiones de la teoria del Derecho y nos lleva a discutir las funciones de las normas, de la posibilidad de um derecho sin sujeto, de la necessidade de una voluntad en el titular del derecho, cuestiones com las cuales se relacionan otra serie de problemas sobre el individuo humano, sobre la esencia de la sociedade, sobre el origen y el concepto del Estado, etc. De aqui el interés primário que ostenta nuestra matéria que transcende del Derecho privado y por sus múltiples aplicaciones y ramificacones se extiende y domina todo el sistema del Derecho"* (FERRARA, 1929. p.1).

essenciais para o desenvolvimento e, até mesmo, a manutenção da engenharia social. Exatamente nesse ponto que a busca por uma teoria definidora passa a ser o foco central. José Lamartine Corrêa de Oliveira (1979) entendia tal ponto como uma problemática do ponto de vista teórico. Para o autor, o conceito de pessoa jurídica e seu conjunto de teorias ficavam à mercê de uma dualidade concreta: o exercício real das atividades por esse agrupamento de pessoas naturais e a percepção regulatória do direito sobre o agrupamento e suas atividades.

O agrupamento de pessoas naturais para o exercício de algo preponderante para a sociedade passou a se tornar uma realidade constante e perceptível, o que criou a necessidade de se definir qual seria o mecanismo de individualização daquele ente composto por diversas pessoas. Nesse instante, os estudiosos que viriam a definir a pessoa jurídica passam a compreender que o ponto de partida para essa conceituação deveria partir do conceito de pessoa natural, ou seja, a pessoa jurídica deveria surgir "como a imagem e semelhança da pessoa natural", mas com suas especificidades.

Estabelecido o ponto de partida do conceito de pessoa jurídica, é fundamental a elaboração de uma breve linha conceitual sobre a etimologia da palavra pessoa. Tal linha conceitual será dividida em dois aspectos temporais fundamentais; são eles: etimologia clássica e moderna.[22] Na etimologia clássica, o conceito da palavra pessoa possui como base três diferentes terminologias, *phersu*, *prosopon* e *persona*. As duas primeiras referem-se a máscaras utilizadas para comparecimentos em festas que proporcionavam encontros sociais. Já a terceira etimologia remete ao personagem, ou seja, máscaras utilizadas pelos atores da antiguidade e que auxiliam a propagação de suas falas nos teatros (GOGLIANO, 1982).

É perceptível a conexão entre as três referências do período clássico. Pessoa se referia a uma vestimenta para apresentação social. O uso da máscara como significação social transmite a ideia de uma formalização daquele indivíduo dentro de determina situação social

---

[22] Essa determinação temporal foi realizada de acordo com a leitura das obras dos autores Dayse Gogliano (1982), Inácio Carvalho Neto (2006) e José Jairo Gomes (2006), que traçam uma evolução da concepção da palavra pessoa. Como o escopo da obra não versa sobre os direitos da personalidade, será breve a contextualização sobre o tema.

específica. Não é perceptível uma tradução de pessoa enquanto ser e sujeito de direitos e deveres na ordem civil. Na etimologia moderna, essa concepção da palavra pessoa começa a ser traduzida com essa informação de representatividade individual na ordem civil. O homem, na ordem social, apresenta socialmente a consciência da representação do seu papel na sociedade. Segundo José Jairo Gomes (2006), o entendimento moderno de pessoa tem como base a etimologia *persona*, que foi adotada pela ordem jurídica em uma concepção sociopolítica jurídica, dando valor jurídico a esse conceito.

A adoção dessa concepção pela ordem jurídica fundamenta-se na expansão das ideias da filosofia individualista que coloca a pessoa como centro consciente do eu na sociedade:

> Atribui-se ao filósofo iluminista John Locke a apresentação moderna da concepção de pessoa. John Locke, como sabido, foi um dos pais da filosofia individualista, sustentáculo do liberalismo em suas variadas vertentes. A concepção de pessoa por ele apresentada é substancialmente moral, tendo tido importantes reflexos no direito. A pessoa é compreendida como o eu, a consciência ético-política do indivíduo; centraliza estados psíquicos, nela encontra-se a razão, a vontade, a liberdade e memória (GOMES, 2006, p. 137).

Do conceito moderno de pessoa, percebe-se o conjunto de requisitos morais e psíquicos que permitem ao indivíduo tomar decisões e realizar escolhas conscientes na ordem social. Pessoa deixa de ser entendida apenas como uma máscara utilizada em determinados momentos sociais e passa a ser inserida como característica social, política e jurídica do ser humano. Gomes (2006) chama a atenção para a importância que essa conceituação teve para a codificação clássica. Essa etimologia da palavra pessoa torna-se objeto do direito para apresentar ao indivíduo um rol de direitos, deveres e responsabilidades decorrentes de sua ação em sociedade.

E é exatamente com a evolução desse conceito e com a inserção dele no direito que se faz de grande importância apresentar a diferença entre o conceito de indivíduo e pessoa:

> Kant fazia distinção entre pessoa e indivíduo, compreendendo aquela como manifestação da liberdade e independência diante do mundo natural. Ao agir, a pessoa somente se submeteria a leis puras, estabelecidas por sua própria razão. A pessoa revela-se como liberdade de

um ser racional guiado por leis morais. Tal liberdade é acompanhada de responsabilidade pelas ações exteriorizadas. Além disso, a pessoa humana é concebida como fim em si mesma, e, por isso, não pode ser objeto de relações, mais sim sujeito. (GOMES, 2006. p. 138)

A distinção estabelecida entre indivíduo e pessoa chama a atenção do direito, que passa a estabelecer atributos ligados diretamente a esse conceito. Contudo, nem sempre, para o direito, o indivíduo dotado de atributo moral e psíquico foi considerado uma pessoa aos olhos da ordem jurídica:

> Historicamente, nem sempre esta aptidão – isto é, a condição de pessoa como titular de direitos – foi conferida a todos os seres humanos. No direito romano, por exemplo, a capacidade jurídica de gozo era restrita ao homem livre (portador do *status libertatis*), cidadão (isto é, não estrangeiro, com *status familiae*) e chefe de família (*sui iuris, pater famílias*). Não bastasse isso, o começo da vida se dava com o nascimento com vida e forma humana (afastavam-se aqueles nascidos com deformidades que poderiam colocá-los na categoria *monstrum*). Utilizava-se o termo *persona* para todos os seres humanos, mas esse não possuía o significado jurídico que se confere ao vocábulo (ARAÚJO, 2014).

Miguel Reale apresenta a mesma percepção:

> Nem sempre foi assim, evidentemente. Não precisamos remontar aos povos primitivos, às sociedades ainda em formação, quando nem mesmo se podia vislumbrar a ideia de pessoa ou de personalidade. Se nos limitarmos ao mundo clássico, podemos verificar que nem todos os homens foram tidos como pessoas, ou titulares de direitos. Havia escravos e homens livres. (...)
> Quanto mais os indivíduos adquirem autonomia na sua capacidade de agir, segundo tendências próprias e peculiares, tanto mais se estabelecem ligações comuns de natureza objetiva e transpessoal tendentes a garantir a livre coexistência das iniciativas privadas. (REALE, 2017, p. 228 e 230)

A evolução do conceito de pessoa vem intimamente ligada ao direito. Percebe-se que, mesmo após o entendimento de pessoa como sujeito, nem sempre a condição de ser humano foi identificada da mesma forma sobre o viés político. Com a evolução dos direitos civis e com a maior autonomia do ser humano frente à ordem política, o conceito de pessoa alcança seu *status* maior de evolução: pessoa é o sujeito de direitos e obrigações na ordem civil (REALE, 2017).

Walter Moraes (2000) afirma que "pessoa é aptidão para ser sujeito de direito. Ser sujeito de direito (de direitos e obrigações) é ser pessoa. Pessoa e sujeito, no plano jurídico, são conceitos equivalentes". Para a ordem jurídica, todos aqueles denominados como pessoa natural correspondem a sujeito de direitos e deveres na ordem civil. É esse o conceito que será adotado nesta obra.

Diante de toda a evolução conceitual demonstrada, é perceptível que o conceito de pessoa adotado pela ordem jurídica parte da observação da realidade. A consagração do sujeito como detentor de direitos e obrigações é um reconhecimento jurídico do ser humano como forma de o lançar à frente da ordem jurídica, econômica e política.

José Lamartine Corrêa de Oliveira (1979) informa que a problemática na conceituação da pessoa jurídica existe exatamente porque tal conceito tem, como fonte de inspiração, o conceito de sujeito de direitos enquanto pessoa natural. Como apresentado anteriormente, a pessoa jurídica surge da realidade do agrupamento de pessoas naturais que começam a desenvolver atividades expressivas no seio da sociedade. Essa "imagem e semelhança" da pessoa natural passou por uma vasta busca de definição e enquadramento, ponto que merece atenção para evitar uma conceituação que limita o instituto ou que o torne sem limites.

A percepção da pessoa jurídica como imagem da pessoa natural é decorrente de uma construção histórica do instituto. Francesco Ferra (1929) em sua obra *"Teoria de las personas jurídicas"* chama a atenção para as complexidades envoltas ao tema. O autor ressalta a existência real do instituto e sua negação jurídica. A percepção histórica das diferentes teorias definidoras da pessoa jurídica auxilia na compreensão do conceito dogmático e moderno do instituto e demonstra a complexidade apresentada por José Lamartine Corrêa de Oliveira em relação à definição.

Nem sempre a pessoa jurídica foi entendida como a imagem da pessoa natural. O direito romano antigo ignorava o conceito de pessoa jurídica como instituto correspondente às pessoas físicas. É certo que, desde a mais remota antiguidade, o Estado e outros entes coletivos eram sujeitos que detinham poder jurídico, mas não eram sujeitos de direito privado. O conceito de sujeito de direito, de pessoa, tinha aplicação somente entre aqueles que eram considerados cidadãos pelo direito privado.

O Direito estatal era um direito objetivo composto por normas que reafirmavam a soberania do Estado. O Estado não era detentor de uma personalidade jurídica, e sim estava investido de uma subjetividade que operava em nome das atividades públicas para o alcance de suas finalidades. O Estado romano antigo não apresentava nenhuma relação entre o conceito de pessoa jurídica e pessoa física. Dotado de patrimônio próprio, o Estado podia participar das relações jurídicas com particulares, porém sempre seria soberano. O interesse do Estado romano sempre seria superior e afastaria por completo o direito privado. Percebe-se a existência de entes coletivos que se apresentavam modelados pelo Estado, mas que possuíam a forma de uma pessoa jurídica (FERRARA, 1929).

As coletividades, no direito romano antigo, formavam unidades públicas de atuação que eram partes distintas, mas que essencialmente eram soberanas ao Estado e ao direito público. Essa característica permite afirmar a existência do conjunto de pessoas físicas para o desenvolvimento de determina atividade no seio social, o que possui correspondência ao ponto de partida para a conceituação de pessoa jurídica. Contudo, esses entes coletivos não eram considerados pessoas jurídicas, pois não eram entendidos como um conjunto de pessoas físicas em desenvolvimento de uma atividade, mas sim como um ente público, ou seja, uma parte do Estado (FERRARA, 1929).

Ferrara ressalta que essa concepção do ente coletivo se prolonga durante toda a República e parte do Império. Com a conquista de outras cidades italianas, o Império Romano dá início à constituição dos municípios. Estes seriam autônomos na construção de seus estatutos (sujeitos de direito privado), podendo se organizar internamente da melhor forma, mas devendo sempre estar submetidos às regras do *ius singulorum*. É exatamente nesse momento de posição jurídica híbrida que os entes coletivos começam a se manifestar como pessoa jurídica ao lado das pessoas físicas (FERRARA, 1929).

Francesco Ferrara leciona, em sua obra, o marco inicial no direito romano que reflete a concepção da pessoa jurídica:

> *Introducido, pues, el sistema de tratar a los Municipios como sujetos privados, éste se difunde rapidamente y se aplica a los outros entes coletivos. En efecto,*

los colégios se constituyen corporativamente a imitácion de los municipia (respublicae) y adquieren como ellos la capacidade privada.
(...)
Y esta analogia entre municipia y collegia, se extiende hasta los particulares más mínimos. Como el Municipio, también el collegio se reúne bajo la protección de la divinidad, tiene un estatuto próprio, una lex colelegii, correspondiente a la lex municipalis hay um ordo decurionum, que hace frente al senado de los decuriones de la ciudad, el colégio dicta decretos, nombra patronos, ilama cúria a su local de assembleas. Tiene su defensor y a sus empleados títulos pomposos, como magister, curator, quaestor, tribunus aedilis. (FERRARA, 1929, p. 29).

Os entes coletivos passam a se organizar como os municípios. Dotados de patrimônio, representatividade jurídica, normas internas e estrutura física e organizacional. Assim, todas as associações lícitas passam a ser reconhecidas, de forma análoga aos municípios, como patrimonialmente capazes no direito privado. Ferrara (1929) chama a atenção para o fato de que "o reconhecimento se referia apenas a existência do ente, a capacidade jurídica era uma consequência que se produzia espontaneamente", ou seja, era concedida pela existência do ente (FERRARA, 1929).

Esse tratamento ao ente coletivo foi realizado de forma gradativa; nem todos foram considerados dotados de capacidades jurídicas de forma instantânea. No direito romano, a capacidade era considerada como a concessão de um privilégio a um ente coletivo (FERRARA, 1929).

Assim como o direito romano, o direito germânico não reconhecia a existência da pessoa jurídica; somente as pessoas físicas eram contempladas. Os entes coletivos eram compreendidos como um conjunto de pessoas que possuíam bens em comum por conta da própria divisão social existente. Essa divisão foi chamada por Ferrara (1929) de associações, vez que os germanos se dividiam em grupos que realizavam, de forma coletiva, a administração e o cuidado com a propriedade. Ferrara (1929) ensina que esse coletivo, voltado para administração e cuidado com a propriedade, manifestava o interesse da associação, e não o dos membros que eram seus componentes; as deliberações e a organização sempre eram realizadas observando o coletivo que compunha a associação. O autor ressalta ainda que a associação era o sujeito nas relações, pois quem detinha a propriedade dos bens era a associação, e não os particulares associados (FERRARA, 1929).

CAPÍTULO 1
A PERSONALIDADE JURÍDICA NO DIREITO BRASILEIRO | 87

Por mais que o direto germânico negasse a existência da pessoa jurídica, pela própria organização social percebe-se a configuração do instituto. A associação formada era composta por pessoas físicas que possuíam o mesmo intuito: administrar a propriedade comum. Porém Ferrara (1929) ressalta que mesmo existindo a singularidade de cada associado, as deliberações deveriam ser tomadas levando em consideração o coletivo, ou seja, a liberdade de atuação das associações esbarrava diretamente na propriedade do ente coletivo (FERRARA, 1929).

O direito germânico, diante dessa estrutura, reconhecia uma personalidade coletiva que era composta por uma unidade jurídica e a propriedade coletiva, ou seja, a propriedade coletiva era a representação do ente coletivo composto por todos os associados. Já a unidade jurídica é a fração individual que cada associado possui no patrimônio geral. Ferrara (1929) afirma que, mesmo sendo negada a existência da pessoa jurídica, o que se percebe é sua existência real. O autor aponta que "é impossível admitir que o direito de propriedade possa ser dividido em duas esferas distintas que pertençam a dois sujeitos diversos. Uma parte corresponde à totalidade e a outra parte aos particulares" (FERRARA, 1929).

Esses entes não eram considerados como sujeitos de direito pelo direito germânico. Portanto, não há que se falar na existência da pessoa jurídica. O que o direito germânico reconhecia é que os entes coletivos são a soma dos indivíduos associados que coletivamente formavam um ente ideal (FERRARA, 1929).

César Fiuza apresenta importante síntese sobre o momento histórico da pessoa jurídica no Direito Romano e Germânico bem como destaca a importância do Direito Canônico à conceituação moderna do instituto:

Se o Direito Romano esboçou os primeiros delineamentos do que viria a ser a moderna pessoa jurídica, o Direito Germânico não a concebeu de modo algum. Apesar disso, hão de ser destacados os agrupamentos de pessoas para a busca de fins comuns, tais como as comunas. De todo modo, embora fossem colégios, cada indivíduo é que era considerado para efeitos de relações patrimoniais, não o grupo em si.
Coube mesmo ao Direito Canônico traçar os contornos espirituais, abstratos do instituto.
A própria Igreja não foi concebida como o conjunto de fiéis. Era o corpo místico de Cristo, organismo vivo, com forma abstrata, alegórica. Os cris-

tãos estavam sobre a proteção da Igreja; não compunham sua estrutura. Assim como a Igreja universal era um ente personalizado, também as igrejas paroquiais, singulares, detinham essa característica, possuindo personalidade própria, embora fossem membros do corpo universal.

A partir do século XII, já no Baixo Medievo, intensifica-se o amálgama entre Direito Romano (*Ius Commune*), Direito Germânico (*Ius Proprium*) e Direito Canônico (*Ius Canonicum*). Esse encontro favoreceu o desenvolvimento da ideia de pessoa jurídica (FIUZA, 2021, p. 144).

Percebe-se que inicialmente existiu uma recusa da ordem jurídica em conceber a pessoa jurídica como um sujeito de direito assim como a pessoa física. Essa evolução conceitual passou por diversas teorias que, em alguns casos, continuou a negar a existência real do instituto. É com essa percepção que José Lamartine Corrêa de Oliveira (1979) apresenta uma definição ontológico-institucionalista. Para o autor, a mera apresentação de uma teoria conceitual e abstrata não revela, a fundo, o conceito do instituto. Corrêa de Oliveira (1979) afirma a importância de se estudar a definição de pessoa jurídica levando em conta fundamentos históricos, movimentos sociais e as ideias que influenciaram as teorias:

> (...) sabemos que o direito exerce sua tarefa reguladora da vida do homem em sociedade de modo historicamente condicionado. Já Rhode o observava, ao notar como as eventuais necessidades da época exerceram e exercem influência sobre o desenvolvimento das teorias, o que aquele autor procurou demonstrar analisando a influência das necessidades da época sobre o pensamento do papa Inocêncio IV e dos canonistas. Vimos como outros autores – é o caso de Binder – enxergaram em tal exemplo a prova de que só a partir Savigny consegue o jurista formular uma teoria conceitual, abstrata e geral. Tal observação não deve, porém, induzir-nos ao erro consistente em acreditar que uma teoria geral e abstrata da pessoa jurídica estaria livre dos condicionamentos históricos, das influências resultantes das necessidades e ideias da época (CORRÊA DE OLIVEIRA, 1979, p. 5).

Apresentar uma abordagem conceitual da pessoa jurídica com uma base ontológico-institucionalista é perseguir um estudo das teorias utilizadas para definir a pessoa jurídica, verificadas em três aspectos distintos: a norma, a realidade e os institutos. O autor assevera que a não observância de tais estamentos cria uma problemática na conceituação da pessoa jurídica. Essa problemática ocorrerá porque a pessoa jurídica se traduz em um conceito análogo ao de pessoa física, e sua positivação na legislação decorre do fato real, ou seja, sua existência pré-legislação.

O estudo ontológico-institucionalista do conceito da pessoa jurídica pressupõe uma análise teórica da técnica jurídica utilizada, verificada à luz da realidade do instituto na sociedade. "A palavra ontologia vem do grego, em que a partícula *on* vem do particípio que significa '*o que*', '*o entei*', dando origem ao termo *ontos*. A indagação inicial, sugerida pela etimologia, busca investigar o que é o ente" (MAIA, 1999). Miguel Reale (1999) leciona que a ontologia é o estudo focado no objeto analisado; é o estudo do ser. Já o institucionalismo é uma análise social feita por meio das instituições que são componentes da sociedade.

A apresentação de um conceito ontológico-institucionalista tem por base, então, a verificação específica do objeto de estudo, no caso a pessoa jurídica, e seus reflexos, enquanto instituto, na realidade social (CORRÊA DE OLIVEIRA, 1979). O estabelecimento conceitual de pessoa jurídica, se realizado da forma proposta, terá grande valia para a sustentação dos argumentos que serão elencados, pois esse conceito apresenta a pessoa jurídica além da formalidade do direito.

Para Corrêa de Oliveira (1979), pessoa jurídica é fonte de atividade orientada pelo bem comum, e a referência ao bem comum cria dois tipos de ordem de limitação: uma ordem ética e uma ordem estrutural. A apresentação de um conceito ontológico-institucionalista tem como base uma verificação teórica conceitual, que integra uma visão de mundo e de direito, bem como possui, como pressuposto, uma verificação das teorias definidoras. Para a construção de sua proposição, o autor realizou dois grupos de doutrinas que conceituam a pessoa jurídica: de um lado, as teorias que possuem como base a realidade social, e, de outro, as teorias que se fundamentam no direito subjetivo.

Em nome da relevância político-social que a conceituação da pessoa jurídica envolve, Corrêa de Oliveira (1979) leciona a importância de se adotar uma base ontológico-institucionalista para definir o tema, pois torna-se possível estudar e conceituar o instituto, verificando os seus reflexos na sociedade, que é a destinatária da configuração da pessoa jurídica. A pessoa jurídica seria detentora de direto subjetivo não por meio de uma convicção afirmativa e negativa, mas sim por sua necessidade institucional dentro da sociedade.

A conceituação ontológico-institucional da pessoa jurídica tem como pilar a visão da sociedade. O objetivo do autor foi estabelecer uma diferenciação entre teorias jurídicas centralizadas na norma jurídica e teorias que buscavam soluções jurídicas inspiradas na realidade (CORRÊA DE OLIVEIRA, 1979). Conceituar a pessoa jurídica apenas com base na norma jurídica é a grande problematização apresentada pelo autor. A pessoa jurídica é instituto que nasce primeiramente na realidade social, da necessidade da pessoa física em se agrupar para a realização de determinada atividade que passa a ser exercida socialmente. Deixar de conceituar o instituto, furtando-se da observação da realidade na ordem social, pode limitar seu exercício, tornando o conceito apenas um elemento formal e jurídico que não encontra correspondência com a realidade na qual se encontra inserida a pessoa jurídica.

O divisor teórico apresentado por J. Lamartine Corrêa de Oliveira é de suma importância para as ideias que serão transcritas nos capítulos posteriores, pois terão como enfoque exatamente a observância e importância das organizações religiosas no seio da sociedade e a limitação na aplicação da norma que as reconhece enquanto pessoa jurídica de direito privado. Ou seja, o reconhecimento enquanto pessoa jurídica de direito privado das organizações religiosas é apenas uma norma jurídica centralizada, o que, por si só, apresenta uma problemática.

A presente obra adota, como parâmetro conceitual da pessoa jurídica, as teorias conceituais que possuem, como ponto de reflexão, a realidade social.

A conceituação da pessoa jurídica tendo como base a realidade permite às teorias de aderência verificar a situação com a apresentação de dois institutos diversos: a pessoa moral e a pessoa jurídica.[23]

---

[23] O mais importante de todos os pontos diz respeito à admissão de que o papel do Estado, ao reconhecer a subjetividade da pessoa jurídica, fundamentalmente, é uma tarefa de fidelidade à realidade. O ordenamento positivo não cria do nada um ser fictício (teoria da ficção). Mas, estamos também muito longe das tentativas organicistas de localização da vontade coletiva. Há, no mundo dos homens, instituições. Os autores pioneiros do institucionalismo, apesar de escreverem em francês, língua em que a expressão *"personne morale"* tem, no uso da lei e dos juristas, o sentido de pessoa jurídica, procuraram introduzir a diferença terminológica entre o que chamaram de pessoa moral e o que chamaram de

CAPÍTULO 1
A PERSONALIDADE JURÍDICA NO DIREITO BRASILEIRO | 91

No âmbito social, é a atuação da pessoa moral que será observada e medida – até se tornar institucionalizada. Ou seja, exercendo uma atuação primordial para a sociedade, será reconhecida, de forma real, sua personalidade jurídica. Segundo J. Lamartine Corrêa de Oliveira (1979, p. 103), "o mais importante de todos os pontos diz respeito à admissão de que o papel do Estado, ao reconhecer a subjetividade da pessoa jurídica, fundamentalmente, é uma tarefa de fidelidade à realidade".

A personalidade moral surge da comunhão existente entre os membros de determinada instituição que passam a interiorizar os valores de sua comunhão. Tais valores passam a ser o motivo da comunhão, o que mantém de pé a instituição. O fenômeno da interiorização ocorrerá duplamente para a formação da pessoa moral. Na primeira fase, o governo, por meio de seus órgãos e seu poder de vontade, juntamente com o corpo social, nota a existência da instituição. A percepção do fenômeno no corpo social é o que promove a incorporação. Já a segunda fase, chamada de personificação, é o fenômeno no qual os membros do grupo manifestam ao corpo social total comunhão com os ideais do grupo, apresentando-se por meio deles (CORRÊA DE OLIVEIRA, 1979).

O surgimento da pessoa moral ocorre por meio da manifestação da interiorização, incorporação e personificação. Tais fenômenos são naturais no corpo social e demonstram a realidade da pessoa moral – ela existe e se manifesta no campo da realidade. A personalidade jurídica surge como um aprimoramento dessas fases, ou seja, a existência do grupo se faz tão perceptível na sociedade, que se passa considerar, a esse grupo, direitos subjetivos dentro da ordem social (CORRÊA DE OLIVEIRA, 1979).

O conceito de pessoa jurídica formulado na perspectiva ontológico-institucional tem, como pressuposto, sua existência precípua. J. Lamartine (1979) deixa clara a importância de a legislação observar a atuação do ente na sociedade antes de o reconhecer como sujeito de direitos e deveres. A legislação não cria a pessoa jurídica, apenas reconhece sua existência real e reforça seus direitos e obrigações

---

pessoa jurídica. (...) A personalidade moral é, portanto, real. E dela deriva a realidade da personalidade jurídica, que é apenas um aperfeiçoamento (*retouche*) e uma estilização da personalidade moral e repousa sobre o mesmo fundo de realidade (CORRÊA DE OLIVEIRA, 1962, p. 12 e 13).

de atuação na ordem civil. A pessoa jurídica é o reconhecimento formal, pelo Estado, da existência real de uma pessoa moral. Esse reconhecimento deve ser completo, levando em consideração todas as características de formação e atuação.

A construção do conceito ontológico-institucional de pessoa jurídica apresentado por J. Lamartine tem, como pressuposto, o reagrupamento de todas as teorias de conceituação da pessoa jurídica. O autor reuniu todas as teorias em dois grandes grupos: doutrinas que possuem um conceito formulado na realidade social e doutrinas que possuem, como base de conceituação, o direito subjetivo. Sobre essa organização, leciona J. Lamartine:

> Em interessante análise a respeito Luca Buttaro sustenta a tese segundo a qual a teoria de Savigny foi formulada "numa época em que a economia rural se libertava, com esforço, dos privilégios feudais e do fenômeno da mão morta, que por séculos haviam sobre ele pesado, e em que a economia urbana e mercantil sofria ainda todas as influências negativas da precedente estrutura corporativa. Daí a adequação à sua época de uma teoria, com a noção de ficção legal, conferia ao Estado verdadeiro poder criador da pessoa jurídica, o que teve sua expressão máxima no chamado sistema de concessão. Tudo isso correspondia ao temor de que "através da criação de novos tipos de coletividades e patrimônios personificados fosse possível a reconstituição – sob outra forma – daquelas estruturas corporativas e entraves da evolução da vida econômica em relação aos quais tão recente era a libertação. Ao contrário, no que diz respeito a teoria realista de Gierke, ela corresponderia à época (segunda metade do sec XIX) em que "a estrutura feudal da economia e o fenômeno das corporações apareciam doravante como longínqua recordação histórica e o novo sistema econômico da burguesia liberal estava em pleno desenvolvimento, de tal sorte que, de um lado, poderiam agora ser considerados definitivamente superados os temores e os receios de involuções corporativísticas e, por outro lado, e contemporaneamente, faziam se sentir sempre mais, e não apenas no âmbito da atividade econômica , a exigência de permitir a pesquisa e a livre adoção de novas e mais complexas formas de organização da vida social. Nessa época, observa Konder Comparato, 'a classe burguesa estabelecera-se como classe dominante e passava a recear a intervenção estatal da economia, de onde a tendência a preconizar o reconhecimento automático das comunidades ditas naturais, e da realidade societária como ente distinto das pessoas dos sócios, a modo de autênticos patrimônios autônomos (CORRÊA DE OLIVEIRA, 1979, p. 4).

Valendo-se de elementos retirados das teorias clássicas, tais como direito subjetivo, indivíduo, capacidade, personalidade, dever jurídico e sujeito de direito, J. Lamartine Corrêa de Oliveira apresenta uma análise da pessoa jurídica de ser enquanto ser, buscando, em sua essência, elementos próprios que a diferencie da pessoa natural. O conceito proposto apresenta o instituto como um substrato ôntico que existe na realidade e depende da esfera jurídica apenas para ser consagrado enquanto sujeito de direito. Ressaltando que tal reconhecimento deve ter como base a realidade existente da pessoa moral (CORRÊA DE OLIVEIRA, 1979).

Nesse diapasão, a problemática na conceituação da pessoa jurídica reside na adoção de uma definição jurídica com base apenas na norma. O Estado reconhece a pessoa moral – de existência notória – cumprindo a formalidade, mas não contempla, nesse reconhecimento, os elementos reais que fazem dessa pessoa moral uma pessoa jurídica de exercício pleno. César Fiuza (2021, p. 145) alerta para a necessidade em se compreender a correta natureza jurídica da pessoa jurídica: "Há várias teorias para explicar a natureza das pessoas jurídicas. Conhecer a natureza de determinado instituto é saber o que é este instituto, é conhecer sua essência. Assim, o que seria pessoa jurídica? Qual sua natureza? Essas são questões atuais e que demonstram que o reconhecimento formal não é suficiente para a existência da pessoa jurídica, pois uma vez não especificados os seus elementos, ela passa a ser pessoa jurídica com base na lei e pessoa moral no exercício real de suas atribuições, ou seja, passa a ser um instituto sem essência, sem natureza jurídica.

CAPÍTULO 2

O DIREITO, A RELIGIÃO E A PERSONALIDADE JURÍDICA: ASPECTOS SOCIAIS, POLÍTICOS, ETIMOLÓGICOS E FUNDAMENTAIS DAS ORGANIZAÇÕES RELIGIOSAS

O homem, ao longo da história, tem demonstrado sua ligação com a manifestação da crença. A relação entre o homem e o divino, que compõe, como instrumento primordial, a religião, sempre esteve presente nos mais diversos povos ao redor do mundo. A transcendência, como caraterística inata do homem, manteve seu espaço na organização das sociedades. A busca pela verdade, norteada pela fé, tornou-se um elo entre os seres individuais, promovendo a construção de coletividades pautadas por essa relação.

O estudo da religião envolve diversos conceitos específicos presentes em vertentes distintas do conhecimento humano. A religião pode ser estudada e definida com base na teologia, na ciência da religião, na sociologia, na filosofia, na antropologia e na teoria das organizações. Em cada uma dessas áreas específicas pode-se identificar vertentes e conceitos próprios.

Para alcançar os objetivos, desenvolver-se-á um estudo da religião enquanto fenômeno social, que possui sólidas bases filosóficas e que promove reflexos no mundo jurídico. Será fixada, como ponto de partida para a reflexão do capítulo, a fé, entendida como elemento transcendental que compõe a dignidade da pessoa humana e que propulsiona a organização da sociedade, por meio da religião, na intenção de alcançar determinados fins que promovem a ligação entre o homem e o divino e alimenta a retórica entre Religião e Direito.

2.1 A religião por uma perspectiva histórica, sociológica e antropológica

Segundo Roberto Cipriani (2007), o estudo sociológico da religião se dará pela verificação de duas grandes vertentes que guiam os teóricos. Essas vertentes possuem, como ponto de partida, a análise da religião como um fenômeno social com base em diferentes definições. Há teóricos que fixam suas ideias no conceito transcendental apresentado pela religião; partem de uma definição focada na verificação no rito, no culto, no sobrenatural, ou seja, na substância. Já outros teóricos partem da verificação do papel da religião na sociedade, verificam a funcionalidade social da religião. Essas duas vertentes apresentam as definições denominadas de substantivas e funcionais.

Roberto Cipriani (2007) chama a atenção para a configuração dessa ciência denominada sociologia das religiões. O autor leciona que as grandes vertentes de estudo acima apresentadas possuem, como divisor de águas, a secularização, ou seja, a separação entre religião e estado. Antes os estudos das religiões possuíam forte conotação nos fenômenos subjetivos produzidos pelo homem. A religião era estudada e definida exclusivamente por seu caráter substantivo, o que mudou bruscamente quando o estado se desvinculou do sagrado. Quando os preceitos de uma vida em sociedade tornaram-se distintos dos preceitos de uma vida sagrada, a religião passou a ser verificada do ponto de vista de sua funcionalidade e do papel exercido em cada sociedade. O estudo da religião sempre enfrentou o forte embate existente entre o problema da crença e a pertença confessional.

É, em meados do século XVII, com o surgimento da nova ciência galileana, com o racionalismo cartesiano e com o surgimento do spinozismo, que a religião começa a ser estudada como fato. Todos esses movimentos sustentavam a necessidade de um olhar racional sobre o fato religioso. O objetivo era realizar um estudo racional com o propósito de criar uma ciência da religião. Spinoza e Vico são considerados grandes contribuintes para o estudo da ciência da religião. O uso do método histórico-crítico busca analisar o fato religioso por meio de problemáticas filosóficas que entrelaçam a religião e a política sob o olhar da liberdade de consciência como pressuposto de uma sociedade aberta a novas evoluções, bem como aproxima o fato religioso do fenômeno da secularização e apresenta distinção existente entre o caráter originário da religião e a ideia de Deus (CIPRIANI, 2007).

Entre os séculos XIX e XX, por influência do positivismo, o movimento de estudar a religião através do fato religioso torna-se ainda mais cristalizado. O século XVII, por mais que vanguardista, tem como característica o estudo da religião com resquícios de paixões ideológicas. O surgimento do positivismo convida para um estudo considerado "neutro", com foco central no fenômeno social. É nessa perspectiva que Hume apresenta um estudo empírico sobre o fato religioso (CIPRIANI, 2007).

Hume apresenta a teoria da "Religião Natural". Essa teoria tinha, como base, três características formadoras do ser; são elas: felicidade, miséria e morte. Em uma perspectiva histórico-antropológica, Hume afirma que o fato religioso está diretamente ligado aos instintos do ser e, por isso, é natural. Os temores inexplicáveis do homem seriam desvendados pelos objetos de culto, pelo homem designados, para explicar aquilo que o seu temor não permitia. A teoria de Hume é considerada empírica e pautada na realidade pelo fato de o autor evitar hipóteses teleológicas. Percebe-se que Hume estabelece seu pensamento em dois momentos; o primeiro é aquele que antecede o fato religioso – temores do homem. Já no segundo momento, com a criação dos objetos de culto, o homem deixa de temer, pois a religião passa a responder aos seus anseios naturais, ponto em que surge concretamente o fato religioso, que é objeto e análise (CIPRIANI, 2007).

Nessa mesma perspectiva, surge a denominada escola realista, cujo objetivo foi desenvolver um estudo sociológico sobre a sociedade civil. Regida pela teoria de Maquiavel, a escola realista observava como a associação de pessoas, para a formação de grupos, determinava os contornos da sociedade. Sendo assim, a visão realista do fato religioso não colocava, no centro da discussão, a existência ou não existência de Deus, mas sim a realidade do fato religioso e sua influência na formação e execução da sociedade (CIPRIANI, 2007).

Feuerbach, com as mesmas bases de Hume, ao estudar o fato religioso apresenta a "Religião da Humanidade". O autor tem, como base de seus postulados, a antropologia, afirmando que o fato religioso nada mais é do que a projeção do homem. O autor rejeita toda e qualquer forma de mito, aplicando em todas as características do fato religioso uma ligação com características do homem. Feuerbach ficou conhecido como aquele que humanizou Deus. Para o autor, não era o homem que se fazia imagem e semelhança de Deus, e sim Deus que se fazia à imagem e semelhança do homem. A religião, então, seria a relação do homem com sua própria essência, que projetaria a imagem de Deus como divindade, ou seja, o divino é humano (CIPRIANI, 2007).

A religião da humanidade, por meio de seu forte caráter antropológico, coloca o homem no centro do pensamento. Ou seja, todas as questões que envolvem a sociedade devem ser pensadas através do homem. O homem é o centro da discussão; tudo parte do homem e volta ao homem. Entender o fato religioso, segundo Feuerbach, nada mais é do que entender que o homem tem a sua própria essência e que não precisa se vincular a Deus para buscar explicações para os seus dilemas. Essa característica de centralização do homem marca o surgimento da corrente ateísta denominada humanismo. Os humanistas são aqueles que analisam todos os fenômenos sociais à luz da própria capacidade do homem, considerando a relação com o divino uma forma de alienação (CIPRIANI, 2007).

Se comparadas as ideias da escola realista com as ideias da religião da humanidade, percebe-se que aquelas possuem um viés mais explicativo, buscando analisar o fato religioso como uma realidade social e que produz impactos na formação da sociedade. A religião da humanidade, ao propor a centralização do homem como foco principal, apresenta um nível de abstração que pode ser entendido como uma negativa da própria organização da sociedade por meio da religião. Como apresentado por Hume, o fato religioso pode ser identificado na construção de bases éticas e morais que auxiliam na fortificação da sociedade. No mesmo sentido, vem a escola da realidade afirmando que o que merece atenção são associações realizadas pelos homens em nome da religião e que promovem toda uma organização social. Entende-se que Feuerbach, ao negar demais o mito, acaba criando um (CIPRIANI, 2007).

Auguste Comte, pai do positivismo jurídico, segue com a ideia da verificação do fato religioso como um substrato de organização social. Com base nas ideias da religião da humanidade, Comte propõe a "Religião Universal". Para o autor, a religião é criada pelo homem com o propósito de apresentar uma organização geral para a humanidade. Comte elenca, como substratos importantes do fato religioso, sua característica sociopolítica, seu objeto em garantir uma boa convivência social e sua característica em pregar a solidariedade como um valor social. O autor reconhece a religião enquanto fenômeno social e não busca desmistificá-la, mas sim descrevê-la. Sobre a religião universal, leciona Cipriani:

> (...) como "unidade" que engloba dimensão individual e social da existência humana, dado que cada parte dela, tanto moral como física, tende a convergir para um ponto único, compartilhado. Conforme relembra o próprio Comte, poderíamos falar de verdadeira e própria "síntese", mas o uso desse conceito tenderia a excluir todo caráter que não fosse apenas espiritual, ao passo que falar de "unidade" permite conter melhor todo aspecto da natureza humana.
>
> A religião serve, portanto, para regular cada natureza individual e para ligar entre si as diversas realidades subjetivas. Seu caráter político consiste depois no aperfeiçoamento da ordem do gênero humano no plano físico, intelectual e moral (CIPRIANI, 2007, p.47).

Percebe-se que o fato religioso deve ser entendido como um elemento de manifestação do indivíduo em seu aspecto subjetivo, mas que, com um caráter universal, passa a servir como um importante elo entre diversas realidades subjetivas. O fato religioso, entendido universalmente como caráter da natureza humana, tem papel fundamental para o ordenamento social por meio do plano físico, intelectual, moral e político. A religião tem um importante papel social: regular a conduta individual e ligar os indivíduos construindo a sociedade.

Do século XVII adiante torna-se perceptível como cada vez mais o estudo da religião, enquanto um fato, foi ganhando importância crucial para o entendimento da sociedade. Ora analisado sob a lente da ciência da religião e ora debatido sob a lente da sociologia da religião, o fato religioso foi ganhando espaço nos estudos que objetivavam a entender as denominações da sociedade. A separação de Religião e Estado gerou indagações aos diversos estudiosos que buscavam entender como a religião, por mais que retirada dos preceitos de Estado, continuava a exercer um forte comando social quanto à ordenação da coletividade. Interessante ressaltar que é essa transição que justifica a relação entre Religião e Direito. No momento em que deixa de ser pilar de organização do Estado, a Religião passa a ser pilar de organização do homem na vida social, fato que muito importa ao direito.

É com essa perspectiva que Alexis de Tocqueville propõe o estudo do fato religioso na perspectiva de uma sociedade que tenha, como pano de fundo, a democracia. Para o autor, a religião é a peça chave para a construção de uma sociedade que tem como preceitos a liberdade e a solidez. Os costumes sociais, com fonte religiosa, transcrevem-se em parte essencial para a manutenção do estado democrático, uma vez que são integrantes e propulsores da democracia. Tocqueville reforça a importância da religião para a construção, difusão e manutenção de preceitos morais na socie-dade e na política. A Democracia norte-americana ilustra as ideias do autor, demonstrando a religião como uma instituição política e colaboradora do regime democrático (CIPRIANI, 2007).

A análise de Tocqueville fundamenta-se na estratificação social e como a religião, enquanto fato, contribui para a melhora de condições de todos os componentes da sociedade. Enquanto outros autores fixaram o estudo do fato religioso entre antropologia e histó-ria, cultura e história, Tocqueville realiza uma análise combinando política e história. No caso da sociedade estadunidense, conclui o autor que a religião é peça política fundamental para a manutenção dos preceitos democráticos, afinal ela prega a igualdade e erradi-cação da estratificação social, de onde se derivam diversos outros preceitos democráticos. Interessante destacar a visão de Cipriani sobre as ideias de religião e democracia segundo Tocqueville:

> Ainda mais preciso é o politólogo-historiador (e sociólogo) francês quan-do fala de suas entrevistas: "todos atribuíam principalmente à completa separação da Igreja e do Estado o pacífico império exercido pela religião em seu país" [Tocqueville 1996:297]. Por conseguinte, a tomada de dis-tância do pessoal religioso (principalmente os padres) do poder político é uma constante também em consideração ao fato de que "aliando– se a um poder político, a religião aumenta seu poder sobre alguns homens, mas perde a esperança de reinar sobre todos" [Tocqueville 1996:268] O efeito que daí deriva parece paradoxal: é preciso afastar-se do poder para conseguir ser mais influente. Assim, na América a religião é talvez menos poderosa do que foi em certas épocas e em outros povos, mas tem uma influência mais duradoura (CIPRIANI, 2007, p. 52).

É clara a ideia de que a religião influenciará a construção das instituições sociais e que sempre estará presente na sociedade. É importante identificar que a separação entre Estado e Religião não faz deles agentes de atuação antagônica. Por isso, o autor realiza a análise da religião e da democracia. No momento em que a religião estabelece preceitos de igualdade e solidariedade, e tais preceitos passam a ser instrutores dos homens que compõem determinada sociedade, ela influencia diretamente as ideias políticas de formação de determinado Estado. Não há que se falar na ideia de Religião e Estado como um só, mas não se pode deixar de verificar a religião como um fato social que requer atenção do Estado por meio do direito.

Este é o ponto crucial deste capítulo como embasamento teórico dos assuntos que serão abordados em seguida: a religião entendida como um fato sociologicamente estudado, produtora de efeitos sociais que interessam ao direito em nome de seus reflexos nos direitos e deveres dos indivíduos que compõem a sociedade. Até este ponto, refletiu-se sobre os diversos pensamentos que objetivaram apresentar uma definição para a religião. Restou estabelecida uma linha temporal que demonstrou como a religião, associada a diversas áreas do conhecimento, sempre possui uma ligação profunda e direta com a organização da sociedade. Este se faz o objetivo deste tópico: estudar a religião como um fenômeno social que desafia o direito quanto à sua regulação. Adotar-se-á a metodologia do sociólogo italiano Roberto Cipriani para realizar um recorte técnico nas duas grandes vertentes de definição de religião tendo em vista a realização do estudo das principais teorias clássicas que permitem compreender a religião do ponto de vista substantivo e funcional.

2.1.1 A religião como fato social e sua definição substantiva

Émile David Durkheim apresenta, segundo Cipriani (2007), uma proposta teórica que vem maturar diversas teorias e solidificar a sociologia da religião como uma área autônoma de estudo. Isso porque, partindo do estudo dos elementos que são substantivos à religião (crença, símbolos etc.), a teoria de Durkheim propõe que a religião é parte essencial da vida social, sendo entendida como elemento crucial para a formação de uma sociedade. O autor, em seu livro "As formas elementares da vida religiosa" (1996), definiu que o estudo da religião, enquanto um elemento de formação da sociedade, deve ser pautado pela relação existente entre sociologia da religião e teoria do conhecimento.

Durkheim (1996) propõe o estudo da religião como aspecto fundamental e essencial do homem, que revela uma índole religiosa da humanidade. Seu estudo tem fundamento no sistema religioso mais primitivo possível, pois sua proposta é entender o estado social que surge por força da índole religiosa do homem. Sendo assim, o autor olha para o passado para identificar os fenômenos sociais provocados pela religião no homem de sua época. Essa ideia é interessante, pois deixa clara a ideia do autor de que, desde os primórdios, a religião sempre esteve presente na humanidade, figurando como um forte elemento de construção social. Por esse motivo, a religião, entendida como parte da índole humana, manifestou efeitos na formação social e, consecutivamente, nas normas jurídicas ao longo do tempo.

A teoria do autor parte das religiões primitivas das tribos australianas. Durkheim entende que estudar uma religião primitiva e muito simples é uma forma de comprovar que tal elemento é parte indissociável do homem, ou seja, sem nenhuma elaboração ou ideia transformada, por estranho que pareça, a religião primitiva, assim como todas as demais (elaboradas e com ideias bem construídas) são fatos reais, pois nascem do homem para o mundo.

> No fundo, portanto, não há religiões falsas. Todas são verdadeiras a seu modo: todas correspondem, ainda que maneiras diferentes, a condições dadas da existência humana. Certamente não é impossível dispô-las segundo uma ordem hierárquica. Umas podem ser superiores a outras, no sentido de empregarem funções mentais mais elevadas, de serem mais ricas em idéias e em sentimentos, de nelas haver mais conceitos, menos sensações e imagens, e de sua sistematização ser mais elaborada. Mas, por reais que sejam essa complexidade maior e essa mais alta idealidade, elas não são suficientes para classificar as religiões correspondentes em gêneros separados. Todas são igualmente religiões, como todos os seres vivos são igualmente vivos, dos mais humildes plastídios ao homem. Portanto, se nos dirigirmos às religiões primitivas, não é com a ideia

CAPÍTULO 2
O DIREITO, A RELIGIÃO E A PERSONALIDADE JURÍDICA: ASPECTOS SOCIAIS, POLÍTICOS,... | 103

de depreciar a religião de uma maneira geral; pois essas religiões não são menos respeitáveis que as outras. Elas correspondem às mesmas necessidades, desempenham o mesmo papel, dependem das mesmas causas; portanto, podem servir muito bem para manifestar a natureza da vida religiosa e, consequentemente, para resolver o problema que desejamos tratar (DURKHEIM, 1996, p. 08).

Durkheim (1996) quer afirmar a religião como traço do homem; por isso, todas as religiões são verdadeiras, e não há que se falar em religião falsa. O autor utiliza o método histórico justificando que para compreender a religião atual é fundamental conhecer a evolução histórica da humanidade e de suas crenças. As sociedades primitivas possuem um modelo de organização mais simples, o que demonstra que, com a evolução dos povos, as sociedades começam a se organizar de forma mais complexa, o que impulsiona uma necessária evolução da religião, que passa a ter um grau maior de complexidade em sua organização.

Roberto Cipriani (2007) apresenta uma interessante visão sobre o traço metodológico do estudo de Durkheim. O autor demonstra que o foco em uma sociedade simples explica o motivo de, nos primórdios, a religião ter sido utilizada como um mecanismo de explicação do mundo e seus fenômenos. Tudo era reduzido ao simples, e a religião era o meio de explicação de toda a realidade. A relação entre cosmos e divindade era o sistema pelo qual se explicava o mundo. O autor destaca também outro ponto interessante e de grande relevância: "a religião é um fenômeno eminentemente social". A religião, aos olhos de Durkheim, surge como um produto do pensamento coletivo, uma entidade social. O homem tem a necessidade de estabelecer significados ao mundo e entender os seus próprios conflitos, por isso a primeira forma da religião é carregada por essa concepção de sobrenatural.

Durkheim (1996) estabelece o conceito de sobrenatural a partir da premissa de que o homem só consegue alegar que algo é sobrenatural depois que identifica todas as leis do universo. Sendo assim, somente após um processo de conhecimento sólido é que o homem consegue perceber o que é explicável e o que não é. Logo, o sobrenatural seria tudo aquilo que não pudesse ser explicado pelas leis do universo. Seria nessa perspectiva que se efetivaria a ideia de divindade.

Cipriani (2007) leciona que Durkheim, na estruturação dessa dialética entre sobrenatural e divindade, passa a estruturar os fenômenos religiosos em duas categorias.

> (...) Assim, depois de ter debatido sobre o conceito de sobrenatural em uma dialética minuciosa, que acerta as contas com Herbert Spencer [1967] e Max Müller [1889], e sobre o de divindade, para o qual toma impulso a partir de Edward B. Tylor [1871] e James Fazer, nosso autor conclui sumariamente que "existem, portanto, ritos sem deuses e até ritos dos quais derivam deuses" [Durkheim 1973-3], para passar, em seguida, a dizer que "os fenômenos religiosos encontram enquadramento natural em duas categorias de fundo: as crenças e ritos. As primeiras são estados de opinião, e constam de representações; os segundos, determinados modos de ação. Entre as duas classes corre a mesma diferença entre pensamento e movimento. Seria necessário, portanto, caracterizar o objeto do rito para conseguir caracterizar o próprio rito. Ora, justamente na crença se exprime a natureza específica de tal objeto. Portanto, é impossível definir o rito sem ter antes definido a crença. Todas as crenças religiosas, simples ou complexas, por nós conhecidas, apresentam uma característica comum: supõem a sistematização das coisas, reais ou irreais, em dois gêneros opostos, representados muito bem pelos termos *profano* e *sagrado* o sagrado e o profano, sempre e em todo lugar, foram pensados pelo espírito humano como gêneros distintos, dois mundos que nada têm em comum. As energias no outro, aumentadas de algum grau; são de outra natureza; O modo de conceber tal antítese varia com as religiões (...) Variam as formas do contraste, mas o fato em si do contraste é universal [Durkheim 1973; 49-51] (CIPRIANI, 2007, p. 96).

Percebe-se, então, que a religião é um conjunto de ritos que marcam a passagem entre o mundo profano e o mundo sagrado. É, na realidade, um modelo de conduta a ser adotado na sociedade. Por esse motivo, a religião é vista pelo autor como um fenômeno social. A conduta do homem, motivada pela crença e pelo rito, forma setores de atuação coletiva que apresentam implicações dentro de uma sociedade, uma vez que criam propósitos coletivos. Na atualidade, as organizações religiosas podem figurar como exemplo desse propósito, uma vez que atuam diretamente, objetivando implementar, no mundo profano, as recomendações oriundas do mundo sagrado. Sendo assim, as organizações religiosas configuram a ideia coletiva expressa por Durkheim da religião enquanto parte da índole do homem. Elas concretizam a ideia da religião como fato social que passa a ser regulado pelo ordenamento.

CAPÍTULO 2
O DIREITO, A RELIGIÃO E A PERSONALIDADE JURÍDICA: ASPECTOS SOCIAIS, POLÍTICOS,...

É nessa perspectiva que Durkheim conceitua a religião com base em elementos como fato social elementar e solidariedade coletiva:

> Uma religião é um sistema solidário de crenças e de práticas relativas a entidades sagradas, ou seja, separadas, interditas; crenças e práticas que unem em uma mesma comunidade moral, chamada Igreja, todos os aderentes. Fala-se, portanto, de um "sistema solidário", isto é, coeso e sólido, fundado tanto sobre o abstrato das crenças como sobre a concretude das práticas. Umas e outras cimentam os indivíduos entre si, graças a um elo moral comunitário que se manifesta na categoria de igreja (DURKHEIM, 2009, p. 464).

Percebe-se que a grande contribuição de Durkheim consiste no fato de o autor não ter tentado explicar a religião enquanto um fenômeno sobrenatural, mas sim enquanto um fenômeno social, apresentando uma função social universal da religião. O autor trabalha a religião tendo, como ponto de partida, o fato social e a solidariedade coletiva e desenvolve as concepções de crença e divindade a partir de uma visão substantiva, ou seja, o seu foco é a religião enquanto um instrumento de organização do homem em sociedade. Para Cipriani (2007), o autor apresenta uma função social para a religião, e esse deve ser o foco de sua teoria.

Max Weber (2004), em "A ética protestante e o 'espírito' do capitalismo", também faz um estudo de religião tendo como base um olhar para a sociedade. A diferença da teoria desse é autor é que ele entende que duas são as forças que atuam nos comandos sociais: o capitalismo e a religião. Weber (2004) apresenta, como fundamento de seu estudo, a forte relação consequencial existente entre padrões econômicos e preceitos religiosos enquanto instrumentos de definição da conduta do homem. O autor realiza um juízo de valor das ideias calvinistas somadas ao fato de que as grandes propriedades e empresas eram pertencentes a protestantes que vinculavam o poderio econômico aos preceitos religiosos. Essa seria uma "definição" do espírito capitalista que possuiria, como base, alguns princípios que Weber chama de pressupostos.

> Mas como, apesar de tudo, se trata de identificar o objeto com cuja análise e explicação hist6rica estamos as voltas, então não é o caso de dar uma definição conceitual, mas cabe tão-somente oferecer (pelo menos

por ora) um delineamento provisório daquilo que aqui se entende por "espírito" do capitalismo. Tal delineamento é de fato indispensável a fim de compreender o objeto da pesquisa, e é com esse fito que vamos nos deter em um documento desse "espirito" que contem, em pureza quase clássica, aquilo que antes de mais nada nos interessa aqui (e simultaneamente oferece a vantagem de ser isento de toda relação direta com a religião e por conseguinte – para o nosso tema – "isento de pressupostos"):

Lembra-te que tempo é dinheiro; aquele que com seu trabalho pode ganhar dez xelins ao dia e vagabundeia metade do dia, ou fica deitado em seu quarto, não deve, mesmo que gaste apenas seis pence para se divertir, contabilizar essa despesa; na verdade gastou, ou melhor, jogou fora cinco xelins a mais.

Lembra-te que crédito é dinheiro. Se alguém me deixa ficar com seu dinheiro depois da data do vencimento) está me entregando os juros ou tudo quanto nesse intervalo de tempo ele tiver rendido para mim. Isso atinge uma soma considerável se a pessoa tem bom crédito e dele faz bom uso.

Lembra-te que o dinheiro é procriador por natureza e fértil. O dinheiro pode gerar dinheiro, e seus rebentos podem gerar ainda mais, e assim por diante. Cinco xelins investidos são seis, reinvestidos são sete xelins e três pence, e assim par diante, até se tornarem cem libras esterlinas. Quanto mais dinheiro houver, mais produzirá ao ser investido, de sorte que os lucros crescem cada vez mais rápido. Quem mata uma porca prenhe destrói sua prole até a milésima geração. Quem estraga uma moeda de cinco xelins, assassina (!) tudo o que com ela poderia ser produzido: pilhas inteiras de libras esterlinas.

Lembra-te que – como diz o ditado – um bom pagador é senhor da bolsa alheia. Quem é conhecido por pagar pontualmente na data combinada pode a qualquer momento pedir emprestado todo o dinheiro que seus amigos não gastam. Isso pode ser de grande utilidade. A par de presteza e frugalidade, nada contribui mais para um jovem subir na vida do que pontualidade e retidão em todos os seus negócios. Por isso, jamais retenhas dinheiro emprestado uma hora a mais do que prometeste, para que tal dissabor não te feche para sempre a bolsa de teu amigo (WEBER, 2004, p. 44 e 45).

Weber (2004) demonstra que a educação protestante, fundada nas fortes premissas luteranas, apresenta características de um forte individualismo e intimismo, que promovem uma orientação econômica por um viés religioso. Para o autor, esse seria um dos efeitos da religião na sociedade moderna. O dinheiro, visto como eixo central, projetaria no trabalho a ideia de vocação, de necessidade, de uma

O DIREITO, A RELIGIÃO E A PERSONALIDADE JURÍDICA: ASPECTOS SOCIAIS, POLÍTICOS,...

boa conduta, o que contribuiria grandemente com o capitalismo. Sobre essas ideias de Weber, leciona Cipriani:

> À luz dessas premissas, resulta mais facilmente compreensível que o "espírito do capitalismo moderno", do tipo ocidental e industrial, ou seja, "aquela consciência que tende profissionalmente a um ganho sistemático e racionalmente legítimo, daquele modo é explicado com o exemplo de Benjamin Franklin". O motivo de tal definição reside na circunstância que "aquela tendência encontrou na empresa capitalista moderna sua forma mais adequada, e por outro lado, a empresa capitalista teve nela o impulso espiritual mais adequado". Entram nessa lógica severa "homens formados na dura escola da vida, calculadores e audazes ao mesmo tempo, mas principalmente reservados e constantes, completamente burgueses". São estes os clérigos do espírito capitalista, os vocacionados ao empenho total na atividade trabalhadora, os "eleitos", os "predestinados" que, com o ganho passível de ser extraído de seus empreendimentos, demonstram plenamente a predileção divina em relação a eles. Sua vida é ascética, nada a perder tempo ou a consumir os lucros de suas fadigas (CIPRIANI, 2007, p. 110).

Percebe-se que o grande intuito de Weber é relacionar a ética religiosa aos processos econômicos que ocorrem na sociedade. Este homem escolhido seria o destinado a mudar a realidade da sociedade. Ele atenderia a um chamado, pois seria vocacionado. A ideia de vocação surge como uma ética profissional de implementar, no mundo, um trabalho transformador, que explicaria a importância do trabalho quotidiano, criando o sentido de profissão. Esse trabalho, além de profissional, deve servir ao propósito de transformar este mundo em conformidade com os propósitos de Deus. Esse trabalho teria, como propósito, o serviço à vida terrena e à comunidade. Weber anuncia, a todo o tempo, que a religião protestante exerce uma força motriz para a construção de uma sociedade voltada ao sucesso econômico e acúmulo (CIPRIANI, 2007).

É importante ressaltar que, dentro dessa ligação, Weber apresenta a necessidade de fazer da profissão/vocação um instrumento de transformação social. O autor informa que o mesmo trabalho deve ser voltado para a vida em comunidade, com o fito de torná-la cada vez mais próxima do ideal de Deus. Esse seria um ponto próximo ao de Durkheim e que, por isso, interessa mais a esta obra. De uma forma diferente, Weber demonstra uma outra face dessa concepção de religião apresentada aqui. Pode-se perceber que o autor estuda a religião por meio de uma lente política, mas que não deixa de caracterizá-la como um fenômeno social. É por isso que, para Weber, a religião pode ser definida como "um sistema de regulação da existência" (CIPRIANI, 2007).

Com base na perspectiva acima apresentada é que Cipriani (2007) ressalta que o grande intuito de Weber foi apresentar um estudo da religião tendo como foco a comunidade, ou seja, como um fenômeno coletivo. O autor reforça a necessidade de Weber em sempre relacionar as questões coletivas com preceitos que seriam sobrenaturais ou divinos, ou seja, a religião como uma grande gerenciadora de relações. A importância dos conceitos de Durkheim e Weber reside exatamente na conclusão apresentada: a religião figura como impulso para tomada de decisões na vida coletiva. Independentemente de seus traços transcendentais, o estudo da religião revela a possibilidade de uma análise concreta, vez que se manifesta de diversas formas no âmbito coletivo.

Da leitura dos autores mencionados pode-se afirmar que é possível apresentar um conceito de religião de forma objetiva e concreta, sem necessariamente questionar ou apresentar um conceito para as questões que envolvem o divino e o transcendental. Entende-se, objetivamente, que religião é um fato social – conceito de Durkheim – ou um sistema de regulação da existência que apresenta um grande impacto na formação da vida social – conceito de Weber. Para esta obra, a discussão sobre a existência ou não de Deus e a concretização ou abstração da fé não se faz necessária. Afinal, uma vez que a religião é reflexo natural da existência humana e exerce força na formação dos institutos sociais, por si só ela já chama o interesse do direito.

Cipriani (2007) classifica as teorias de Durkheim e Weber como doutrina substantiva, uma vez que, mesmo apresentando o lado concreto da religião, os autores trabalham questões que envolvem crença, rito, sobrenatural, fé, igreja etc. Ou seja, a ação humana em sociedade, motivada pela crença, pelo rito, pelo sobrenatural, pela ideia de Deus e pela igreja, causará efeitos sociais que poderão ser identificados e estudados concretamente. Ora, se um grupo de pessoas se organiza para desenvolver determinada atividade na sociedade em nome da crença, ou por acreditar que aquela ação irá aproximar o homem de Deus, o que interessa ao direito não é o motivo subjetivo, afinal esse não poderá ser explicado em sua totalidade, mas sim os aspectos objetivos daquela coletividade que, em nome de uma questão subjetiva e transcendental, atua na sociedade gerando um impacto social, gerando, em verdade, um fato social. É seguindo nessa orientação que Luckmann e Luhmann apresentam um conceito de religião com base no exercício de sua função na sociedade, o que Cipriani (2007) define como teoria funcional.

2.1.2 A religião como sistema e sua definição funcional

Cipriani (2007) apresenta uma interessante vertente do pensamento de Luckmann. O autor afirma que, assim como os pensadores do tópico anterior, Luckmann deixa todas as questões que envolvem o sobrenatural e o divino de lado para apresentar um estudo da religião com base no indivíduo e sua atuação na sociedade. Ou seja, estabelece uma forte relação entre sociologia do conhecimento e sociologia da religião, buscando os aspectos objetivos do fenômeno em estudo. Essa intenção, segundo Cipriani (2007), pode ser percebida pelo fato de o autor utilizar o adjetivo religioso de forma não usual, valendo-se de aspas quando se refere ao tema.

Luckmann sustenta que a religião possui uma forma social, ou seja, a concepção objetiva e histórica de mundo possui uma essência religiosa que está presente de forma universal em toda a sociedade humana. É justamente essa forma social que auxilia o indivíduo em sua busca por explicações da parte transcendental de sua realidade. Sendo assim, o foco do autor é a religiosidade individual na sociedade moderna. A religião recairá sobre a esfera privada do indivíduo, o que promoverá reflexos quanto à sua busca pela autorrealização e autoexpressão. Como desdobramento desses reflexos, temas como família e sexo formam o que Luckmann denomina de "religião invisível" (CIPRIANI, 2007).

Luckmann tem como foco não as práticas religiosas, mas sim o universo simbólico que é oriundo da religião. Para o autor, é o universo simbólico que define a linha que separa a vida quotidiana da vida transcendental. A verificação desse universo de forma individual encorpa o que, para Luckmann, é chamado de uma nova forma social da religião. O autor chega a essa conclusão a partir da análise da sociedade industrial moderna. A forma social da religião fundamenta-se no entendimento de que a transcendência é algo biológico e faz parte do homem e, portanto, a religião, para ser conceituada, deve ter, como ponto de observação, o indivíduo e sua relação na sociedade, ou seja, é a observância da relação entre o "eu e a sociedade" (CIPRIANI, 2007).

Segundo Cipriani, Luckmann seguiu as ideias de Alfred Shutz para apresentar sua proposta de estudo:

> (...) Luckmann parte da fenomenologia sociológica de seu mestre Alfred Shutz [1979:181-232 e 260-328], que se dedicara ao estudo das diversas formas da vida quotidiana e das relações simbólicas, estas últimas entendidas como "transcendência da natureza e da sociedade". Mas a origem mais remota está no pragmatismo, que define um conceito a partir de suas consequências práticas [James 1967: 130 –137], e no funcionalismo de William James [1950], que considerava a religião como um subuniverso, da mesma forma que a teoria científica, a política, a arte, âmbitos que Shutz [1979:312] preferia chamar de "províncias finitas de significados", caracterizadas cada uma por um específico "estilo cognitivo" da realidade (CIPRIANI, 2007, p. 08).

Percebe-se que o conceito de religião trabalhado por Luckmann origina-se nas manifestações do homem na criação da simbologia que rege a sociedade. Interessante ressaltar que o texto apresentado acima demonstra que o autor partiu de um pressuposto pragmático de que a religião, assim como a política, a teoria científica e as artes, é uma forma de explicar a realidade por meio de um estilo cognitivo próprio. Nesse ponto é que reside o caráter funcional do conceito de religião apresentado por Luckmann. Segundo Cipriani (2007), religião no pensamento luckmaniano é a "transcendência biológica como parte do organismo humano". Ou seja, os processos sociais que contribuem com a formação do eu são elementarmente religiosos.

Cipriani (2007) chama a atenção para um possível conceito amplo que propiciou uma grande literatura crítica. Contudo, com o fito de corroborar com esta tese, focar-se-á no caráter sociológico que Luckmann atribui à religião. A partir do momento em que se entende o fenômeno religioso como um sistema social, o autor demonstra uma função da religião na sociedade, o que se opta por entender como uma função de caráter organizacional. Esse papel social da religião passa a ser identificável no momento em que se considera a transcendência como um fator biológico do homem de expressão diretamente social, o que Cipriani denomina de condição antropológica universal:

> (...) Tal ligação não remete necessariamente às entidades divinas das religiões históricas organizadas, e sim à concepção do mundo. Reutilizando o clássico delineamento de uma "construção social da realidade" [Berger, Luckmann 1966;1969], o teórico da "religião invisível", enquanto considera "um atalho" a definição de religião que se refere ao "sobrenatural", levanta, ao contrário, o problema da "condição antropológica universal da religião" e, a seguir, da própria religião como "parte distinta da realidade social. Luckmann insiste particularmente sobre o fato de que "a transcendência da natureza biológica, realizada pelos organismos humanos, é um processo profundamente religioso. Agora, podemos acrescentar que a socialização, enquanto processo concreto em que tal transcendência se realiza, é fundamentalmente religiosa. Ela se baseia sobre a condição antropológica universal da religião, sobre a individuação do conhecimento e da consciência nos processos sociais, e se realiza na interiorização do modelo de significado subjacente a uma ordenação social histórica. Chamaremos esse modelo de significação de uma concepção de mundo [Luckamnn 1969:67]. Para Luckmann, portanto, a religião é definível como concepção do mundo. Com efeito, "a concepção do mundo, enquanto realidade social objetiva e histórica, preenche uma função essencialmente religiosa, e podemos defini-la como uma elementar forma social de religião. Essa forma é universal na sociedade humana. [Luckmann 1969:69] (CIPRIANI, 2007, p. 13).

Em uma apresentação conceitual mais precisa, Luckmann informa que a religião é uma "concepção de mundo". Essa ideia parte do fato de a religião apresentar uma forma antropológica universal, ou seja, todas as sociedades humanas no exercício natural do transcendental biológico têm a religião como parte elementar na ordenação de uma sociedade. Interessante a afirmativa de que tentar explicar a religião por meio do sobrenatural nada mais é do que uma forma de encurtar o tema. O que se percebe é que o autor atribui à religião a função de sustentar uma realidade social objetiva e histórica. Uma vez que o homem é entendido como um ser naturalmente transcendental, logicamente o processo de socialização terá, como elemento, essa visão do homem; por isso a construção do eu em sociedade tem esse caráter religioso. Essa função da religião, segundo Cipriani (2007), pode ser entendida como um processo de redução da complexidade; é a possibilidade de tornar o inacessível em acessível, o indeterminado em determinado, é apresentar respostas às inquietudes do homem. A religião é um sistema que tem a si mesmo como referência, ou seja, ela é um sistema "autopoiético, autocriativo, autoconstrutivo".

A relação entre indivíduo, religião e sociedade permitiu uma verificação sociológica da religião que apresentou, como conclusão, uma teoria de definição embasada na funcionalidade e na identificação da religião como um sistema social. Assim como Luckmann, o autor alemão Niklas Luhmann partiu do pressuposto de que a religião é um sistema que merece ter, como foco de estudo, sua função social, sua organização e sua sistematização. O autor entende a sociedade como uma condição de constituição do "ser no mundo" que atua por meio do sistema social na regulação do comportamento do homem (CIPRIANI, 2007).

A teoria de Luhmann (2005) sobre a religião fundamenta-se no estudo da sociologia enquanto ciência dos sistemas sociais. Em sua teoria dos sistemas, o autor entende a religião como um sistema social com uma funcionalidade própria para sua manutenção e desenvolvimento. Um sistema social será formado por dois conceitos preordenados – o de estrutura e o de função – e terá, como formação, uma conexão entre diversas ações na sociedade. Luhmann (2005) chama a atenção para o fato de que todo sistema possui um lado interno e um lado externo, e é a função de determinado sistema que atua na manutenção de sua configuração interna.

Essa análise sistêmica da sociedade tem um único objetivo: reduzir a complexidade do mundo. Luhmann (2005) ensina que complexidade "é a totalidade dos acontecimentos possíveis", bem como ensina que "a complexidade do mundo depende dos siste-

O DIREITO, A RELIGIÃO E A PERSONALIDADE JURÍDICA: ASPECTOS SOCIAIS, POLÍTICOS,...

mas do mundo". Sendo assim, a teoria sistêmica tem como objetivo equilibrar a complexidade do mundo e a necessidade inata do homem de entender e obter respostas sobre o mundo. Nessa vertente, leciona Luhmann:

> Os sistemas sociais têm por função a apreensão e a redução da complexidade. Servem para a mediação entre a extrema complexidade do mundo e a capacidade muito menor, dificilmente alterável por razões antropológicas, do homem para a elaboração consciente da vivência. Esta função é, pois, levada a cabo, em primeiro lugar, mediante a estabilização de uma diferença entre o dentro e o fora. Os sistemas sociais constituem ao mesmo tempo, graças ao seu sentido, as suas fronteiras e possibilidades de imputação das acções. Esta imputação não precisa de ser exclusiva. Um funcionário que, em serviço, come o seu pão com manteiga age no sistema da administração estatal, quer ele aproveite uma pausa quer actue de modo ilegítimo, e, além disso, no sistema da sua família. Pode também distinguir estes diferentes sistemas. Não expressará, sem mais, na presença do seu superior ou dos seus colegas, a sua irritação porque, a mulher lhe deu novamente queijo e salsicha, embora haja regras de transformação que permitem transferir o sentido de um sistema para o outro. Em grande medida, a imputação e a separação das referências sistêmicas, podem e devem, de qualquer modo, levar-se a cabo na vida quotidiana: tal faz parte das exigências normais da vida social e não é apenas uma realização analítica da ciência.
>
> A diferença-entre-dentro-e-fora torna possível formar e preservar constantemente ilhas de menor complexidade no mundo. O sistema social "aprende" a distinguir-se de seu meio ambiente e, assim, a discriminar também a sua complexidade peculiar em relação à complexidade do mundo, os sistemas são complexos, quando podem acolher mais de um estado, portanto, quando têm uma pluralidade de possibilidades que se podem coadunar com a sua estrutura. Mas a complexidade exclui mais possibilidades do que a do mundo; assenta, pois, numa ordem mais elevada (inverossímil) (LUHMANN, 2005, p. 77 e 78).

A teoria dos sistemas, como mecanismo de definição da religião, tem como escopo trazer a apresentação de uma "percepção análoga", ou seja, estuda-se e estrutura-se o que se vê com o intuito de explicar aquilo que não se pode ver. É nessa perspectiva que Cipriani (2007), ao lecionar sobre a teoria do sistema de Luhmann, ensina que "procura representar aquilo que não é representável"; ela permanece dentro de seu sistema, mas se comunica de forma efetiva com o ambiente, o que proporciona a existência de uma comunicação sistêmica interna com o ambiente externo, por isso a religião é considerada, em Luhmann, um sistema de forte comunicação com o mundo em seu conjunto. Esse movimento liga a religião ao um contingente de realidade onde o próprio Deus é um elemento contingente que permite a explicação e redução da complexidade.

Luhmann, segundo Cipriani (2007), define a religião a partir da análise da complexidade da sociedade contemporânea, e não a partir do caráter transcendental de Deus. O autor, ao observar a sociedade, percebe que existem aqueles que podem ser considerados como crentes – acreditam em Deus – e aqueles que podem ser considerados como não crentes – aqueles que não acreditam em Deus –; ambos fazem parte do mesmo mundo. Partindo da adequabilidade funcional da religião, aqueles que são tidos como crentes são colocados dentro do sistema, enquanto que os não crentes ficam fora do sistema. Sendo assim, a função da religião será realizar uma conexão entre sistema, ambiente e mundo.

A religião enquanto sistema possui algumas características ressaltadas por Luhmann:

> A diferenciação sistêmica comporta, portanto, a presença simultânea de duas ordens de sistema: o "global" e o "parcial", ou subsistema. Há, porém, particularidades que distinguem as duas ordens: "para o sistema global a função singular é apenas uma entre as outras..., um sistema não pode se auto-especializar, privilegiando uma de suas funções em relação à outra, mas pode em relação a uma função do sistema global, pressupondo o sistema global como um ambiente particular, de cuja ordenação ela aproveita e ao qual traz a satisfação da função específica. Aplicando ao caso da religião: a religião permanece uma função do sistema social global, e conserva, portanto, sua referência ao ambiente deste último. O sistema religioso permanece, apesar da especificação funcional, um sistema social em que a multiplicidade de outras funções deve, ao mesmo tempo, ser satisfeitas [Luhmann 1991:54]

> Se aplicarmos essa lógica funcional sistêmica à religião, teremos que esta última "desempenha para o sistema social a função de transformar o mundo indeterminável, enquanto não passível de ser circunscrito para o exterior (ambiente) e para o interior (o sistema), em um mundo determinável, em que sistema e ambiente possam estar em relações tais que excluam de ambas as partes a arbitrariedade da mutação" [Luhmann 1991:36] (CIPRIANI, 2007, p. 303).

CAPÍTULO 2
O DIREITO, A RELIGIÃO E A PERSONALIDADE JURÍDICA: ASPECTOS SOCIAIS, POLÍTICOS,... | 115

A religião enquanto sistema pode ser entendida como um sistema parcial autônomo, com capacidade de se autotransformar e se autoespecializar. Tendo como função a conexão entre ambiente e sistema interno, a religião possui uma multiplicidade de conexões, o que faz dela uma função do sistema social global. A função da religião, enquanto sistema, é explicar de forma a reduzir a complexidade aos que estão dentro e fora do sistema, solidificando, assim, o sistema social global. Ressalta-se que a teoria do sistema de Luhmann tem, como base, a tríade ambiente, sistema e mundo. O sistema teria o viés integrativo entre o ambiente e o mundo; já o ambiente é tudo aquilo que é delimitado pelo próprio sistema, ou seja, todo sistema tem um ambiente particular (CIPRIANI, 2007).

Luhmann desenha o sistema social tendo como ambientes o sistema social global e o sistema religioso – e estabelece uma relação interpretativa entre eles:

(...) Luhmann [1991:292 –294] traça um "esboço de um sistema social visto pela perspectiva do sistema religioso". Nele comparecem o ambiente intra-social e o sistema religioso. No centro cola-se a igreja oficial e organizada; em dois círculos concêntricos que a circundam são indicados respectivamente – na parte interna – os papéis dos membros, subdivididos em intensivos e não intensivos, e – na parte externa-os dos não membros, igualmente divididos em intensivos e não intensivos. Trata-se de um típico esquema sistema-ambiente, que "ilustra adequadamente dentro de quais limites a posição central da organização eclesiástica ministerial exponha está última a interdependência necessitadas de controle: o aparato eclesiástico deve referir os próprios processos de decisão às relações que membros de assaz diverso grau de intensidade estabelecem ou poderiam estabelecer entre sua experiência vivida e seu agir religioso e os não religiosos; igualmente para os que não sã membros; e, como o *status* de um membro pode ser alcançado ou rejeitado em virtude de uma decisão, também para as relações entre essas relações junto aos membros e os não membros". Em outras palavras, a complexificação é tal que desencoraja qualquer tentativa de levar em conta todas as interdependências. A escolha justa se torna impraticável. Por exemplo, no caso de uma operação econômica, a igreja oficial organizada "se insinua no ambiente social interno, tornando-se a esse respeito parte do sistema econômico, frequentemente do sistema político ou do jurídico. Ela deve por em relação, em si mesma, decisões especificamente religiosas e não religiosas, e pô-las ambas em relação tanto com o ambiente social interno como o ambiente interno do sistema religioso, ou seja, tanto com os membros como com os não membros, à medida que estejam religiosamente bem-dispostos". Toda decisão comporta uma relação que pode assumir características bastante diferenciadas. As opções se multiplicam e a dimensão religiosa de base se dilui no magma das situações possíveis, não facilmente controláveis e justificáveis (CIPRIANI, 2007, p. 307).

Percebe-se que para Luhmann a religião deve ser definida como um sistema de reflexos internos e externos. Ou seja, sua formatação interna própria (representada por seus membros) se comunica com o sistema externo, uma vez que existem tomadas de decisões que são religiosas e não religiosas. O autor faz essa análise sistêmica da religião por meio da observação do que ele chama de "igreja oficial organizada", que toma decisões internas a partir de suas diretrizes e promove a comunicação dessas decisões ao ambiente. Ao se comunicar com o ambiente, a religião, entendida como um sistema, pode assumir parte do sistema econômico, político ou jurídico. O sistema social global será então formado por diversos subsistemas onde um desses será a religião. É nessa perspectiva que se encontra o caráter funcionalista do conceito abordado por Luhmann. O autor não trabalha questões envolvendo a fé, a existência ou não de Deus, mas sim foca no papel da religião como um dos elementos que contribuem para a formação do sistema social global.

A visão de Luhmann apresenta uma concepção de religião enquanto um sistema formado por membros que confessam a mesma ideia de mundo e que determinam o seu agir com base nessa ideia. Esse seria o pressuposto para a formação da chamada "igreja organizada". Essa formação cria sua concepção sobre os elementos externos ao seu sistema e comunica essas opiniões com o sistema. Ou seja, a participação da religião no sistema global ocorre quando externa a sua visão interna sobre economia, sobre política, sobre as leis e sobre os demais elementos que compõem a sociedade. É perceptível a independência entre os diferentes sistemas que compõem a sociedade global, mas também é perceptível a possibilidade de comunicação existente entre eles.

Durkheim, Luckmann e Luhmann, portanto, apresentam uma concepção de religião com base na sociedade, ou seja, os autores analisam o fenômeno religioso a partir de seu papel no desenvolvimento e na estruturação da sociedade. Durkheim desenvolve a ideia de uma função social da religião que tem, como foco, a formação da vida social. Luckmann traz uma concepção de religião com fulcro na necessidade biológica do homem em explicar o mundo ao seu entorno; a religião tem o papel social de apresentar uma concepção de mundo. Já Luhmann estabelece uma sistemática da religião enquanto fenômeno social. Para o autor, a religião busca a explicação da realidade e uma solidificação da sociedade, porém ele a identifica enquanto um sistema que possui regras e diretrizes que serão usadas para a interpretação do sistema global. Ou seja, a religião é um sistema que auxilia na manutenção de um sistema maior, denominado de sociedade complexa.

Os pontos em comum que podem ser identificados nos três autores supracitados é a visão da religião enquanto uma realidade fática, presente na sociedade e que se traduz em elemento de fundamental importância na formação e no desenvolvimento das mais diversas sociedades. Essa concepção de religião é de grande relevância, uma vez que segue no sentido de verificar os pressupostos concretos e objetivos do fenômeno religioso enquanto a manifestação da sociedade, ou seja, um fato social existente e que produz efeitos na realidade. Existente e reconhecido esse fenômeno, uma vez que seus impactos na sociedade chamam a atenção do direito, eles precisam ser regulados, tendo a sua função e a sua realidade respeitadas, nos limites da possibilidade da lei. Sendo assim, adota-se, como conceito de religião, o posicionamento apresentado por Durkheim, que entende a religião como um fato social que produz impactos na sociedade e chama a atenção do direito para sua regulação, bem como estabelece uma função social da religião para com o desenvolvimento real da sociedade.

A teoria do autor é considerada substantiva, por levar em conta elementos substanciais para a conceituação de religião, mas é, segundo Cipriani (2007), uma teoria completa, uma vez que teve o condão de reunir diversos elementos das teorias clássicas e direcioná-los para uma conceituação tendo, como foco, a sociedade. Seguir-se-á, também, o conceito funcional apresentado por Luhmann, vez que é notório que a religião, por meio de suas instituições oficiais, exerce uma função no seio da sociedade, o que muito importa ao direito. Para auxiliar a compreensão sobre as reflexões apresentadas, de forma metodológica, fixar-se-á quadro sinóptico que demonstra todas as teorias da religião apresentadas pelo autor Cipriani:

Quadro sinóptico 03

Autor	Teoria	Definição
Hume	Teoria da Religião Natural (Clássica)	O fato religioso está diretamente ligado com os instintos do ser, e, por isso, é natural.
Feuerbach	Teoria da Religião da Humanidade (Clássica)	Com base na antropologia, o autor afirma que o fato religioso nada mais é do que a projeção do homem.
Auguste Comte	Teoria da Religião Universal (Clássica)	A religião é criada pelo homem com o propósito de apresentar uma organização geral para a humanidade.
Alexis de Tocqueville	Teoria da Religião e da Democracia (Clássica)	Propõe o estudo do fato religioso na perspectiva de uma sociedade que tenha como pano de fundo a democracia. A religião é a peça chave para a construção de uma sociedade que tem como preceitos a liberdade e a solidez.
Emile David Durkheim	Teoria da Religião como Elemento Essencial da Vida Social (Substantiva)	Propõe o estudo da religião enquanto um fenômeno social, e não sobrenatural. Considera a religião como um fato social e que possui uma função na sociedade.
Max Weber	A Ética Protestante e o "Espírito" do Capitalismo (Substantiva)	O autor relaciona a ética religiosa aos processos econômicos que ocorrem na sociedade.
Luckmann	Teoria da Forma Social da Religião (Funcional)	A religião possui uma forma social, ou seja, a concepção objetiva e histórica de mundo possui uma essência religiosa que está presente de forma universal em toda a sociedade humana.
Luhmann	Teoria Sistêmica da Religião (Funcional)	A religião é uma "concepção de mundo". Essa ideia tem como base o fato de a religião apresentar uma forma antropológica universal, ou seja, todas as sociedades humanas, no exercício natural do transcendental biológico, têm a religião como parte elementar na ordenação de uma sociedade.

Fonte: Elaborado pelo autor.

2.2 A relação entre personalidade jurídica e religião na perspectiva da *joint guidelines on the legal personality of religious or belief communites*

Como apresentado nos tópicos anteriores, a religião está presente na vida do homem, e isso será impulso suficiente para que ele se organize em coletividade para exercer suas crenças. Tanto em seu sentido substancial quanto em seu sentido funcional, a religião é marco vivo na sociedade. Um grande dilema que atravessa o tempo é sobre a relação entre direito e religião. Existem aqueles que afirmam não existir nenhuma relação entre eles, mas outros fundamentam o direito enquanto fato social em diversas matrizes religiosas.

Foi enfatizado, no início do capítulo, que esta obra não tem como escopo, em tempo algum, apresentar uma definição de religião. Ao contrário, toda a presente obra partiu da premissa de que o direito não alcança a religião, não pode defini-la e nem regulá-la. Porém, quando o corpo moral da religião torna-se concreto, por meio de uma realidade substantiva que é reconhecida pela sociedade, e se transforma em um ente coletivo, essa realidade passa a interessar ao direito. Muito mais que interessar, essa realidade torna-se possível de ser regulada pelo direito.

A consubstanciação da religião na figura de suas organizações, ou seja, por meio da pessoa jurídica, é a parte da religião que comunica e que pode ser alcançada pelo direito. O reconhecimento da personalidade jurídica do ente coletivo religioso é uma forte interseção entre direito e religião. Entre direito, religião e personalidade jurídica existem diversos outros direitos que impactam diretamente nesse reconhecimento. A personalidade jurídica da realidade coletiva de vertente religiosa estará sempre à luz da liberdade religiosa, do Estado secular e laico. Porém, esse é um grande problema.

O objetivo deste livro é aprofundar no que envolve o reconhecimento da personalidade jurídica das organizações religiosas com foco no direito privado brasileiro. No entanto, no desenvolvimento do tema percebeu-se que essa é uma problemática quase global. Diversos ordenamentos ao redor do mundo apresentam questões legislativas quando o assunto é o reconhecimento da personalidade jurídica do ente coletivo de vertente religiosa.

Essa problemática é tão salutar e percebida, que no ano de 2014 foi publicado, pela Comissão Europeia para a Democracia, através da Lei (Comissão de Veneza)[24] e pelo Escritório para Instituições Democráticas e Direitos Humanos (OSCE),[25] o parecer *Joint Guidelines on the Legal Personality of Religious or Belief Communites*[26] – ou Diretrizes Conjuntas sobre a Personalidade Jurídica de Comunidades Religiosas ou de Crença. O objetivo do parecer foi apresentar as dificuldades encontradas pelas realidades coletivas quando o assunto é o reconhecimento de sua personalidade jurídica.

No ano de 2017, o documento foi levado para discussão no escritório das Organizações das Nações Unidas (ONU), na cidade de Genebra. Kishan Monacha, Conselheiro Sênior da OSCE, disse que "as restrições à personalidade jurídica de comunidades religiosas têm efeitos no mundo real que afetam o funcionamento da sociedade e prejudica sua vitalidade e visibilidade" (OSCE, 2017).

Além do conteúdo do parecer, que é de grande relevância, o Brasil é um dos 62 (sessenta e dois) países-membros da Comissão de Veneza. Atualmente, o país é representado pela Ministra

---

[24] *The European Commission for Democracy through Law – better known as the Venice Commission as it meets in Venice – is the Council of Europe's advisory body on constitutional matters. The role of the Venice Commission is to provide legal advice to its member states and, in particular, to help states wishing to bring their legal and institutional structures into line with European standards and international experience in the fields of democracy, human rights and the rule of law. It also helps to ensure the dissemination and consolidation of a common constitutional heritage, playing a unique role in conflict management, and provides "emergency constitutional. The Commission has 62 member states: the 47 Council of Europe member states1 and 15 other countries (Algeria, Brazil, Canada, Chile, Costa Rica, Israel, Kazakhstan, the Republic of Korea, Kosovo, Kyrgyzstan, Morocco, Mexico, Peru, Tunisia and the USA). Argentina, Japan, Saint Siege and Uruguay are observers, Belarus has a status of an associate member state. The South African Republic and the Palestinian National Authority have a special cooperation status. The Commission also cooperates closely with the European Union, OSCE/ODIHR and the Organisation of American States (OAS). Its individual members are university professors of public and international law, supreme and constitutional court judges, members of national parliaments and a number of civil servants. They are designated for four years by the member states, but act in their individual capacity.*

[25] *The OSCE has a comprehensive approach to security that encompasses politico-military, economic and environmental, and human aspects. It therefore addresses a wide range of security-related concerns, including arms control, confidence– and security-building measures, human rights, national minorities, democratization, policing strategies, counter-terrorism and economic and environmental activities. All 57 participating States enjoy equal status, and decisions are taken by consensus on a politically, but not legally binding basis* (VARSOVIA, 2021).

[26] https://www.osce.org/odihr/139046

CAPÍTULO 2
O DIREITO, A RELIGIÃO E A PERSONALIDADE JURÍDICA: ASPECTOS SOCIAIS, POLÍTICOS,...

Cármen Lúcia Antunes Rocha.[27] Sendo assim, as discussões, reflexões e proposições do Parecer 673/2012 servirão de instrução para a problemática que será apresentada sobre o reconhecimento da personalidade jurídica das organizações religiosas no direito brasileiro nos próximos capítulos.

As Diretrizes Conjuntas sobre a Personalidade Jurídica de Comunidades Religiosas ou de Crença é produto da reunião de mais de 90 (noventa) especialistas em diversas áreas do conhecimento, bem como de participantes da sociedade civil. O texto final do parecer foi produzido após a realização de 4 (quatro) mesas redondas realizadas no ano de 2013 em Bruxelas, Varsóvia, Kiev e Astana (OSCE, 2014).

O grande objetivo do parecer não é ditar regras a serem seguidas, mas sim apresentar um estudo com base em constatações da realidade enfrentada pelos entes coletivos de vertente religiosa:

> (...) O documento não busca contestar acordos estabelecidos entre estados e comunidades religiosas ou de crenças, mas, sim, delinear o quadro jurídico que garantiria que as comunidades tenham uma oportunidade justa de receber a personalidade jurídica e que os critérios estabelecidos sejam aplicados de forma não discriminatória. Este documento aborda as questões de registro e reconhecimento de organizações religiosas e de crença e complementa a seção II.F sobre "Leis que regem o registro de organizações religiosas / de crença" das Diretrizes de 2004 (OSCE, 2014, p. 3).[28]

O parecer 673/2012 demonstra que a criação de obstáculos para implementação, a negativa de constituição, o embaraço e a confusão conceitual ou o reconhecimento equivocado do ente coletivo de vertente religiosa é uma forma de limitar sua atuação por meio do reconhecimento de sua personalidade jurídica. Segundo o documento, a liberdade de religião ou de crença tem, como uma das formas de concretização de sua manifestação, o

---

[27] https://www.venice.coe.int/WebForms/members/countries.aspx?id=154

[28] *The document does not seek to challenge established agreements between states and religious or belief communities but, rather, to delineate the legal framework that would ensure that communities wishing to do so have a fair opportunity to be granted legal personality, and that the criteria established are applied in a non– discriminatory manner. This document elaborates on the issues of registration and recognition of religious and belief organizations, and supplements section II.F on "Laws governing registration of religious/belief organizations" of the 2004 Guidelines (OSCE, 2014, p. 3).*

correto reconhecimento da personalidade jurídica das organizações religiosas (OSCE, 2014).

A liberdade religiosa ou crença é considerada um direito de proteção internacional, e a liberdade de organização religiosa é uma de suas facetas. Sendo assim, a materialização do ente coletivo de vertente religiosa é um direito internacionalmente protegido. Uma organização religiosa deve ser livre para se constituir, e o Estado deverá proporcionar essa possibilidade de organização e estruturação, que será peculiar em acordo com cada crença professada, sob pena de violar a liberdade religiosa:

> (...) As comunidades religiosas ou de crença podem escolher, no entanto, estabelecer organizações religiosas para garantir que sejam capazes de agir na esfera legal. Para os fins deste documento, "organizações religiosas ou de crença" são comunidades religiosas ou de crença reconhecidas como pessoas jurídicas independentes na ordem jurídica nacional. A legislação nacional pode referir-se ao reconhecimento da personalidade jurídica sob vários nomes diferentes e pode utilizar uma variedade de técnicas jurídicas para garantir que as comunidades religiosas ou de crença possam operar como pessoas jurídicas na ordem jurídica nacional. *Independentemente do método escolhido para implementar a obrigação de garantir o acesso voluntário à personalidade jurídica para comunidades religiosas ou de crença, os estados devem garantir que o quadro jurídico nacional em vigor para fazê-lo está em conformidade com os instrumentos internacionais de direitos humanos dos quais são partes e outros compromissos internacionais. Os Estados também devem garantir que o acesso à personalidade jurídica não seja mais difícil para as comunidades religiosas ou de crença do que para outros tipos de grupos ou comunidades* (OCSE, 2014, p. 9, grifos do autor).[29]

---

[29] *As described in Part II, international human rights law accords protection to religious or belief communities, regardless of whether or not they enjoy legal personality. Religious or belief communities may choose, however, to set up religious organizations to ensure that they are able to act in the legal sphere. For the purposes of this document, "religious or belief organizations" are religious or belief communities that are recognized as independent legal persons in the national legal order. National law may refer to the recognition of legal personality under a number of different names, and may utilize a variety of legal techniques to ensure that religious or belief communities are able to operate as legal persons in the national legal order. Regardless of the method chosen to implement the obligation to ensure voluntary access to legal personality for religious or belief communities, states must ensure that the national legal framework in place for doing so complies with the international human rights instruments to which they are parties and with their other international commitments. States must also ensure that gaining access to legal personality should not be more difficult for religious or belief communities than it is for other types of groups or communities. This section will describe the international legal framework in greater detail, while also referring to good practice from individual states* (OCSE, 2014, p. 9).

CAPÍTULO 2
O DIREITO, A RELIGIÃO E A PERSONALIDADE JURÍDICA: ASPECTOS SOCIAIS, POLÍTICOS,... | 123

As instruções do parecer podem ser absolutamente congloba-das com os conceitos trabalhados por Corrêa de Oliveira (1979), ou seja, o Estado pode e deve regular as pessoas jurídicas de vertente religiosa, porém, antes da regulação ele deve proporcionar que ela se implemente de forma correta. Não importa a denominação ou a técnica jurídica utilizada; o fundamental é o reconhecimento da pessoa jurídica de vertente religiosa levando em consideração o seu substrato ôntico, sua correta forma de atuação em sua pré-vida antes da positivação. O reconhecimento da personalidade jurídica das organizações religiosas é um direito que deve observar exatamente as especificidades desse tipo de pessoa jurídica.

Dificultar o registro ou limitar as atividades para a concessão da personalidade jurídica já é uma violação do direito de liberdade religiosa. No caso do direito brasileiro, o artigo 44, inciso IV, do Código Civil reconhece personalidade jurídica ao ente coletivo de vertente religiosa, denominando-a de organização religiosa. Con-tudo, ao contrário do que foi feito com as associações, fundações, partidos políticos, Empresa Individual de Responsabilidade Limi-tada e as sociedades empresárias, o legislador não conceituou esse tipo de pessoa jurídica, não apresentou regime jurídico específico e aplicável, ou seja, dificultou sua implementação, por mais que tenha tentado inovar.

Essa problemática no direito brasileiro será devidamente aprofundada no capítulo 3, onde será realizado recorte metodológico com jurisprudências que negam o registro de entidade coletiva de vertente religiosa por entender que a pessoa jurídica de direito privado do tipo organizações religiosas só é as-sim considerada se exercer somente atividades de culto e liturgia. Essas entidades acabam, por entendimento do Estado, adotando a forma de associação privada e, como apresentado na introdução, a estrutura prevista no Código Civil para uma associação se mostra extremamente limitante para o ente coletivo de vertente religiosa. Sobre essa questão, importante destacar o que leciona o parecer da Comissão de Viena:

> De acordo com o direito internacional dos direitos humanos, a recusa do Estado em conceder status de personalidade jurídica a uma associação de indivíduos com base em uma religião ou crença equivale a uma interferência no exercício do direito à liberdade de religião ou crença,

interpretada a luz da liberdade de associação. Constatou-se que a recusa das autoridades em registrar um grupo, ou em retirar sua personalidade jurídica, afeta diretamente o próprio grupo e também seus presidentes, fundadores ou membros individuais. Uma recusa em reconhecer o status de personalidade legal de comunidades religiosas ou de crença foi, portanto, considerada uma interferência no direito à liberdade de religião ou crença, exercida tanto pela própria comunidade quanto por seus membros individuais (OSCE, 2014, p.10).[30]

Outra posição não poderia adotar senão a de que o não reconhecimento do *status* de pessoa jurídica do tipo organização religiosa fere diretamente o direito à liberdade de religião. No caso do direito brasileiro, se existe o tipo específico denominado de organizações religiosas, não há que se falar em associações para esses grupos, salvo se a coletividade religiosa se associar de forma independente da organização religiosa, no exercício individual do direito de associação.

A Comissão de Viena estabelece outra importante relação entre direito e religião ao afirmar que a não correta concessão ou a recusa da concessão da personalidade jurídica configura um obstáculo para que essas entidades implementem, na sociedade, suas atividades. A personalidade jurídica é uma forma de viabilizar a inserção das organizações religiosas no "mundo real" permitindo que ela tenha conta bancária e bens, contrate pessoal, forneça serviços aos fiéis e à sociedade em nome da religião e realize plenamente todas as suas atividades (OSCE, 2014).

Sobre a forma que será reconhecida, em lei, a personalidade jurídica dos entes coletivos de vertente religiosa, o documento cita inúmeras possibilidades. A personalidade jurídica de vertente religiosa pode ser reconhecida por meio de "*trust*, corporações, fundações, associações" (OSCE, 2014, p. 12). No caso do direito brasileiro, o legislador optou por adotar a forma denominada organizações

---

[30] *Under international human rights law, a refusal by the state to accord legal personality status to an association of individuals based on a religion or belief amounts to an interference with the exercise of the right to freedom of religion or belief, read in the light of the freedom of association.The authorities' refusal to register a group, or to withdraw its legal personality, have been found to affect directly both the group itself and also its presidents, founders or individual members. A refusal to recognize the legal personality status of religious or belief communities has, therefore, been found to constitute an interference with the right to freedom of religion or belief58 as exercised by both the community itself as well as its individual members.*

religiosas, deixando claro, no projeto de lei, que essa forma não deve ser confundida com a pessoa jurídica de direito privado do tipo fundações, associações e sociedades empresárias. Porém, o grande problema do regime jurídico brasileiro é que a estrutura adotada não permite que o ente coletivo exerça todas as suas atividades, o que viola o indicado no parecer:

> Independentemente do sistema usado para reger o acesso à personalidade jurídica e os termos específicos que possam ser usados para descrever as formas de personalidade jurídica abertas as comunidades religiosas ou de crença, a legislação nacional nesta área deve cumprir os instrumentos internacionais de direitos humanos e os compromissos da OSCE. Isso significa, entre outros, que as organizações religiosas ou de crença devem ser capazes de exercer toda a gama de atividades religiosas e atividades normalmente exercidas por pessoas jurídicas não governamentais registradas (OSCE, 2014, p. 13).[31]

Seguindo o entendimento de Corrêa de Oliveira (1979), o ente coletivo é uma realidade e, por ser realidade, possui elementos que são essenciais aos seus fins. A lei apenas reconhece essa realidade ontológico-institucional. No caso das organizações religiosas, um desses elementos é a realização das atividades sem finalidade lucrativa seja para sua própria manutenção, seja para a implementação de obras de assistência ligadas à confissão. Essas atividades devem ser levadas em consideração pelo legislador. Como será demonstrado no capítulo 3, o papel da religião mudou na sociedade e, portanto, organização religiosa não pode ser compreendida apenas como o exercício de culto e liturgia, sob pena de inviabilizar a estruturação desse tipo de pessoa jurídica.

A pessoa jurídica de vertente religiosa tem o direito de ter suas peculiaridades respeitadas pelo Estado, possui direito à autonomia organizacional. Isso não significa que foge ao alcance do controle estatal para verificação da regularidade de suas atividades; pelo

---

[31] *Regardless of the system used to govern access to legal personality and the particular terms that may be used to describe the forms of legal personality open to religious or belief communities, national law in this area must comply with international human rights instruments and OSCE commitments.65 This means, among others, that religious or belief organizations must be able to exercise the full range of religious activities and activities normally exercised by registered nongovernmental legal entities.*

contrário, cabe ao Estado se organizar para reconhecer e fiscalizar devidamente a personalidade jurídica dessas entidades. Sobre esse ponto, leciona a OSCE:

> O Estado deve respeitar a autonomia das comunidades religiosas ou de crenças ao cumprir sua obrigação de proporcionar-lhes acesso à personalidade jurídica. No regime que rege o acesso à personalidade jurídica, os Estados devem cumprir suas obrigações, garantindo que a legislação nacional deixe, para a própria comunidade religiosa ou de crença, decidir sobre sua liderança, suas regras internas, o conteúdo substantivo de suas crenças, a estrutura da comunidade e os métodos de nomeação do clero e seu nome e outros símbolos. Em particular, o estado deve abster-se de opor uma revisão formal do estatuto e do caráter de uma organização religiosa. Considerando a ampla gama de diferentes formas organizacionais que as comunidades religiosas ou de crença podem adotar na prática, um alto grau de flexibilidade na legislação nacional é necessário nesta área (OSCE, 2014, p. 15).[32]

É perceptível a importância concedida pela OSCE quanto ao reconhecimento da personalidade jurídica dos entes coletivos de vertente religiosa. Existe todo um arcabouço de direitos internacionais e humanos que pairam sobre o tema. A personalidade jurídica das entidades religiosas é, na verdade, uma forma de garantir sua atuação livre, sempre observando o seu direito em seguir suas peculiaridades. Como apresentado no início deste capítulo, o direito não alcança a religião no que tange à sua definição, mas ele deve protegê-la e permitir que ela se estruture de forma a se adequar ao sistema jurídico adotado.

Logo, assim como as fundações, associações e sociedades empresárias, as organizações religiosas podem se organizar para implementar livremente suas atividades no seio da sociedade; negar esse *status* é violar o direito à liberdade religiosa. É preciso ter

---

[32] *The state must respect the autonomy of religious or belief communities when fulfilling its obligation to provide them with access to legal personality. In the regime that governs access to legal personality, states should observe their obligations by ensuring that national law leaves it to the religious or belief community itself to decide on its leadership, its internal rules, the substantive content of its beliefs, the structure of the community and methods of appointment of the clergy and its name and other symbols. In particular, the state should refrain from a substantive as opposed to a formal review of the statute and character of a religious organization. Considering the wide range of different organizational forms that religious or belief communities may adopt in practice, a high degree of flexibility in national law is required in this area* (OSCE, 2014, p. 15).

conceito doutrinário para essas organizações, com o fito de evitar o cerceamento de sua atuação. Acima de tudo, é preciso que o legislador pátrio e o Poder Judiciário busquem se atualizar sobre a mudança do papel da religião na sociedade. É preciso deixar o estigma do Estado secular de lado e aceitar que a religião ocupa espaços importantes na esfera pública, o que exige um correto tratamento de suas instituições. Todos esses temas passam a ser aprofundados a partir dos próximos capítulos. No capítulo 3, serão apresentados o tratamento legislativo dado às organizações religiosas enquanto pessoa jurídica de direito privado no Brasil e o entendimento de que tais organizações são pessoas jurídicas amorfas, por não possuírem correta definição e estruturação pela legislação pátria.

CAPÍTULO 3

A PESSOA JURÍDICA DE DIREITO PRIVADO AMORFA: ORGANIZAÇÕES RELIGIOSAS OU ASSOCIAÇÃO PRIVADA?

Como restou demonstrado, a pessoa jurídica de direito privado de vertente religiosa é uma realidade e desenvolve diversas funções na sociedade. No capítulo anterior, ficou clara a necessidade de se identificar e reconhecer a personalidade jurídica de tais entidades, levando em consideração sua atuação, seja ela puramente religiosa ou não, sob pena de negar-lhes o direito de exercer de forma plena sua personalidade jurídica. Neste capítulo, o foco do estudo será sobre o papel da religião na sociedade e quais os impactos da regulação das organizações religiosas no Código Civil Brasileiro. Temas como a diversidade religiosa, a ocupação de espaços públicos pela religião e a teoria da organização religiosa como pessoa jurídica amorfa são o centro do capítulo. Como marco teórico, podem ser destacados autores como José Casanova, Hackett, Paula Montero e Jeremy Gunn.

3.1 As organizações religiosas e a transformação do papel da religião na sociedade

Comunidades religiosas e organizações inspiradas na fé, em todo o mundo, desempenham um papel importante nas questões de desenvolvimento mais urgentes. Essa atuação deve ser examinada a partir do fato de que esses atores e grupos oferecem ajuda nas linhas de frente de crises, moldam e influenciam suas sociedades de maneiras fundamentais, que devem ser entendidas para implementar políticas e práticas eficazes de desenvolvimento.

No entanto, a compreensão do papel da religião nas mudanças da esfera pública seria uma busca relativamente recente no contexto da academia em todo o mundo, conforme Hackett (2005), cuja atenção passou a receber somente nos meados dos anos de 1990. A autora explica que, até aquele momento, os estudiosos acreditavam que a religião era ligada mais à função de tradição nas sociedades e que o papel dela entraria em declínio por causa da secularização. Entretanto, conforme a autora, o movimento recente demonstra a presença de uma demanda pelo reconhecimento e pela implementação das ideias, dos valores, práticas e instituições religiosas na governança dos Estados Nacionais e na vida dos cidadãos – ao contrário do que os estudiosos da secularização previam.

Neste contexto, Hackett (2005) explica que o ressurgimento religioso recebeu estímulo da globalização, da democratização e da força da mídia moderna, e essa constatação é possível tanto em trabalhos acadêmicos quanto nos interesses da população, além de se perceber a importância da religião inclusive na diplomacia e na construção da paz. Análises mais contemporâneas buscam debater o papel da religião nas democracias emergentes e também nas consolidadas e como ela passa a subsidiar a vontade política e ainda as políticas públicas.

Esse movimento, na visão da autora, apresenta novos desafios aos Estados Nacionais. Isso porque manejar esses atores sociais demanda uma governança que seja capaz de gerir diferenças religiosas e culturais entre os grupos, com respeito pelas minorias religiosas e pelas religiões não convencionais em cenários nacionais cada vez mais multirreligiosos e multiculturais.

Um dos estudos dessa linha de raciocínio é o do sociólogo José Casanova (1994), cujo um dos trabalhos buscou analisar o papel da religião no mundo moderno. O autor explica que durante os anos de 1980 a religião se voltou à esfera pública e ganhou novamente publicidade, passando a despertar o interesse dos meios de comunicação de massa, dos cientistas sociais, dos políticos etc. Esse interesse renovado, segundo o autor (1994, p. 3), ocorreu porque a religião saiu da esfera privada e passou a ocupar a arena pública da moral e da contestação política. Ele mapeia quatro ocorrências mundiais que exemplificaram esse processo: a revolução islâmica no Irã, o crescimento do movimento de solidariedade na Polônia, o papel do catolicismo na revolução Sandinista e em outros conflitos políticos na América Latina, além do crescimento da força do fundamentalismo protestante na política norte-americana. Conforme ao autor, simultaneamente a essas ocorrências, ativistas religiosos e igrejas tornaram-se profundamente envolvidos em lutas pela libertação, justiça e democracia através do mundo. Entretanto, ao mesmo tempo em que isso significou o crescimento do papel de resistência dos oprimidos e sem poder, o contexto mundial observou também o aumento do fundamentalismo, de acordo com Casanova.

Montero (2006, p. 49) afirma que a compreensão da ordem social moderna passa pela diferenciação entre esfera pública do Estado e da esfera privada da sociedade, para além da separação entre Igreja e Estado, em que a religião torna-se uma questão excluída da esfera do Estado. Por outro lado, Casanova acredita ser imprecisa a afirmação de que a religião é um assunto privado (1994, p. 40). Ele analisa que a liberdade religiosa, no sentido de liberdade de consciência, seria a primeira liberdade do indivíduo e uma pré--condição a todas as liberdades no mundo moderno. Haveria relação, portanto, da liberdade de consciência com o direito à privacidade, expressa no mundo moderno na institucionalização de uma esfera privada livre da intromissão governamental e também do controle eclesiástico. Para Casanova, o direito à privacidade serve de base ao liberalismo e ao individualismo modernos – no sentido de que a privatização da religião seria essencial à modernidade. Apesar disso, estar-se-ia diante de um paradoxo, pois ao mesmo tempo em que o mundo moderno pressiona pela privatização da religião, ocorre um processo inverso em que a religião busca atingir a esfera pública. Esse paradoxo, portanto, poderia encontrar solução na distinção entre religiões privadas e públicas. Montero (2006, p. 49), por seu turno, defende ser necessário examinar "as configurações específicas que as formas religiosas assumem em cada sociedade em função de seus modos particulares e produzir historicamente a diferenciação dessas esferas e articulá-las".

Dessa forma, em seu estudo, Casanova (1994, p. 5) lança uma tese de "desprivatização" da religião no mundo moderno.

Esse conceito relaciona-se à recusa das tradições religiosas mundiais em aceitar um papel marginal e privatizado que as teorias da modernidade e as teorias da secularização teriam reservado a elas. Isso está consubstanciado no surgimento de movimentos sociais de natureza religiosa e que, muitas vezes, em nome da religião, desafiam a legitimidade e autonomia das esferas seculares, do Estado e da economia de mercado. Ao mesmo tempo, para o sociólogo, instituições e organizações religiosas passam a se recusar a atuar, de forma restrita, ao trabalho de culto e liturgia, abordando questões relativas a interconexões da moralidade pública e privada, bem como desafiam os objetivos dos subsistemas sociais, particularmente os estados e mercados.

> O que chamo de "desprivatização" da religião moderna é o processo pelo qual a religião abandona seu lugar atribuído na esfera privada e entra na esfera pública indiferenciada da sociedade civil para participar do processo contínuo de contestação, legitimação discursiva e redesenho das fronteiras (CASANOVA, 1994, p. 66, tradução nossa).[33]

Assim, quando instituições e organizações religiosas agem dessa forma, Casanova (1994) explica que se está diante de formas de "religião pública", pois se observa o impacto público dessas religiões que, a partir das críticas que professa, é capaz de impor uma agenda na sociedade, bem como pressionar os limites entre esfera privada e pública. A definição quase estanque de quais são os limites entre esfera pública e privada seria constantemente desafiada, já que as religiões públicas ajudam a mobilizar as pessoas, redesenhando esses limites, muitas vezes forçando ou contribuindo para levar certas discussões ao debate público.

A "desprivatização" da religião na perspectiva de Casanova não seria algo novo, vez que a maioria das tradições religiosas teriam resistido, ao longo do processo de secularização, à privatização e à marginalização. Nova seria a recusa *ampla* e simultânea de muitas tradições religiosas de se restringirem à esfera privada, e isso seria

---

[33] *What call the "deprivatization" of modern religion is the process whereby religion abandons its assigned place in the private sphere and enters the undifferentiated public sphere of civil society to take part in the ongoing process of contestation, discursive legitimation, and redrawing of the boundaries* (CASANOVA, 1994, p. 66).

CAPÍTULO 3

A PESSOA JURÍDICA DE DIREITO PRIVADO AMORFA: ORGANIZAÇÕES RELIGIOSAS OU ASSOCIAÇÃO PRIVADA? | 133

observado em várias linhas, como o judaísmo, o islamismo, o catolicismo, o protestantismo, o hinduísmo e o budismo.

Segundo Casanova (1994), a "desprivatização" da religião pressupõe a privacidade da religião e só pode ser justificada se o direito à privacidade e à liberdade de consciência também for legalmente protegido da religião. Para ele, a partir da perspectiva normativa da modernidade, a religião pode entrar na esfera pública e assumir uma forma pública apenas se aceitar o direito inviolável à privacidade e o princípio da liberdade de consciência. Nesse sentido, percebe-se que quando instituições ou organizações religiosas assumem funções ditas públicas na sociedade, elas estão impedidas de se expressarem de forma a ferir esses direitos das pessoas. Um bom exemplo é o impedimento a uma organização religiosa voltada à caridade de atender somente àqueles que professem a mesma linha de religião, devendo atender ao público em geral sem fazer qualquer distinção de cunho religioso.

O conceito de Casanova, portanto, teria dois propósitos: o primeiro é chamar a atenção para o fato de que as teorias da secularização objetivaram não somente assumir, mas também prescrever a privatização da religião no mundo moderno. Ao mesmo tempo em que Casanova acredita que continua válida a tese da secularização de diferenciar e emancipar a esfera secular das instituições religiosas e as normas, ele afirma que a "desprivatização" também significa o surgimento de novos desenvolvimentos históricos, o que, pelo menos qualitativamente, equivale a uma certa reversão do que parecia ser tendências seculares. O segundo propósito, portanto, é explicar que as religiões passam a ingressar na esfera pública e na arena de contestação política não só com a defesa de papéis tradicionais, como culto e liturgia, mas também participando na luta para definir quais são os limites entre as esferas pública e privada, entre a moralidade e legalidade, entre ideais sociais e individuais, entre família, sociedade civil, estado, nações, civilizações e o sistema mundial.

Ao justificar a centralidade de seu trabalho no Catolicismo, Casanova (1994) explica que essa tradição religiosa ofereceu, por séculos, a mais principiológica e fundamentada resistência ao processo de secularização e modernização. A Igreja Católica, no ponto de vista dele, lutou contra o capitalismo, o liberalismo, o estado moderno secular, as revoluções democráticas, o socialismo e a revolução sexual. Entretanto, o autor observa que a Igreja Católica também buscou se atualizar oficialmente à modernidade secular e aceitou a legitimidade da era moderna, ainda se recusando a se tornar uma religião de caráter privado. Casanova observa que desde o Conselho Vaticano II a instituição manteve-se afeita a questões públicas ao redor do mundo.

Nesse sentido, o autor observa que as teorias da secularização têm maior dificuldade em responder aos críticos que apontam "as rachaduras entre os modernos muros de separação entre a igreja e o estado" (1994, p. 41, tradução livre). É inegável, para o autor, que instituições religiosas muitas vezes se recusam a aceitar seu lugar marginal atribuído na esfera privada, conseguindo assumir funções públicas de destaque. A religião e a política continuam a estabelecer relações simbióticas a tal ponto, que não é fácil verificar se existem movimentos políticos que usam trajes religiosos ou movimentos religiosos que assumem feições políticas.

O sociólogo estabelece três instâncias que, segundo ele, justificariam a desprivatização da religião (1994, p. 57). A primeira delas ocorre quando a religião ingressa na esfera pública para proteger não somente direitos e liberdades do mundo moderno, mas também qualquer direito da sociedade civil democrática contra qualquer absolutismo ou ato autoritário do Estado. Casanova observa esse papel no processo democrático de países como a Espanha, Polônia e Brasil. Essa instância serviria para a formação da ordem social e da política liberal.

A segunda instância de desprivatização estaria presente quando a religião se coloca na esfera pública para questionar ou contestar a autonomia legal absoluta das esferas seculares e as obrigações que essas esferas submetem a religião a se organizar de acordo com os princípios seculares, sem observar considerações éticas e morais peculiares à linha religiosa. Em outras palavras, isso pode ser observado quando a religião contesta, por exemplo, a moralidade de políticas nucleares ou armamentistas estatais, bem como o conceito de justiça em uma sociedade desigual capitalista em que o direito de propriedade pode receber caráter absoluto, ou ainda em que a sociedade pode ser regida por leis mercantis frágeis ou com instrumentos de autorregulação do mercado.

Por fim, na terceira instância de desprivatização, na visão de Casanova, a religião atua para proteger a tradicional maneira de viver das pessoas da penetração administrativa ou jurídica do Estado, abrindo discussões sobre a formação das normas e da vontade para o público, com o fito de promover uma reflexão coletiva em relação à ética discursiva moderna. Isso ocorre, por exemplo, quando a religião se volta a discussões coletivas, como a questão do aborto. De todo modo, na perspectiva de Casanova, a segunda e a terceira instância serviriam para a religião mostrar, questionar e contestar os limites da política liberal e da ordem social.

Casanova realiza um estudo empírico do catolicismo brasileiro, em que observa uma transformação de uma igreja brasileira como instituição oligárquica e elitista orientada pelo Estado para um modelo populista orientado pela sociedade civil. O autor explica que na década de 1970 teria surgido uma nova igreja católica brasileira, a Igreja do Povo, que se tornou a principal força de oposição ao regime burocrático autoritário, apoiando a reconstituição da sociedade civil contra o Estado começando a patrocinar uma radical transformação da sociedade brasileira. Isso, segundo o autor, porque a nova burocracia do regime autoritário criou um abismo entre o Estado e a sociedade, e a igreja, forçada a escolher entre as duas, posicionou-se ao lado da sociedade contra o Estado (CASANOVA, 1994). Nessa mesma linha de raciocínio, Montero (2006) afirma que o processo de separação entre Estado e Igreja no Brasil alocou a religião na sociedade civil.

Entretanto, antes desse momento o autor percebia que o catolicismo brasileiro possuía duas características preliminares, uma fraca penetração institucional da igreja na sociedade brasileira e uma dinâmica autorreprodução de diferentes formas de uma religiosidade popular quase católica, autônoma em relação ao controle do clero (1994, p. 116). Para minimizar essas características, Casanova destaca que os movimentos de uma Igreja Popular e as comunidades eclesiais de base (CEBs), emergentes a partir dos anos de 1970, buscaram reestruturar a formação organizacional da Igreja Católica Brasileira. Cabe salientar que algumas dessas CEBs atuam ainda nos dias de hoje na forma de organização religiosa, seja com personalidade jurídica de direito canônico ou de associação privada.

Segundo Casanova (1994, p. 127-130), em meados nos anos de 1960, 93% da população brasileira era católica, e em um período de dez anos, entre 1967 e 1977, a instituição sofria uma perda substancial do clero, uma vez que mais de dois mil padres deixaram a Igreja. Nesse contexto, alguns fatores explicariam a condução da Igreja na transformação do seu papel em "Igreja do Povo". Um deles é que a instituição passa a voltar os olhos para a questão rural e a denunciar as condições degradantes em que vivia a população rural do país. Outro movimento de destaque foi o da Educação de Base, lançado pela Conferência Nacional dos Bispos do Brasil (CNBB), em 1961, cujo papel é de relevância para a radicalização social e política no catolicismo brasileiro, que, de acordo com Casanova, transformou-se em um programa nacional de educação política popular e mobilização dos excluídos na sociedade elitista brasileira. O Movimento de Educação de Base (MEB), inicialmente apoiado pelo Governo Federal, inspirado nas lições pedagógicas de Paulo Freire, era um programa de educação por meio de escolas radiofônicas, principalmente por meio das emissoras católicas.

> A fé populista na capacidade do próprio povo de se organizar e transformar suas próprias vidas e a sociedade pode ter sido ingênua, mas teve um efeito profundo nas elites católicas que trabalhavam com pessoas comuns, na autocompreensão da Igreja como uma "igreja do povo" e sobre a criação de uma série de organizações de base dentro da igreja e da sociedade. O MEB foi o único movimento da sociedade civil capaz de sobreviver à repressão militar, o que o fez caindo sob a proteção e o controle eclesiástico da hierarquia. O movimento foi despolitizado e recebeu uma orientação mais religiosa, mas serviu de elo com as CEBs emergentes (CASANOVA, 1994, p. 128, tradução nossa).[34]

No cenário industrial, Casanova explica que a rápida proletarização foi acompanhada da penetração capitalista no Brasil

---

[34] *The populist faith in the people's own ability to organize themselves and to transform their own lives and society may have been naive, but it had a profound effect upon the Catholic elites that were working with ordinary people, upon the self-understanding of the church as a "church of the people," and upon the creation of a whole series of grass-roots organizations within the church and within society. MEB was the only movement of civil society able to survive military repression, which it did by falling under the protection and the ecclesiastical control of the hierarchy. The movement was depoliticized and given a more religious orientation, but it served as a link with the newly emerging CEBs* (CASANOVA, 1994, p. 128).

rural, o que apresentou, à Igreja, novos desafios. O primeiro deles teria forçado a instituição a enfrentar as consequências sociais e humanas ao modo de vida camponês e indígena, a partir de uma concentração fundiária que aumentou a pobreza e as desigualdades sociais, a rápida urbanização e a proliferação das favelas, bem como o crescimento da desigualdade social. Neste sentido, a resposta da Igreja foi no caminho de ajudar a organizar e dar suporte aos índios, aos trabalhadores rurais e urbanos e pequenos agricultores nas lutas contra os proprietários de terras, capitalistas e autoridades estaduais e locais. Para isso, foram lançadas estruturas institucionais ligadas à CNBB, como o Conselho Indigenista Missionário, a Comissão Pastoral da Terra e a Comissão de Justiça e Paz.

Entretanto, o contexto de proletarização e urbanização observava ainda o crescimento de outras religiões entre os pobres, como as linhas protestantes, em particular, o pentecostalismo, e as de matriz africana, como a umbanda. Também para fazer frente a essa expansão – e vivenciando uma debandada dentro do clero, com padres abandonando a batina –, observa-se a estratégia das comunidades eclesiais de base (CEBs) já em meados dos anos de 1960. Cerca de vinte anos depois, o país já possuía, de acordo com Casanova, 80 mil CEBs. Esses organismos representavam um modelo alternativo de igreja, com o apoio da hierarquia de promovê-los e possuíam características em que os agentes pastorais iniciavam e guiavam as CEBs não somente como formas alternativas de comunidade religiosa, mas também como organizações populares de desenvolvimento humano, social e político, o que permitia uma organização social própria vinda dos estratos mais desfavorecidos da sociedade. Além disso, como observa Casanova, as CEBs demonstram e reproduzem a capacidade da religiosidade popular católica de se reproduzir ao longo dos séculos, mesmo com controle mínimo do clero. O autor acredita que as CEBs não somente se dirigiam contra o nacionalismo de um Estado de Segurança Nacional, representado pelo Governo Militar, que teria excluído a sociedade civil e as pessoas da participação política, mas também fazia frente a um nacionalismo econômico que enxergava o desenvolvimento do país só pelo crescimento do produto interno bruto (PIB) e ainda ao elitismo e estatismo do populismo brasileiro tradicional.

Nesse novo discurso político, na visão do autor, "o povo" serve tanto ao princípio da autodefesa da sociedade contra o Estado, bem como ao princípio da auto-organização da sociedade de forma autônoma ao Estado. O autor enxerga, nessa perspectiva, uma semelhança ao princípio da organização da solidariedade que se difundiu na Polônia nos anos de 1980. Emergiria, nesse contexto, o conceito de sociedade civil como um espaço político autônomo do Estado (CASANOVA,1994, p. 131).

Todavia, esse processo ativo da Igreja Católica é, de certa forma, recuado, explica Casanova, quando um projeto conservador de restauração é capitaneado pelo Papa João Paulo II e por Joseph Ratzinger, prefeito da Congregação Sagrada para a Doutrina da Fé. A partir dali, as orientações eram para que padres e agentes pastorais se concentrassem em deveres pastorais, deixando a esfera política; houve censura e suspensão de teólogos e clérigos progressistas; ocorreu uma tentativa de cooptar, temperar e espiritualizar o discurso da teologia da libertação e as práticas da base das comunidades cristãs; além disso, o Vaticano buscou recuperar controle centralizado da Conferência Nacional dos Bispos por meio da nomeação de bispos conservadores e moderados, características que, segundo Casanova, colaboraram para a privatização do catolicismo (CASANOVA,1994, p. 133).

Outros autores também destacam o esvaziamento do papel das CEBs no Brasil, sendo que a partir dela diversos outros movimentos sociais passaram a surgir, como sindicatos, partidos políticos e organizações não governamentais. Em paralelo a isso, o país viu crescer o protestantismo evangélico, o espiritismo e as religiões de matriz africana. Apesar disso, Casanova (1994) acredita que a igreja católica brasileira ainda pode ser ou pode se tornar a voz dos excluídos, aqueles cujos interesses e visões não encontram representação institucional. O processo brasileiro, portanto, já na visão de Montero (2006), resultou na presença das religiões no espaço público, com a produção de novas formas religiosas, que se colocam publicamente de forma variável, a depender do contexto em que estão inseridas, e nas mais variadas formas de organização institucional.

Como se pode perceber, no contexto mundial e brasileiro há um crescente movimento da intervenção da religião na esfera pública. Entretanto, neste livro busca-se delinear principalmente a presença das organizações religiosas em atuação paralela ao Estado na execução principalmente de políticas públicas. Hackett (2005) salienta que ainda não é perfeitamente claro o papel que a religião exerce no processo de construção de políticas públicas, mas se observa que a atuação pública da religião dá suporte ao Estado em questões do bem-estar social, primordialmente em temas como educação, social e saúde.

A doutrina norte-americana fornece ricas contribuições ao tema, uma vez que existe uma literatura aprofundada acerca da intervenção da religião em questões públicas, bem como são realizados estudos sobre a atuação das chamadas *faith-based organizations* (FBOs) e *faith-inspired organizations* (FIOs), as quais serão analisadas mais adiante. Naquele contexto, a *First Amendment's Establishment Clause* guia a separação entre Igreja e Estado, com a proibição de o governo estabelecer qualquer religião oficial, bem como favorecer uma religião em detrimento de outra. A discussão sobre o impacto dessa cláusula é ampla, motivo pelo qual aborda-se apenas perspectivas que, de alguma forma, possam colaborar para a construção desta obra.

Gunn (2012) utiliza duas abordagens ideológicas em relação à *Establishment Clause*: a separacionista e a cooperativista. A primeira corrente defende a separação entre religião e Estado, enquanto que a segunda entende ser legítimo ao Estado a promoção da religião e da moralidade religiosa no espaço público. O autor identifica pontos comuns das duas abordagens. Haveria sinergia em questões como a liberdade do indivíduo em escolher sua crença e associar-se com outras pessoas sem a interferência governamental; também em relação ao direito de as pessoas manifestarem suas crenças em público sem a interferência estatal, a não ser em casos extremos. Ainda há concordância em relação ao fato de que o Estado não pode selecionar uma religião (ou religiões) preferidas nem fornecer ajuda financeira ou política a algumas religiões excluindo outras.

Entretanto, Gunn demonstra que essas duas correntes divergem em alguns pontos, principalmente em relação à possibilidade de o governo promover símbolos religiosos, patrocinar atividades religiosas, como a realização de cultos e atividades religiosas em escolas públicas ou órgãos públicos, e também financiar atividades de organizações religiosas, nelas incluídas agências religiosas de serviços sociais e escolas religiosas. Enquanto os separacionistas condenam essas atividades, os cooperativistas são a favor delas.

3.2 A diversidade religiosa e sua influência na constituição das organizações religiosas sob uma perspectiva censitária na teoria de Paula Montero

Assim como o conceito de religião, a definição de diversidade religiosa pode partir de diversos segmentos das ciências humanas. Sendo assim, não é objetivo deste livro apresentar definições teóricas e aprofundamentos nos diversos tipos de manifestação da fé no Brasil. Em atenção aos fins deste estudo, o que se pretende com a abordagem do tema é demonstrar como a diversidade religiosa é um importante fator de impacto na sociedade brasileira, o que consecutivamente impacta no direito e, por si só, faz do tema um assunto relevante.

A abordagem proposta tem como finalidade demonstrar a importância que a legislação brasileira deveria oferecer para as Organizações Religiosas que se traduzem, por meio do ente coletivo, na concretização do que é nomeado de diversidade religiosa. Para atingir tal objetivo, busca-se o marco teórico representado pela antropóloga e professora da Universidade de São Paulo (USP) Paula Montero. A definição do marco teórico se justifica nos elementos utilizados na pesquisa da autora.

Segundo Paula Montero (2020), a diversidade religiosa no Brasil pode ser definida para além dos conceitos teóricos, tendo como elementos de observação os dados do IBGE, as notícias veiculadas na imprensa e a literatura acadêmica sobre o tema. A autora apresenta uma proposição de impacto, o que corrobora com o que se pretende demonstrar com esta obra. A importância dos números estáticos no que tange aos diversos assuntos contemporâneos pode ser percebida por uma análise dos dados censitários, que atualmente ocupam um espaço de destaque, indicando para a sociedade diversos fatores que influenciam na economia, nas políticas públicas e consecutivamente na elaboração da legislação.

A religião é um dos elementos verificados e catalogados nas estatísticas censitárias como forma de demonstrar um retrato demográfico da sociedade brasileira. Sobre o tema, leciona Montero:

> No que diz respeito à categoria censitária "religião", chama nossa atenção que, ao contrário de muitos países, como por exemplo Estados Unidos, Inglaterra, França e Argentina, ela tenha permanecido, com poucas interrupções, uma descritora essencial da dinâmica demográfica brasileira desde o primeiro Censo nacional ainda no período imperial (1870), sem jamais despertar oposição da sociedade. Apesar de constante, foi também um dos indicadores cujas subcategorias internas mais variaram (MONTERO, 2020, p. 341).

É perceptível que a religião chama a atenção por ser um dos elementos de mais destaque entre todos na dinâmica demográfica brasileira. Tal importância tem como base dois indicadores; são eles: desde o período imperial, a religião é posta como um elemento censitário, e isso, até os dias atuais, nunca gerou uma negativa ou rejeição por parte da população, que valida a religião como elemento vigente e arraigado na sociedade brasileira, ou seja, a religião é entendida como parte da vida em coletividade sem nenhum tipo de questionamento pela população, o que demonstra a importância do estudo do tema. O segundo indicador é o fato das modificações sofridas no âmbito da compreensão do elemento religião. Desde o primeiro censo ocorrido no período imperial, no ano de 1870, até a atualidade, merecem atenção as diversas ramificações que vem sofrendo a religião no Brasil, o que configura a diversidade religiosa (MONTERO, 2020, p. 341).

A religião, como elemento censitário, além de manter uma constância dentro da estatística nacional, apresentou um dado que chamou a atenção de diversos segmentos da sociedade: a diversidade religiosa. Observa Montero (2020, p. 342) que um dos segmentos da sociedade que despertou grande interesse sobre esses dados foi a mídia, que passou a utilizá-los para difundir e apresentar a ideia da diversidade religiosa como um problema de interesse público. O fenômeno da diversidade religiosa, com a crescente divulgação na mídia, ganhou destaque e passou a ocupar o palco central de diversas discussões.

A grande questão em torno da diversidade religiosa é que os veículos de imprensa utilizaram dois focos de divulgação. De um lado, ressaltar o declínio da Igreja Católica por meio da perda constante de fiéis; do outro, apontar o crescimento das igrejas evangélicas, que passam a angariar mais e mais aderentes. Sendo assim, percebe-se que a diversidade religiosa traduzida pela mídia deixa de lado outras manifestações da fé existentes no Brasil (MONTERO, 2020).

Sobre o tema, leciona Montero:

> Ao percorrermos o conjunto de manchetes que procuram capturar a atenção do público nesse conjunto de matérias, nota-se a emoção, o tom quase dramático, com que se anuncia o declínio do contingente católico no país. *Chamadas como Proporção de católicos é a menor em quase 140 anos (23/08/2011 ESP), Igreja Católica tem queda recorde e perde 465 fiéis por dia em uma década (30/06/2012 ESP), Nordeste e Sul são os últimos "bastiões" católicos do Brasil (29/06/2012 ESP), ou ainda Católicos passam de 93,1% para 64,6% da população em 50 anos, aponta IBGE (29/06/2012 FSP),* indicam que a diminuição do número de pessoas que se declaram católicas é percebida como uma significativa ruptura com o passado histórico da sociedade brasileira. A marcação temporal nessas manchetes é bem significativa: a magnitude da mudança e sua inexorável aceleração no momento presente é medida por um balizamento temporal – "menor em quase 140 anos", "queda recorde e perde 465 fiéis por dia em uma década" e "64,6% da população em 50 anos". Ainda que as manchetes não tenham lançado mão de nenhum adjetivo para qualificar esse decréscimo populacional, as metáforas relativas à proporção dessa população e à rapidez de seu decréscimo no tempo são suficientes para comunicar ao leitor que, embora os católicos "resistam, essa tendência é inexorável", a sociedade brasileira de amanhã não será mais igual ao seu passado (MONTERO, 2020, p. 345).

Essa observação da autora muito interessa para o desenvolvimento dos capítulos futuros, pois se percebe que a narrativa apresentada pela mídia de certa forma incentivou a criação de igrejas por todo país ao demonstrar o crescente declínio da Igreja Católica. Nota-se uma popularização da instituição de novas religiões por meio das notícias veiculadas. Essa conclusão pode ser apresentada tendo como base o resultado censitário do ano de 2000, que deu destaque à diversidade religiosa por meio da divulgação do resultado censitário no ano de 2002. A crescente de outras vertentes religiosas culminou na alteração do Código Civil Brasileiro, por meio de forte pressão, no ano de 2003, que instituiu as Organizações Religiosas como pessoa jurídica de direito privado. O grande problema não é a instituição de novas religiões, o declínio de uma ou a crescente de outra; a grande questão é que o direito brasileiro se quedou de regular especificamente as Organizações Religiosas (MONTERO, 2020, p. 341).

Corroborando as ideias acima apresentadas, é preciso trazer à baila a reportagem publicada pelo Instituto de Ciências Humanas da UNISINUS (2017), que noticiava, no ano de 2017, que "a cada hora surgia uma organização religiosa diferente no Brasil". Essa crescente apresenta reflexos negativos sobre o instituto, pois começa a se questionar a fidedignidade dessas organizações, bem como torna o regime jurídico um tema espinhoso e difícil de se tratar. A banalização do tema e a ausência de regulamentação específica coloca o direito frente a um grande dilema: em um país denominado diversificado do ponto de vista religioso, que possui diversas denominações diferentes, qual a diferença entre Igreja e Organizações Religiosas?

Percebe-se que a diversidade religiosa no Brasil encampa muito mais do que matrizes de religiões diversas; ela possibilita a formação de um retrato demográfico do país que, a todo tempo, chama a atenção do legislador para a necessidade de regular o tema de forma específica e correta, para fazer valer o direto à liberdade religiosa. Montero (2020) também apresenta dados que permitem concluir que o Brasil é de fato um país que tem, como característica, a pluralidade de crença, senão vejamos:

> Associadas a essa retórica dos grandes números, as matérias também reiteram, como uma *curiosidade* que vale a pena conhecer, a distribuição geográfica dessas maiorias. Assim, ficamos sabendo que o "Piauí é o Estado que *concentra* a maior proporção de católicos" (ESP 29/06/12), "Rondônia o *mais* evangélico" (FSP 29/06/2012), que o Rio de Janeiro "é o estado que *lidera* o declínio católico e o avanço evangélico e dos sem religião" (ESP 01/11/2018), que "Palmelo, [em Goiás], tem a *maior proporção* de espíritas" (ESP 29/06/2012), que o Censo de 2010 "derrubou o *mito* de que a Bahia é o Estado da Umbanda e Candomblé" (ESP 29/06/2012), que o Chuí *lidera* nas estatísticas dos "moradores que se declaram sem religião" (ESP 29/06/2012; FSP 15/07/2012), e que o Estado do Rio Grande do Sul "chama atenção

no país por reunir os municípios com maior *concentração* relativa de católicos, evangélicos, umbandistas e candomblecistas, além de pessoas sem religião" (FSP 29/06 2012).

(...)

A manchete sobre a Bahia é a mais reveladora dessa percepção, ainda que a contradiga: a notícia de que o Censo de 2010 teria derrubado o *mito* de uma *maioria* afro religiosa nesse Estado. Esse dado confrontaria o senso comum que associa as religiões afro-brasileiras à cultura/identidade da população negra. Rio Grande do Sul é destacado como um estado particular, quando comparado aos outros, em razão de sua grande heterogeneidade religiosa: ele é o único a reunir municípios que concentram maiorias relativas de católicos, evangélicos, religiões afro e sem religião (MONTERO, 2020, p. 346).

Uma vista da diversidade religiosa sob a perspectiva da maioria e das características de concentração Brasil afora comprovam a necessidade imediata de regulação do tipo jurídico Organizações Religiosas. Sendo assim, um dos grandes elementos que reforçam a necessidade de regulamentação do tema é a própria pluralidade de crença presente de forma patente na sociedade brasileira.

O Brasil é considerado um país que possui diversas matrizes religiosas, e a crescente divulgação dos dados censitários promove a ideia de queda e ascensão de determinadas comunidades religiosas, servindo como elemento influenciador para a criação de tipos diversos de Organizações Religiosas, o que cristaliza a realidade ontológica desse ente coletivo. Esse elemento é importante, pois não serão todas as vertentes religiosas firmadas como organizações que terão a mesma estruturação de grandes entes religiosos, o que pode figurar como um obstáculo ao exercício de seu objeto.

Outro ponto que merece destaque é que os dados censitários sobre diversidade religiosa trabalhados pela mídia, como demonstra Montero (2020), acabam entrelaçando a religião com a política. A utilização dessa concepção, principalmente de um instituto não regulamentado, pode ser muito prejudicial. A partir do momento que a concepção de maioria religiosa se liga à concepção de maioria política ocorre uma instrumentalização da religião que afeta diretamente a pessoa jurídica de direito privado do tipo Organizações Religiosas:

Assim, ainda que as maiorias políticas não possam ser consideradas resultantes automáticas das maiorias demográficas, percebe-se que a reiterada afirmação sobre o crescimento numérico dos evangélicos nessas reportagens, evoca e consolida a imagem dessa equivalência. "No Brasil, o Censo 2010 mostrou que o número de evangélicos continua *avançando*, enquanto o de católicos perde *peso*", informa notícia do Estado de São Paulo (29/06/2012, grifos nossos), enquanto a Folha destaca que "(...) os evangélicos representam hoje o dobro do que eram há dez anos. Já a Igreja católica, que continua sendo *a maior* do país, viu sua *influência* cair" (08/05/2002 FSP, grifos nossos). De um lado, a escolha de expressões tais como "perder peso", "avançar", "influência", para descrever a evidência numérica do crescimento evangélico, implicitamente associa a imagem de sua densidade populacional à figura de uma maioria política. De outro, a mudança nessas proporções se associa, nessa narrativa, às incertezas suscitadas pelos ainda inexplícitos interesses ou valores dessas potenciais novas maiorias demográficas. Alguns entrevistados, como o pastor luterano Nestor Paulo Fredrich, vocalizam esse desconforto afirmando que "(...) criou-se no imaginário brasileiro um senso comum superficial de que o segmento evangélico está aí para a exploração da boa fé do povo. Embora isso até possa ter base de realidade, a questão é mais complexa. Não se pode generalizar" (FSP 31/10/2017). (MONTERO, 2020, p. 347).

Ao se compreender as Organizações Religiosas como uma realidade ontológica, promotora da diversidade religiosa e não devidamente regulada pelo ordenamento jurídico brasileiro, colocamos um importante instituto jurídico em risco, qual seja: a liberdade religiosa. Essa descrença popular que recai sobre as Organizações Religiosas somada às dificuldades de formalização dessas, por conta dos embaraços jurídicos, viola diretamente a liberdade religiosa prevista na Constituição Federal. Aspectos formais de registro, tributários, obrigacionais, liberdade de exercício, punição de seus membros gestores, entre outros assuntos, são completamente afastados, compondo uma espécie de zona cinzenta que recai sobre o tema.

Ademais, dentro do processo de reflexão acima apresentado não se pode deixar de trazer à tona a população que se declara como "sem religião" (MONTERO, 2020). Esse é um indicativo importante, pois é justamente nesse percentual que irá se reforçar ainda mais a necessidade de regulação específica para o tipo jurídico Organizações Religiosas:

Já a população dos sem religião, embora retratada como uma "minoria absoluta" (ESP 29/06/2012), recebeu enorme atenção da imprensa em razão de seu crescimento de "70% em vinte anos". Além de ser uma novidade para uma sociedade como a brasileira, em que as religiões são muitas e sempre consideradas virtuosas, a rapidez de seu crescimento recente impressionou, foi muitas vezes mencionada e exigiu explicações. Reverbera nas manchetes uma certa ansiedade com relação à antecipação de um futuro sem religião. Apoiadas em entrevistas com religiosos e acadêmicos, as reportagens se apressam a esclarecer que "a religião não vai acabar" (colunista Hélio Schwartsman FSP 18/08/2011) e que as "pessoas que se dizem sem religião não são necessariamente ateias" (PF da PUC/SP Frank Usarski FSP 13/12/2015), que "não ter religião não significa, necessariamente, falta de religiosidade" (antropólogo Ronaldo de Almeida FSP 14/12/2003) e ainda que "declarar-se sem religião não significa, necessariamente, a rejeição à fé" (Pastor Nestor Paulo Friedrich FSP 31/10/2017) (MONTERO, 2020, p. 350).

A ideia de um futuro sem religião rapidamente torna-se distante a partir do momento em que a autora apresenta a informação de que muitos brasileiros e brasileiras não possuem uma religião oficial, mas exercem, em certa medida, sua religiosidade. Esse dado é importante pelo fato de que muitos desses "sem religião" terão apoio para o exercício de sua religiosidade em um ente coletivo cujo vínculo é a fé e que implementa na sociedade atividades que vão além do culto e da liturgia. Percebe-se que uma forte tendência da sociedade brasileira não é acabar com a religião, mas ramificar ainda mais a religiosidade entre as diversas matrizes, o que, uma vez mais, destaca a importância para a regulamentação das Organizações Religiosas.

Essa tendência, segundo Montero (2020), chama a atenção dos estudiosos do tema que possuem a intenção de estudar e decodificar o fenômeno da diversidade religiosa com o intuito de categorizar religiões por meio da identificação de uma nova forma de "culto", porém os dados censitários enumeram igrejas:

> Muito do modo como os jornais comentaram a diversificação religiosa e não religiosa nos Censos se apoiou em comentários e resultados de pesquisa dos especialistas. Assim, é importante voltarmos agora nossa atenção para o modo como esses pesquisadores colaboraram com o IBGE na produção desses números. Veremos que o problema de *como categorizar religiões* tornou-se o eixo central do debate entre os estudiosos e também motivo de tensão entre as instituições. Os pesquisadores estavam preocupados em capturar o fenômeno da

diversificação religiosa e emergência de novos "cultos". Mas, como veremos a seguir, os modos de recensear enumeravam "igrejas" (MONTERO, 2020, p. 353).

Esse ponto do estudo de Montero (2020) muito interessa para o desenvolvimento desta obra. Essa realidade censitária não apresenta um dissenso apenas aos olhos dos pesquisadores da antropologia. Os pesquisadores do direito também são impactados por essa mistura conceitual. Essa sinonímia existente entre religião e igreja (MONTE-RO, 2020) também se estende ao direito, que não separa tecnicamente os conceitos de Igreja, Templos de qualquer culto, Entidades Eclesiásticas, Organizações Religiosas e Associações Privadas. Percebe-se que essa confusão conceitual promove enormes barreiras no direito, dificultando a definição e diferenciação jurídica dessas entidades, configurando-se um problema para além das Ciências Humanas.

Na busca pela compatibilidade dos dispositivos legais com os preceitos expressos na Constituição Federal, percebe-se que entender Religião como sinônimo de Igreja pode deixar de fora importantes matrizes religiosas que imprimem a demografia diversa do Brasil. Tal situação acaba por refletir na conceituação e instrumentalização de uma Organização Religiosa que passa a ser entendida sempre como igreja, sendo que poderá ter um escopo que vai além do culto e da liturgia.

Percebe-se que, do ponto de vista jurídico, enquanto perdurar a sinonímia existente entre Religião e Igreja não será plena e efetiva a liberdade religiosa no Brasil. Montero (2020, p. 361) leciona que os pesquisadores das Ciências Humanas, a partir da década de 1990, começam a se debruçar sobre os resultados censitários para apresentar a interpretação do fenômeno diversidade religiosa sob uma perspectiva do campo religioso, considerando a diversidade religiosa como um fato político e jurídico:

> Talvez por essas características o modelo teórico de *campo religioso* e não o de *pluralismo* tenha se tornado a forma consagrada nos estudos acadêmicos que se seguiram às evidências censitárias sobre a configuração da diversidade religiosa. Na literatura sobre o pluralismo, a diversidade é tratada como um fato político e jurídico. Trata-se, de um modo geral, de responder às tensões provocadas pela diversificação moral e examinar as experiências legais das minorias religiosas (Durham e Thayer, 2019). A descrição da diversidade religiosa em termos de *campo*

religioso enfatiza, ao contrário, a comparação das religiões entre si sem colocar na equação o problema da diversidade das religiões quando elas se posicionam na esfera pública (...) (MONTERO, 2020, p. 365).

Essa compreensão da diversidade religiosa como um fato político e jurídico deve ser somada a um outro fator apresentado por Montero (2020). A autora elucida que a diversidade religiosa no Brasil deve ser interpretada levando em consideração as diversas religiões existentes na sociedade bem como a transição de pessoas entre uma religião e outra. Essa interpretação do campo religioso apresenta ao direito uma importante informação: o "trânsito religioso" como promotor da destradicionalização e desinstitucionalização:

> Seguindo os passos de Sanchis, Teixeira (2013b, p. 22) reafirma que o *campo religioso* brasileiro estaria deixando de ser regido por estruturas sólidas e reguladoras, tornando-se cada vez mais fluido e pontuado por relações menos rígidas e totalizantes entre fiéis e instituições religiosas. Apesar de as noções de destradicionalização e desinstitucionalização – assim como as de mobilidade e circulação – destacarem a fluidez, os dinamismos e as rupturas com os vínculos identitários e modos de pertencimentos historicamente constituídos no Brasil, parece-nos que a recorrência ao uso acrítico e naturalizado da ideia de um *campo religioso* como um espaço onde os atores se movem entre as religiões ou como alternativas que se oferecem para sua escolha, acaba por reificar as fronteiras institucionais e restringir a análise aos limites das relações e práticas inter e intrarreligiosas. Ao mesmo tempo, como veremos a seguir, o uso quase naturalizado da noção de campo circunscreve o debate do pluralismo à diversidade das religiões e às relações que elas mantêm entre si (MONTERO, 2020, p. 363).

A destradicionalização e a desinstitucionalização promovem a fluidez das estruturas religiosas sólidas, ou seja, demonstram que o brasileiro não segue mais a tendência de ser fiel única e exclusivamente a uma instituição religiosa. Esse ponto da diversidade religiosa muito interessa ao direito, pois é perceptível uma forte tendência de simplificação da manifestação da fé, ou seja, a não necessidade de filiar-se ou instituir robustas instituições religiosas. Esse é o ponto em que pousa a urgente necessidade de se diferenciar Igreja de Organização Religiosa, pois cada vez mais existirá uma forte tendência social em instituir ente coletivo de vertente religiosa da forma mais simplificada possível.

O grande ponto de atenção para a implementação da pessoa jurídica de direito privado de vertente religiosa é que – para que o instituto alcance seu objetivo finalístico de garantidor da liberdade religiosa e promotor do direito constitucional de associação – o mundo jurídico saiba o que é uma igreja, o que é uma organização religiosa, quais atividades elas podem desenvolver, quais as intervenções estatais podem ser realizadas. Com o movimento da destradicionalização e desinstitucionalização, o direito precisa apresentar elementos básicos para a configuração jurídica do ente coletivo de vertente religiosa, vez que sua existência real é patente.

Essa urgente necessidade é constatada pelos números publicados pelo censo demográfico do ano de 2010, atualizado pela última vez no ano de 2012. Segundo o IBGE (2012), em um total de 190.755.799 (cento e noventa milhões, setecentos e cinquenta e cinco mil e setecentos e noventa e nove) brasileiros, 14.595.979 (quatorze milhões, quinhentos e noventa e cinco mil e novecentos e setenta e nove) se declaram como sem religião. Logo, é perceptível a forte influência da religião na população brasileira.[35]

Com base nos mesmos dados censitários é possível apurar que existem listadas, atualmente, no Brasil, 46 (quarenta e seis) matrizes religiosas. Chama-se atenção para o fato elucidado por Montero (2020) de que o censo demográfico de 2010 contabilizou igrejas, e não novos cultos. Sendo assim, para os fins desta obra, considerar-se-á que no Brasil existem 46 (quarenta e seis) religiões oficiais, ou seja, catalogadas.

Dentre as religiões catalogadas pelo censo demográfico de 2010 é possível enumerar, com base no percentual de aderentes, as quatro principais vertentes religiosas no Brasil. A Religião Católica Lidera o *ranking*, seguida pela Religião Evangélica, pela Religião Espírita e pelas Religiões Afro-brasileiras. Essa observação será levada em consideração no capítulo 4, em que se analisará a situação jurídica das Organizações Religiosas vinculadas às principais Religiões do Brasil. Ressalta-se que os dados do IBGE subdividem

---

[35] Dados extraídos da plataforma SIDRA, 2012. Disponível em: https://sidra.ibge.gov.br/pesquisa/censo–demografico/demografico-2010/inicial

as grandes matrizes religiosas em segmentos diferenciados, o que se passa a analisar:

Tabela 01: Religião Católica

Religião Católica	
Segmento religioso	Número de brasileiros
Católica Apostólica Romana	123.280.172
Católica Apostólica Brasileira	560.781
Católica Ortodoxa	131.571

Fonte: Censo demográfico de 2010 (atualizado em 2012).

Tabela 02: Religião Evangélica

(continua)

Religião Evangélica	
Segmento religioso	Número de brasileiros
Evangélicas de Missão	7.686.827
Evangélicas de Missão – Igreja Evangélica Luterana	999.498
Evangélicas de Missão – Igreja Evangélica Presbiteriana	921.209
Evangélicas de Missão – Igreja Evangélica Metodista	340.938
Evangélicas de Missão – Igreja Evangélica Batista	3.723.853
Evangélicas de Missão – Igreja Evangélica Congregacional	109.591
Evangélicas de Missão – Igreja Evangélica Adventista	1.561.071
Evangélicas de Missão – outras	30.666
Evangélicas de origem pentecostal	25.370.484
Evangélicas de origem pentecostal – Igreja Assembleia de Deus	12.314.410
Evangélicas de origem pentecostal – Igreja Congregação Cristã do Brasil	2.289.634

(conclusão)

Religião Evangélica	
Segmento religioso	Número de brasileiros
Evangélicas de origem pentecostal – Igreja O Brasil Para Cristo	196.665
Evangélicas de origem pentecostal – Igreja Evangelho Quadrangular	1.808.389
Evangélicas de origem pentecostal – Igreja Universal do Reino de Deus	1.873.243
Evangélicas de origem pentecostal – Igreja Casa da Benção	125.550
Evangélicas de origem pentecostal – Igreja Deus é Amor	845.383
Evangélicas de origem pentecostal – Igreja Maranata	356.021
Evangélicas de origem pentecostal – Igreja Nova Vida	90.568
Evangélicas de origem pentecostal – Evangélica renovada não determinada	23.461
Evangélicas de origem pentecostal – Comunidade Evangélica	180.130
Evangélicas de origem pentecostal – outras	5.267.029
Evangélica não determinada	9.218.129
Igreja de Jesus Cristo dos Santos dos Últimos Dias	226.509
Testemunhas de Jeová	1.393.208

Fonte: Censo demográfico de 2010 (atualizado em 2012).

Tabela 03: Religião Espírita

Religião Espírita	
Segmento religioso	Número de brasileiros
Espiritualista	61.739
Espírita	3.848.876

Fonte: Censo demográfico de 2010 (atualizado em 2012).

Tabela 04: Religiões Afro-Brasileiras

Religiões Afro-Brasileiras	
Segmento religioso	Número de brasileiros
Umbanda	407.331
Candomblé	167.363
Outras declarações de religiosidades afro-brasileiras	14.103

Fonte: Censo demográfico de 2010 (atualizado em 2012).

As tabelas apresentadas demonstram as religiões de maior expressividade no Brasil, bem como a diversificação existente em cada uma das vertentes elencadas pelo censo. Das quatro maiores Religiões oficiais, a que mais chama atenção é a Religião Evangélica que possui, em comparação com as outras duas Religiões, o maior número de descentralização. Dentre as 46 (quarenta e seis) Religiões oficiais catalogadas, 24 (vinte e quatro) são de matriz evangélica (Igrejas Evangélicas).

Esse número é expressivo, principalmente, pelo fato de que cada uma dessas vertentes religiosas implementará suas atividades por meio da constituição de uma pessoa jurídica de direito privado não devidamente regulamentada pelo direito civil brasileiro. Cada uma das frentes religiosas apresentadas realizará, no exercício de suas atividades, funções típicas e atípicas, complicando, ainda mais, a confusão conceitual existente entre igreja, organização religiosa e associação privada. Isso sem levar em consideração as Religiões oficiais, que são minoria de acordo com os dados censitários, mas que também se configuram por meio do exercício da personalidade jurídica. Como Religiões minoritárias no Brasil podem ser citadas o Judaísmo, Hinduísmo, Budismo, Novas Religiões Orientais, Igreja Messiânica Mundial, Islamismo, Tradições Exotéricas e Tradições Indígenas.

Os dados censitários são extremamente reveladores e chamam a atenção do direito para a necessária regulação do ente coletivo de vertente religiosa, uma vez que o silêncio da lei acaba violando o pleno exercício da pluralidade e liberdade religiosa. Não ter preceitos mínimos para definir o que é uma organização religiosa, bem como para afirmar a divergência conceitual – Igreja *versus* Organização Religiosa – apresenta uma ameaça para esse ente coletivo, que passa a receber uma estrutura jurídica de associação por imposição da jurisprudência, e não da legislação, o que viola o sistema jurídico de regulação da personalidade jurídica no direito brasileiro.

3.3 Organizações religiosas ou associações privadas de cunho religioso?

As Organizações Religiosas foram inseridas no Código Civil Brasileiro (CCB) no ano de 2003. A Lei nº 10.825 modificou o artigo 44 do CCB, que passou a vigorar com uma nova redação que aumentou os tipos de pessoa jurídicas no direito privado brasileiro. As Organizações Religiosas surgem no direito brasileiro juntamente com a figura dos Partidos Políticos. A grande diferença? Estes foram inseridos no artigo 44 e possuem lei própria que os regulamenta há, pelo menos, cinquenta anos; aquelas foram inseridas e deixadas à deriva pelo legislador pátrio. Ou seja, houve o reconhecimento do tipo Organizações Religiosas como pessoa jurídica de direito privado, mas não houve a regulação do tipo; não foi concedida, ao ente coletivo, uma forma própria.

O Código Civil de 1916 regulava as Organizações Religiosas como pessoa jurídica de direito privado do tipo Sociedades Religiosas. Com o advento do Código Civil de 2002, o legislador deixou de lado essa tipificação não contemplando, no artigo 44, o tipo Sociedade Religiosa ou Organizações Religiosas. Antes da Lei nº 10.825/2003 eram consideradas pessoas jurídicas de direito privado apenas as Associações, as Fundações e as Sociedades Empresárias. É nesse momento que surge a problemática que pousa sobre esse tema, pois o CCB não contempla o tipo Sociedades Religiosas e nem o tipo Organizações Religiosas; simplesmente o legislador ignorou o ente coletivo de vertente religiosa.

As Organizações Religiosas sempre foram identificáveis na realidade da sociedade brasileira, o que será demonstrado no capítulo 4, prova disso é sua tipificação no Código Civil de 1916. Ontológica e institucionalmente, o ente coletivo de vertente religiosa sempre existiu. A existência não contemplada de forma correta pela legislação fez surgir a tese de que essas organizações eram um tipo de Associação de cunho religioso e, por isso, deveriam se submeter às regras de regulação de uma Associação.

Sobre esse tema, dissertou Miguel Reale em seu artigo o Código Civil e as Igrejas:

> (...) Pois bem, tenho recebido questionamentos quanto à aplicação às entidades de caráter religioso das normas do atual Código Civil sobre *associações*, entendidas estas, conforme Art. 53, as que se constituem "pela união de pessoas que se organizem para fins não econômicos". Além disso, há o parágrafo único do Art. 62, pelo qual "a fundação somente poderá constituir-se para fins religiosos, morais, culturais ou de assistência". A determinação constitucional de que as entidades estatais não devem "embaraçar" os cultos religiosos e seu funcionamento deve ser entendida *cum grano salis*, mesmo porque o citado Artigo 19, Inciso I da Carta Magna ressalva "a colaboração de interesse público" entre o Estado e as Igrejas.
>
> As Igrejas não são associações civis, pois se constituem livremente de conformidade com os fins que lhes são próprios e decorrem de seus atos constitutivos autônomos. Ressalvada essa independência, é de "interesse público", porém, que haja autênticas associações civis empenhadas na realização de fins religiosos, as quais não podem ser dominadas por um grupo minoritário que delas se sirva em benefício próprio. A bem ver, que é que o Código Civil exige das associações? Que elas sejam livremente constituídas, independentemente de autorização, desde que haja liberdade de associar-se, com clara determinação dos direitos e deveres comuns, devendo ser indicadas as suas fontes de recursos para sua manutenção.
>
> Quanto à sua administração, o Art. 59 estatui que caberá à assembleia geral dos associados eleger os seus dirigentes, a fim de que grupos privilegiados não se eternizem nas posições de mando. Essa eleição não exclui a constituição de órgãos especiais de conformidade com os objetivos visados, obedecidas as exigências próprias de cada entidade.
>
> O Código Civil, ao disciplinar a vida das associações e das sociedades, inclusive das empresas, tem por finalidade "democratizá-las", respeitando-lhes sua necessária autonomia. Também empresas há que se queixam de certas limitações estabelecidas pela nova Lei civil, mas, como salienta o grande jurista Arnoldo Wald, com suas normas "institui-se uma verdadeira democracia empresarial que deve corresponder à democracia política, vigorante em nosso país".
>
> Essa diretriz é extensível a todos os tipos de associações, inclusive as de fins religiosos, sendo, porém, excluídas das determinações do Código as Igrejas como tais, sujeitas apenas às normas fundantes e estruturais

CAPÍTULO 3
A PESSOA JURÍDICA DE DIREITO PRIVADO AMORFA: ORGANIZAÇÕES RELIGIOSAS OU ASSOCIAÇÃO PRIVADA? | 155

de cada culto. Ficam assim preservadas as peculiaridades das Igrejas no que se refere ao seu livre funcionamento. No concernente às fundações instituídas para fins religiosos, elas só podem se beneficiar com os mandamentos do Código Civil, ao exigir este que seu instituidor lhes faça dotação especial de bens livres, com precisa indicação de seus objetivos. Além disso, aqueles, a quem o instituidor, por testamento ou escritura pública, cometer a aplicação do patrimônio por ele outorgado, deverão elaborar o respectivo estatuto, com os órgãos necessários a seu fiel adimplemento.

Tudo deve ser feito, em suma, para que a plena autonomia dos cultos religiosos se desenvolva em consonância com os objetivos éticos da sociedade civil (REALE, 2003, p. 288 – 289).

O problema é que na vigência do diploma civil anterior era previsto tipo próprio para tais organizações, tipo esse distinto de uma Associação. Isso significou uma profunda modificação no regime de organização interna do ente coletivo, o que gerou uma grande pressão sobre o Poder Legislativo para considerar a modificação do artigo 44 e incluir as Organizações Religiosas como um tipo próprio de pessoa jurídica de direito privado. Esse tema será tratado de forma aprofundada no capítulo 5.

Nessa perspectiva, segundo Paulo Gouvêa, Deputado Federal que idealizou o projeto de lei de alteração do artigo 44 do CCB, as Organizações Religiosas e os Partidos Políticos encontravam-se em um limbo jurídico diante da omissão do legislador:

A edição da lei nº 10.406/02, Código Civil, trouxe em seu bojo profundas alterações na matéria concernente às igrejas e aos partidos políticos, que no código anterior eram classificadas como pessoa jurídica de direito privado, perfeitamente identificadas, a primeira no inciso I do artigo 16, como sociedade religiosa, o segundo como pessoa jurídica independente e especial, no inciso III do mesmo artigo, estando a questão até então pacífica e sem controvérsia.

O novo código admitiu apenas ter tipos de pessoa jurídica de direito privado, artigo 44, a saber, associação, sociedade e fundação.

A partir da sua vigência os partidos políticos e as igrejas, bem como suas entidades mantenedoras, entraram numa espécie de limbo jurídico/legal, na lei civil, porque não podem ser associação, já que não se enquadram na definição legal do artigo 53, pois não tem fins econômicos *strito sensu*.

Não podem também serem sociedades, porque a definição do artigo 981, as afasta totalmente daquela possibilidade. Resta para as igrejas serem consideradas fundações, pois assim permite o artigo 62, ocorre, porém, que a instituição de uma fundação tem que seguir, além das normas do atual código, mais a lei específica que trata daquelas organizações, cujas normas inviabilizam, para as igrejas, sua instituição (GOUVÊA, 2003).

Sobre a Lei nº 10.825/03, leciona Silvio de Salvo Venosa:

(...). Mormente as instituições religiosas, tanto as tradicionais como as arrivistas, não comprometidas verdadeiramente com a Fé, continuarão a gozar dos mesmos benéficos, benesses e privilégios legais e se manterão herméticas e obscuras em suas administrações, como sempre demonstrou a história. O dedo corporativo se mostrara evidente a iniciativa e no espírito dessa nova disposição legal. Talvez o limbo a que o relator do Projeto textualmente se referiu não seja exatamente aquele por ele descrito, mas meros interesses corporativos subjacentes. Ademais, frise-se, quando se falava em eleição da assembleia geral, nuca havia de se entender como a assembleia de fiéis a determinada igreja, corpo social sem reflexos jurídicos, mas assembleia daqueles que efetivamente participam como sócios. A justificativa do projeto batalhou, quiçá propositalmente, esses conceitos elementares. Tudo é no sentido de que existe uma outra axiologia em trono desse fato social, utilizando-se, mais uma vez, dos princípios da teoria tridimensional. Cada um fará seu próprio julgamento sobre a oportunidade e a conveniência dessa nova disposição, a qual, certamente, não aponta para os novos rumos do atual direito social. É conveniente que o tema seja rediscutido (VENOSA, 2014, p. 289).

É exatamente com base nesse segmento que pousa a grande problemática que envolve a tipificação das Organizações Religiosas como pessoa jurídica de direito privado. A não conceituação e correta regulação do ente levam a essa nebulosidade conceitual que torna o tema controverso e instável na doutrina, apesar de pouco se falar na questão. O tópico anterior, ao trabalhar a diversidade religiosa no Brasil e a sinonímia existente entre Igreja e Religião, deixou claro que essas questões, enquanto não abordadas de forma objetiva pelo legislador, continuarão a sustentar posicionamentos que banalizam a pessoa jurídica do tipo Organizações Religiosas.

O fato de o legislador inserir o tipo e não o definir, não publicar uma lei que regule e conceitue o ente coletivo abriu amplo espaço para que a doutrina julgasse desnecessário esse tipo de tipificação. Percebe-se que a omissão legislativa força o estudioso do direito a negar a realidade ontológica e institucional das Organizações Religiosas, o que por si só causa uma crise no sistema de reconhecimento da personalidade jurídica adotado pelo CCB, o que promove reflexos negativos sobre as instituições religiosas.

Um primeiro reflexo que se pode apresentar é que, por conta deste limbo jurídico, muitas instituições religiosas que promovem ações além do culto e da liturgia e possuem um único Cadastro Nacional da Pessoa Jurídica (CNPJ) acabam por seguir a natureza jurídica de uma Associação Privada, vez que é a única forma encontrada para se registrar, pois, como será apresentado adiante, os Tribunais se recusam a registrar uma Organização Religiosa que contenha em seu estatuto atividades além do culto e da liturgia.

Outro reflexo é o fato de que muitas instituições religiosas se registraram como Associação antes da alteração do Código Civil e, mesmo não se enquadrando nesse conceito, vez que são igrejas, mantiveram a natureza jurídica de Associação após a inserção das Organizações Religiosas no rol de pessoas jurídicas de direito privado. Por fim, salienta-se que algumas Organizações Religiosas exercem dois tipos de atividades – culto e liturgia e atividades assistenciais ou atividades voltadas à sua manutenção –, todas em um mesmo CNPJ. A questão é que essa organização terá enquadradas como religiosas apenas as atividades de culto e liturgia. Depois de inserida como pessoa jurídica de direito privado, as Organizações Religiosas continuam sendo negadas até os dias de hoje. A doutrina, a jurisprudência e muitos estudiosos do tema não reconhecem, de forma integral, a personalidade jurídica do ente coletivo. Tudo isso porque não existe, no ordenamento jurídico brasileiro, uma legislação que estipule um conceito para o ente, diferenciando-o do conceito de igreja.

Essa realidade, negada pelo CCB e pelo Ordenamento Jurídico brasileiro, deixa as Organizações Religiosas sem uma forma própria, o que prejudica substancialmente que o ente coletivo implemente o seu objeto social. Atualmente o CCB afirma que a Organização Religiosa existe, reconhece a sua personalidade, mas não lhe concedeu uma forma, ou seja, deixou-a inoperante. Contudo, como o ente coletivo existe na realidade, a jurisprudência, a doutrina e o direito notarial precisaram encontrar uma saída regulatória para a sua formalização, uma vez que a negativa à sua implementação fere o art. 19, inciso I da Constituição Federal e o próprio parágrafo 1º do artigo 44 do CCB.

A saída encontrada foi considerar que as Organizações Religiosas devem seguir o modelo de estruturação, desenvolvimento, registro e prática de uma Associação Privada, como se fosse uma Associação de cunho religioso. Essa sistemática é uma afronta direta e clara ao artigo 44 do CCB. O tipo Associação de cunho religioso não existe no direito brasileiro. Enquadrar uma Organização Religiosa como Associação Civil de cunho religioso configura uma crise sistêmica da personalidade jurídica dentro do direito brasileiro, uma vez que se usa um tipo de pessoa jurídica não previsto no CCB (Associação de cunho religioso) para dar forma a um tipo que possui previsão no CCB (Organização Religiosa), mas que não possui regulação específica.

Essa crise sistêmica provocada pela confusão de denominação pode ser encontrada na jurisprudência:

> **Dúvida – Registro civil de Pessoas Jurídicas – 1º Oficial de Registro de Títulos e Documentos e Civil de Pessoa Jurídica da Capital de São Paulo – Igreja Evangélica Verbo da Vida São Paulo – Chácara Santo Antônio – Esdras da Silva – Vistos.** Trata-se de dúvida suscitada pelo Oficial do 1º Registro de Títulos e Documentos e Civil de Pessoa Jurídica da Capital, a requerimento de Igreja Evangélica Verbo da Vida São Paulo Chácara Santo Antônio, após negativa em registrar Ata da Assembleia de Constituição da Entidade. O Oficial entende que deve constar no estatuto a antecedência e a forma de materialização do edital de convocação para as assembleias; o modo de instalação e deliberação da assembleia geral; os requisitos para recomposição dos órgãos diretivos em caso de renúncia, falecimento ou destituição; as condições para destituição de administradores e para a dissolução social da entidade e a forma de aprovação das contas da entidade. *Aduz que o entendimento na jurisprudência paulista é no sentido de que a "liberdade de organização é restrita às finalidades de culto e liturgia, porém, quanto ao cumprimento das exigências legais, não há previsão de dispensa". Juntou documentos às fls. 06/87. Foi apresentada impugnação às fls. 93/96, com documentos à fls. 97. Aduz o representante da Igreja que o Código Civil concede liberdade e autonomia para que a organização religiosa se organize da forma que melhor incorpora seus princípios, conforme art. 44, §1º. Alega que os dispositivos elencados pelo Oficial não dizem respeito às organizações religiosas, mas às associações privadas, o que não é o caso da Igreja.* O Ministério Público, às fls. 103/105, opinou pela procedência da dúvida. É o relatório. Passo a fundamentar e decidir. Primeiramente, cumpre salientar que *a pessoa jurídica não pode ser qualificada como organização religiosa, como consta no art.1º*

CAPÍTULO 3
A PESSOA JURÍDICA DE DIREITO PRIVADO AMORFA: ORGANIZAÇÕES RELIGIOSAS OU ASSOCIAÇÃO PRIVADA? | 159

do estatuto da entidade. Isso se dá, sobretudo, devido à redação do artigo 16, de seu estatuto: "Art. 16. A IEVV poderá, também, instituir centros de treinamento bíblico, escolas, livrarias, orfanatos, abrigos para crianças e adolescentes, abrigos para idosos, centros de reabilitação para dependentes químicos, outras ações de cunho social, além de desempenhar outras atividades meio, tendo sempre como base os fundamentos da Palavra de Deus e os princípios de fé elencados neste estatuto. §1.º Será decidida pela Diretoria da IEVV, sempre em parceria com o MVV, o formato e a natureza jurídica mais adequados para o desempenho das atividades meio acima mencionadas. (...) (Tribunal de Justiça do Estado de São Paulo. Processo 1122828-79.2017.8.26.0100. Grifos do autor).

No mesmo sentido, destaca-se outra decisão do Tribunal de São Paulo:

Ementa: **REGISTRO CIVIL DE PESSOAS JURÍDICAS – Constituição de filial – Expansão das atividades da recorrente para nova localidade – Necessidade de nova inscrição dos atos constitutivos, em atenção à circunstância territorial dos Oficiais de Registro – Pessoa jurídica que, ao lado de serviços religiosos, desenvolve, sem finalidade lucro, outras atividades, algumas delas de natureza econômica – Interessada que não se dedica exclusivamente ao culto religioso e à liturgia – Exclusão de sua qualificação jurídica como organização religiosa – Conformação que se ajusta à figura da associação – Estatuto lacunoso quanto ao prazo de antecedência mínima para fins de convocação de assembleia geral – Ofensa às regras dos arts. 54, V, e 60 do CC – Juízo negativo de qualificação registral confirmado – Procedência da dúvida – Recurso desprovido.**

(...) A Igreja Apostólica Fonte da Vida buscou a inscrição de seu ato constitutivo a fim de qualificar-se como organização religiosa, contudo, o Oficial de Registro recusou essa ordem, entendendo que a igreja teria natureza jurídica de associação, exigindo ajustes no estatuto social. Houve suscitação de dúvida registral, a qual foi julgada procedente. A igreja recorreu dessa sentença. O Conselho Superior da Magistratura negou provimento ao recurso pelos seguintes motivos: baseando-se na doutrina de Paulo Lôbo, foi afirmado que a organização religiosa não pode ter finalidade econômica, uma vez que a liberdade da organização religiosa está limitada às finalidades de culto e liturgia. Se a organização desenvolve outras atividades (como era o caso da apelante), ela não poderá ser incluída no conceito de "organização religiosa" para os fins da Constituição e do Código Civil, já que não é destinada exclusivamente para o culto ou liturgia. Dessa forma, em razão de a apelante exercer atividades econômicas, educacionais e culturais sem fins lucrativos, entendeu-se que ela deveria ser qualificada como associação, mesmo que as práticas fossem voltadas para o fomento da atividade religiosa. Um trecho interessante:

"Ao voltar-se, igualmente ainda que a pretexto de fomentar suas atividades religiosas, ao estabelecimento de escolas e faculdades não confessionais, à promoção de cursos profissionalizantes e outras iniciativas direcionadas ao incremento de políticas sociais básicas de saúde, recreação, esporte, cultura e lazer, a recorrente desnaturou-se como organização religiosa; distanciou-se da melhor compreensão a ser conferida a essa espécie de pessoa jurídica de direito privado.

A recorrente assumiu a condição de associação, ao entregar-se à prestação de serviços, ao desenvolvimento de atividades econômicas (malgrado sem finalidade de lucro, sem fins econômicos) estranhas às religiosas, nada obstante visando ao alcance de seus fins ideais, estatutários, precipuamente (mas não exclusivamente) religiosos, consoante seu estatuto social.

Ora, não se dedica apenas ao culto, à liturgia, e, assim, não se beneficia da liberdade e informalidade positivadas no §1.º do art. 44 do CC, em suma, da desregulamentação advinda da Lei n.º 10.825/2003; não se liberta, enfim, das regras próprias das associações, das exigências que lhes são típicas, impostas pela legislação civil." (Tribunal de Justiça do Estado de São Paulo. Processo 1023847-89.2014.8.13.0024).

A fundamentação do julgado apresentado merece atenção, uma vez que ocupa o palco central da discussão. O entendimento de Paulo Lôbo, se comparado ao que lecionam Pontes de Miranda e Rodrigo Mendes Pereira, faz-se completamente divergente, restando claro que a tese que deve prosperar quando o assunto é a natureza jurídica das organizações religiosas é outra. O que desvirtuaria o conceito de uma organização religiosa seria o desenvolvimento de uma atividade econômica com finalidade lucrativa e sem nenhum escopo religioso. Sobre o tema já lecionava Pontes de Miranda sobre o extinto artigo 16 do Código Civil:

Não são pessoas jurídicas de fins econômicos as que apenas se destinam a expor telas, esculturas, trabalhos de cerâmica, livros, mercadorias, máquinas, se o seu fim não é o lucro. Outrossim, as que têm por fim a distribuição de livros de filosofia política, ou de bíblias, ou de obras religiosas, se não prevalece a indústria de edição, ou o comércio de livros; e as que tem fundo para auxiliar as exposições dos pintores e escultores novos, ou desconhecidos. A mudança de fim é alteração do ato constitutivo e deve ser registrada (art. 18, parágrafo único) (PONTES DE MIRANDA, 2012, p. 424).

Diante do posicionamento de Pontes de Miranda, pergunta-se: onde se encontra a mudança na finalidade da organização religiosa

CAPÍTULO 3
A PESSOA JURÍDICA DE DIREITO PRIVADO AMORFA: ORGANIZAÇÕES RELIGIOSAS OU ASSOCIAÇÃO PRIVADA? | 161

que opta por desenvolver atividades não lucrativas além do culto e liturgia sem escopo de comércio? No mesmo sentido, expõe Rodrigo Mendes Pereira em emissão de Parecer Jurídico sobre o tema:

> (...) ao misturar e confundir a personalidade jurídica da organização com suas finalidades (confundindo normas legais/artigos do Acordo), também não considera as questões históricos-jurídicas sobre a existência, até a inclusão ao CC 2002, de personalidade jurídica própria e específica para as entidades religiosas, que em vez de se constituírem sob a forma de "organização religiosa" eram obrigadas, por falta de opção, a se constituírem sob a forma de "sociedade religiosa" ou "associação religiosa", muitas delas (por exemplo as congregações religiosas) com finalidades mistas "de apostolado, de formação e ação religiosa, social e de educação" (PEREIRA, 2014, p. 2-3).

Não faz sentido o uso da interpretação extensiva do conceito de Associação Privada para implementar um tipo próprio previsto no artigo 44, inciso IV do CCB. A lacuna legislativa que impunha a adoção do tipo "associação religiosa" não mais prevalece no CCB. Toda essa problemática conceitual existe por conta da ausência de uma definição de Organização Religiosa, o que se apresentará nos capítulos seguintes – e que causa um retrocesso no reconhecimento das entidades religiosas.

Percebe-se que o intérprete do direito fica receoso em considerar determinado ente coletivo como uma Organização Religiosa, por conta dos desdobramentos que a tipificação pode ocasionar; um deles é na seara tributária, o que também será tratado adiante. As decisões deixam claro o tratamento sinônimo concedido às Igrejas e as Organizações Religiosas, o que viola a Teoria da Personalidade Jurídica adotada pelo Código Civil brasileiro provocando uma crise no sistema jurídico.

É perceptível a negativa da realidade das Organizações Religiosas na sociedade brasileira pelo legislador, ou seja, todo e qualquer ente coletivo que tenha como vínculo a fé e que promova atividade além do culto e da liturgia sem finalidade lucrativa simplesmente será atirado em um limbo jurídico pelo simples fato de o direito brasileiro não apresentar uma definição correspondente para esse tipo de Pessoa Jurídica. Essa constatação retira toda a aplicabilidade do artigo 44, inciso IV do CCB, tornando o dispositivo uma letra morta, uma anomalia jurídica que expressa um rol não taxativo das pessoas jurídicas de direito privado.

Uma Organização Religiosa não é simplesmente uma Igrej no exercício do culto e da liturgia e não é uma Associação Privada. Não há que se falar de Associação Religiosa no direito brasileiro; essa concepção viola a interpretação teleológica e sistemática do artigo 44 do CCB, trazendo uma das crises da pessoa jurídica lecionada por José Lamartine Corrêa de Oliveira em sua tese "A Dupla Crise da Pessoa Jurídica" (1979).

A ausência de uma natureza jurídica própria torna as Organizações Religiosas uma Pessoa Jurídica amorfa[36] no direito brasileiro. Ou seja, o tipo existe objetivamente na legislação, mas não possui uma forma própria. Não se sabe o que é uma Organização Religiosa do ponto de vista jurídico. O que se sabe é que elas existem na realidade social, apresentam-se com estruturas e objetivos diversos, mas que comungam o mesmo elemento, que é a fé.

Toda essa confusão conceitual oriunda de uma ausência de natureza jurídica do ente coletivo torna perceptível que, quando o assunto é Organizações Religiosas como pessoa jurídica de direito privado, juridicamente não há que se falar na existência do ente, pois o que se percebe, no CCB, é apenas uma objetivação do instituto na lei, o que configura um tipo de pessoa jurídica amorfa, sem forma e sem aplicabilidade. Contudo, ontologicamente as Organizações Religiosas existem, e a prova disso é sua inclusão no rol de pessoas jurídicas de direito privado pelo legislador.

A existência real das Organizações Religiosas, ou seja, a sua existência ontológica, faz com que a discussão sobre o tema ultrapasse as barreiras do direito privado. O direito do terceiro setor, seara do direito em que as Organizações Religiosas são enquadradas, por conta de seu objeto de desenvolvimento, segue uma vertente contrária à apresentada pelo direito privado. Ramo do direito voltado para a regulamentação das atividades da pessoa jurídica de direito privado que exerce atividade não lucrativa com o escopo de

---

[36] Termo utilizado por Suyene Monteiro da Rocha no artigo "Organizações Religiosas: Pessoa Jurídica Amorfa no Código Civil" de 2002. A autora utiliza a expressão como forma de ilustrar a ausência de regulação, a ausência de forma das Organizações Religiosas no direito brasileiro.

CAPÍTULO 3
A PESSOA JURÍDICA DE DIREITO PRIVADO AMORFA: ORGANIZAÇÕES RELIGIOSAS OU ASSOCIAÇÃO PRIVADA?

alcançar uma das finalidades do Estado, o direito do terceiro setor estabelece claramente uma distinção entre Organizações Religiosas e Associação Privada.

É preciso destacar que um dos reflexos dessa dicotomia entre existência real e configuração jurídica leva a discussão se as Organizações Religiosas estariam de fato inseridas na seara do direito do terceiro setor:

> As organizações religiosas foram incluídas no terceiro setor pelo FAS-FIL quanto pelo "Projeto comparativo internacional", embora, frise-se, tenham a finalidade específica e tratamento e identificação individualizados pela Constituição Federal e pelo Código Civil. Por outras palavras: embora as organizações religiosas preencham simultaneamente os cinco requisitos, seu enquadramento ou não no terceiro setor é objeto de discussão, e isto, em virtude da especificidade de sua natureza, de sua regulamentação e de sua finalidade (...) (PEREIRA, 2011, p. 38).

A pesquisa promovida pelo IBGE entre os anos 2006 a 2010 (metodologia revisada nos anos de 2010 e 2013), denominada de Fundações Privadas e Associações Sem Fins Lucrativos (FASFIL),[37] estabelece alguns requisitos que permitem o enquadramento de determinada organização na seara do Terceiro Setor. O autor Rodrigo Mendes Pereira enumera esses elementos da seguinte forma:

i. privadas, não integrantes, portanto, do aparelho do Estado;
ii. sem fins lucrativos, isto é, organizações que não distribuem eventuais excedentes entre os proprietários ou diretores e que não possuem como razão primeira de existência a geração de lucros – podem até gerá-los desde que aplicadas nas atividades fins;
iii. institucionalizadas, isto é, legalmente constituídas;
iv. auto-administradas ou capazes de gerenciar suas próprias atividades; e
v. voluntárias, na medida em que podem ser constituídas livremente por qualquer grupo de pessoas, isto é, a atividade de associação ou de fundação da entidade é livremente decidida pelos sócios ou fundadores (PEREIRA, 2011, p. 36).

---

[37] FASFIL – Fundações Privadas e Associações sem Fins Lucrativos no Brasil. Tem como objetivo o mapeamento do universo associativo e fundacional no que tange, especialmente, à sua finalidade de atuação e distribuiçãoespacial no território b r a s i l e i r o. Disponível em: https://www.ibge.gov.br/estatisticas/economicas/outras-estatisticas-economicas/9023.

Diante dos cinco elementos apresentados pela FASFIL, esta obra adota o posicionamento de que as Organizações Religiosas se enquadram juridicamente no Terceiro Setor. O direito do terceiro setor cuida da observação do ente coletivo de vertente religiosa do ponto de vista de sua efetivação, de sua realidade e, por isso, chama a atenção para o risco de se considerar uma Organização Religiosa como uma Associação Religiosa. São institutos definidos de formas diferentes, que possuem regimes jurídicos diferentes e formas de organização e objetos distintos. A conceituação da forma e do objeto de atuação das Organizações Religiosas é construída pelo direito do terceiro setor levando em consideração o papel e as funções das Organizações Religiosas de forma paralela ao Estado em questões que envolvem tanto o combate a desigualdade social, pobreza, marginalidade, como a promoção à saúde, educação etc.

A expressão Terceiro Setor apareceu, pela primeira vez, na década de 1960 sem uma definição específica, fazendo alusão às agências que promoviam programas de assistência social, institutos típicos do direito norte-americano. No Brasil, o tema só ganhou relevância e difusão na sociedade a partir da década de 1990, pois é com a Constituição Federal de 1988 que se começa a desenhar os primeiros contornos do Terceiro Setor. Das sete constituições que fizeram parte da história do direito constitucional brasileiro, apenas três abordavam aspectos do que hoje é definido como Terceiro Setor (OLIVEIRA; ROMÃO, 2011).

Apesar de alguns autores afirmarem que na Constituição do Império do Brasil (1824) já se identificavam alguns elementos do Terceiro Setor, considerar-se-á que foi a Constituição de 1937 a primeira a estabelecer que a iniciativa privada, com auxílio do Estado, desenvolvesse na sociedade atividades voltadas para a educação, as artes, ciências e cultura, inclusive, na forma de associação. Invocando o Princípio da Solidariedade, é na Constituição de 1937 que o Estado dá o primeiro passo para incluir a iniciativa privada no movimento de responsabilização da melhora da sociedade brasileira (OLIVEIRA; ROMÃO, 2011).

Já a Constituição Federal de 1946, ao estabelecer benefícios fiscais para a iniciativa privada que participa das atividades do Estado, reconheceu publicamente a importância dessas atividades no seio social. Iniciou-se um processo de fomento de atividades de

CAPÍTULO 3
A PESSOA JURÍDICA DE DIREITO PRIVADO AMORFA: ORGANIZAÇÕES RELIGIOSAS OU ASSOCIAÇÃO PRIVADA? | **165**

assistência social e ações que promovessem a educação. Ou seja, os benefícios fiscais oferecidos à iniciativa privada passaram a ser justificados pela responsabilidade por auxiliar o Estado na promoção da educação e da assistência social (OLIVEIRA; ROMÃO, 2011).

Apenas com a Constituição Federal de 1988 que se tornou possível uma definição do que, de fato, poderia vir a ser o Terceiro Setor. A denominada Constituição Cidadã trouxe, em seu bojo, os objetivos gerais do Estado Democrático Brasileiro.[38] Entre os 4 (quatro) objetivos estabelecidos pelo legislador constitucional, aquele que permitiu um melhor delineamento do Terceiro Setor foi a luta contra a pobreza, desigualdade social e marginalização. Esses objetivos passam a ser complementados com os direitos sociais[39] fixados no texto constitucional, o que permitiu a apresentação de um conceito jurídico para o Terceiro Setor, uma vez que a inciativa privada recebe a atribuição direta, do texto constitucional, para auxiliar o Estado com a promoção dos direitos sociais e, consecutivamente, promover os objetivos da República Federativa do Brasil (OLIVEIRA; ROMÃO, 2011).

A Constituição Federal de 1988 reconhece a incapacidade do Estado brasileiro de atender sozinho os objetivos apresentados na Constituição, bem como implementar e promover ações que garantam os direitos sociais; por isso, divide com a sociedade e a com a iniciativa privada a responsabilidade pela erradicação da pobreza, marginalidade, desigualdade e a promoção dos direitos sociais. Identifica-se uma evolução no tratamento do tema pela legislação. Ocorre um aperfeiçoamento dos elementos antes apresentados pelas Constituições de 1937 e 1946, o que possibilitou a efetivação de um conceito para o Terceiro Setor.

Essa efetivação constitucional impulsionou a criação de entidades voltadas para a assistência social, uma vez que a sociedade e

---

[38] "Art. 3º Constituem objetivos fundamentais da República Federativa do Brasil I – construir uma sociedade livre, justa e solidária;
II – garantir o desenvolvimento nacional;
III – erradicar a pobreza e a marginalização e reduzir as desigualdades sociais e regionais;
IV – promover o bem de todos, sem preconceitos de origem, raça, sexo, cor, idade e quaisquer outras formas de discriminação (BRASIL, 1988).

[39] "Art. 6º São direitos sociais a educação, a saúde, a alimentação, o trabalho, a moradia, o transporte, o lazer, a segurança, a previdência social, a proteção à maternidade e à infância, a assistência aos desamparados, na forma desta Constituição" (BRASIL, 1988).

a iniciativa privada começam a reconhecer o seu papel social. Essa movimentação já era corriqueira na Europa e nos Estados Unidos e foi denominada por Lester Salamon (1998) como "Revolução Associativa":

> Crescimento notável vem ocorrendo mundialmente em atividades voluntárias organizadas e na criação de organizações privadas sem fins lucrativos ou não– governamentais. Desde os países desenvolvidos da América do Norte, da Europa e da Ásia até as sociedades em desenvolvimento na África, na América Latina e no antigo bloco soviético, as pessoas estão formando associações, fundações e instituições similares para prestar serviços sociais, promover o desenvolvimento econômico local, impedir a degradação ambiental, defender os direitos civis e procurar realizar inúmeros outros objetivos da sociedade ainda não-atendidos ou deixados sob a responsabilidade do Estado.
>
> O alcance e a escala desse fenômeno são imensos. De fato, está-se no meio de uma revolução associativa global que pode tornar-se tão significativa para o fim do século XX quanto a emergência do Estado-nação o foi para o fim do século XIX. O resultado é um Terceiro Setor global: uma imponente rede de organizações autônomas, não voltadas à distribuição de lucros para acionistas ou diretores, atendendo propósitos públicos, embora localizada à margem do aparelho formal do Estado. A proliferação desses grupos pode alterar permanentemente a relação entre os Estados e seus cidadãos, com impacto muito maior do que os resultados dos serviços para os quais foram criados. Praticamente todos os movimentos sociais nos Estados Unidos, por exemplo, seja por direitos civis, preservação do meio ambiente, direitos do consumidor, da mulher ou aqueles que defendem causas conservadoras, têm suas raízes no Terceiro Setor. O crescimento desse fenômeno é ainda mais marcante dado o declínio simultâneo de formas tradicionais de participação política, como o voto, a filiação partidária e a associação sindical (SALAMON, 1998, p. 5).

Por ser um ramo ainda considerado recente, as definições de Terceiro Setor passam por algumas discussões quanto à sua conceituação. Aristeu de Oliveira e Valdo Romão definem o Terceiro Setor com base na relação com o governo e com o mercado:

> (...) uma conjugação das finalidades do Primeiro Setor com as metodologias do Segundo Setor, ou seja, composto por organizações que visam a benefícios coletivos, embora não sejam integrantes do governo. São de natureza privada, embora não objetivem auferir lucro. As organizações que atuam efetivamente em ações sociais, na busca de benefícios coletivos públicos, que podem ser consideradas como de

utilidade pública, são capazes de auxiliar o Estado no cumprimento de seus deveres, atentando para as desigualdades vigentes no país e a incapacidade do Estado de desempenhar com eficiência as atividades que lhe são atribuídas (OLIVEIRA; ROMÃO, 2011, p. 28).

Já Tomaz de Aquino Resende apresenta uma definição abrangente do Terceiro Setor, levando em consideração o desenvolvimento de atividades sem finalidade econômica:

> (...) pessoas jurídicas de direito privado e sem fins lucrativos que cuidam de interesse restrito a um grupo segmentado da sociedade ou uma reduzida classe de pessoas, também chamadas de benefício mútuo, ou mesmo aquelas em que é inegável o benefício para toda a sociedade, as chamadas de interesse público em sentido lato.
>
> Podem ainda ser consideradas integrantes do chamado terceiro setor algumas entidades que sequer têm atos de constituição registrados, desde associações de pais e mestres, passando por grupos de pessoas vinculados a alguma religião/igreja e até mesmo organizações de grande vulto em questão de interesse público. (...)
>
> Assim, para ser integrante do terceiro setor, legalmente admitido, há que ser pessoa jurídica (registro em cartório) de direito privado, não pode distribuir lucros ou dividendos de qualquer espécie (fins não econômicos) e deve atender ao benefício mútuo de seus integrantes ou ao interesse público (RESENDE, 2019, p. 26).

Por fim, será verificado o conceito lecionado por Rosa Maria Fisher, que ao refletir sobre o Terceiro Setor, chama a atenção para a imprecisão de sua conceituação:

> Terceiro Setor é a denominação adotada para o espaço composto por organizações privadas, sem fins lucrativos, cuja atuação é dirigida a finalidades coletivas ou públicas. Sua presença no cenário brasileiro é ampla e diversificada, constituída por organizações não-governamentais, fundações de direito privado, entidades de assistência social e de benemerência, entidades religiosas, associações culturais, educacionais, as quais desempenham papéis que não diferem significativamente do padrão conhecido de atuação de organizações análogas em países desenvolvidos. Essas organizações variam em tamanho, grau de formalização, volume de recursos, objeto institucional e forma de atuação. Tal diversidade é resultante da riqueza e pluralidade da sociedade brasileira e dos diferentes marcos históricos que definiram os arranjos internacionais entre Estado e o Mercado.
>
> Os principais componentes do *nonprofit sector* americano – frequentemente utilizado como parâmetro para a compreensão do setor em outros

países – podem ser encontrados na caracterização do Terceiro Setor no Brasil. Segundo a definição "estrutural/operacional" de Salamon e Anheir (1992), utilizada por Landin, essas organizações caracterizam-se por serem privadas, sem fins lucrativos, formais, autônomas e incorporarem algum grau de envolvimento de trabalho voluntário. Entretanto, o conceito de que tais organizações, em virtude dessas características comuns, constituem um "setor" diferenciado do tecido social, não está suficientemente consolidado, nem no ambiente acadêmico nem no universo das práticas cívicas, associativas e de solidariedade. Pode-se detectar desde a manifestação de desconfiança e rejeição, até o simples estranhamento na adoção de um conceito que, para abranger a amplitude e a diversidade da realidade que busca definir, tende a ser genérico e impreciso. O próprio nome atribuído a este espaço é alvo de uma disputa nas quais competem, mais do que conceitos e tradições acadêmicas, visões de mundo, valores e identidades dos próprios envolvidos nessas organizações. Assim, não-governamental, sem fins lucrativos, da sociedade civil, filantrópica e beneficente são termos que dividem os corações e mentes dos profissionais, militantes e voluntários que atuam nesse espaço (FISHER, 2002, p.45).

Percebe-se que é possível elencar três vertentes para a definição do Terceiro Setor. A primeira leva em consideração a relação entre a pessoa jurídica de direito privado e o Estado; a segunda parte da realização de uma atividade econômica não lucrativa; a terceira tem, como base, a teoria de Salamon, tendo como critério de definição seu caráter estrutural/operacional. Essa definição concedida por Fisher (2002) é de extrema importância, uma vez que fixa a forte relação entre Terceiro Setor e Sociedade Civil, o que, por conseguinte, permite o estudo da relação entre Religião e Terceiro Setor sob a ótica da "Revolução Associativa", firmando, uma vez mais, a importância do estudo das Organizações Religiosas.

A autora Paula Montero (2006), em seu artigo "Religião, Pluralismo e Esfera Pública no Brasil", chama a atenção para a importância da religião na criação do espaço público nacional. Montero (2006) salienta que, com a formação da República, preceitos da secularização começam a ser implementados no Brasil, ou seja, torna-se forte a tendência entre a separação entre Religião e Estado. Contudo, esse processo deu-se diretamente face a Igreja Católica. Portanto, a laicidade do Estado foi construída em detrimento da Igreja Católica, o que teve como base uma noção genérica de religião, deixando de lado as demais matrizes religiosas:

Portanto, a noção de "religião" a partir da qual se garantiriam legalmente a liberdade religiosa e a expressão dos cultos teve como matriz o intenso debate jurídico sobre a melhor maneira de regular os bens, as obras e as formas de associação da Igreja Católica. Na formulação de Giumbelli, as disputas em torno da liberdade religiosa que constituíram o espaço civil republicano nunca versaram sobre "qual religião teria liberdade, mas quase sempre sobre a liberdade de que desfrutaria a religião [católica], uma vez que não havia então qualquer outro culto estabelecido, nem se concebiam outras práticas populares como religiosas (MONTERO, 2006, p. 51).

Para autora, "a noção genérica de 'religião' a partir da qual se garantiram legalmente a liberdade religiosa e a expressão dos cultos teve como matriz o intenso debate jurídico sobre a melhor maneira de regular os bens, as obras e as formas de associação da Igreja Católica" (MONTERO, 2006).

Toda essa pauta republicana de separação entre as atividades da Igreja e Estado faz-se fundamento da construção do espaço público no Brasil. Inicialmente, pode-se pensar que o espaço público nacional foi criado totalmente desvencilhado da religião, com base na laicidade e na liberdade religiosa. Montero (2006) esclarece que a implementação da separação entre Estado e Igreja não demarcou um antagonismo entre Igreja e Estado. Pelo contrário, o Estado passa a ter o poder de fiscalizar as atividades e os bens da Igreja e a convoca para a atuação no seio da sociedade, desenvolvendo atividades de cunho social que auxiliam o Estado no desenvolvimento de suas funções.

No processo histórico de construção da sociedade civil brasileira, os limites do Estado para implementar uma política social e assistencial abrangente o levaram a apoiar-se reiteradamente em acordos com a Igreja Católica. No rastro dessa "devolução" das funções seculares do Estado para a Igreja, organizou-se no espaço público todo um conjunto de práticas de assistência no campo da saúde que se apropriou do código cristão da "caridade". As associações civis, a começar pelos centros espíritas, lançaram mão da homeopatia e de rituais mediúnicos para, em nome da caridade, proceder ao atendimento terapêutico e à proteção dos necessitados. Mas ao contrário das práticas católicas, organizadas em torno de hospitais, asilos e dispensários e apoiadas na formação científica de seus quadros, os terreiros e centros exerceram suas atividades no mais das vezes no ambíguo campo da oposição magia/religião. Nesse contexto, "caridade" passa a significar a prática gratuita e desinteressada de ajuda ao pobre – ato religioso de compaixão –, enquanto a "feitiçaria" é seu oposto – ato pecuniário egoísta que engana os crédulos (...) (MONTERO, 2006, p. 56).

O que se depreende da lição de Montero (2006) é que a Religião teve um importante papel na construção do espaço público brasileiro; isso, por si só, demonstra a importância de uma Organização Religiosa bem como a forte relação existente entre Terceiro Setor e Religião. A concepção de caridade trazida pela Igreja Católica foi de grande importância para a construção da sociedade civil brasileira. A partir do momento em que o Estado devolve para a Igreja o papel de atuar em questões em que ele se encontra limitado, a atuação da Religião sai da esfera privada e alcança a esfera pública, contribuindo para a construção da sociedade organizada.

Essas informações são de grande valia, tendo em vista que, até hoje, a Religião continua atuando na sociedade, realizando atividades de extrema importância para a sociedade e fazendo as vezes do Estado naquilo que o próprio reconhece que não consegue realizar. A Religião apresenta uma forte presença não somente nas atividades confessionais, mas também em atividades sociais e assistenciais. De acordo com os dados disponíveis na plataforma do Instituto Brasileiro de Geografia e Estatística (IBGE), o Brasil, no ano de 2020, possuía 223.950 (duzentas e vinte e três mil, novecentos e cinquenta) fundações privadas ou associações sem fins lucrativos; dessas, 83.053 (oitenta e três mil e cinquenta e três) são de cunho religioso (BRASÍLIA, 2016).

Desde o ano de 2002, quando foram publicados os primeiros estudos da pesquisa denominada Fundações Privadas e Associações Sem Fins Lucrativos (FASFIL), pelo IBGE, os números chamam a atenção pela presença da Religião no desenvolvimento de atividades sociais e assistenciais. Pereira (2011) destaca uma importante leitura sobre os dados divulgados no ano de 2008:

> Em sua versão publicada em 2008 (dados de 2005), o estudo é ainda mais incisivo, ao "assinalar que essas entidades, para além de desenvolverem atividades confessionais, ocupam novos espaços de debate e deliberação de políticas públicas, como os conselhos, conferências e grupos de trabalhos governamentais" e ao explicar que a forte presença das ações de cunho religioso não se restringe as atividades confessionais, que representam um quarto do total, "posto que milhares de entidades assistencial, educacional e de saúde, para citar apenas alguns exemplos, são de origem religiosa, embora não estejam classificadas com tal, o que impede de dimensionar a abrangência efetiva das ações de influência religiosa (*Ibid.*, p. 28) (PEREIRA, 2011, p. 179).

Percebe-se que desde o ano de 2008 vem se discutindo a forte atuação das Organizações Religiosas em questões que ultrapassam a barreira do culto e da liturgia. Historicamente esse tipo de ente coletivo exerce uma importante função no campo da assistência social, o que será demonstrado no capítulo 4. Sendo assim, as Organizações Religiosas, percebidas para além do exercício do culto e da liturgia, exercem um importante papel na sociedade brasileira, o que somente reforça a relação existente entre Religião e Terceiro Setor. Essa relação tem, como forte traço, sua longevidade ao longo dos anos, bem como o desenvolvimento de atividades de extrema importância social.

Camurça (2005) afirma que o exercício dessas atividades, para além do culto e da liturgia (a caridade), configura a "religião civil" dos brasileiros:

> Estes dados e cifras, então, me impelem a testar a hipótese de que esta nossa "ajuda ao próximo" pode funcionar para a realidade brasileira como uma "religião civil", no sentido que lhe deu Robert Bellah para os EUA (Bellah, 1987). Segundo o autor, o conceito define certos princípios religiosos que a grande maioria dos norte-americanos partilham, engendrando uma dimensão religiosa pública expressa em crenças, símbolos e rituais que jogam papel crucial no desenvolvimento das instituições americanas e resultam em um genuíno veículo de auto-compreensão nacional (1987: 171-6). Para nossa hipótese de "religião civil brasileira", seu caráter de "religião" estaria calcado no postulado de que "caridade" e "doação" funcionariam enquanto valores de fundo simbólico/religioso reconhecidos e aceitos pela ampla maioria dos brasileiros em suas práticas. O caráter "civil" desta religião se daria pela não obrigatoriedade de pertença a uma confissão ou credo religioso particular para professá-la, e pela sua capacidade de aglutinar amplas parcelas das camadas sociais do país, revestindo-se de um amplo conteúdo social. Configurar-se-ia como uma meta-religião que expressaria um ethos brasileiro, via de entendimento das nossas formas de organizar a sociabilidade e cultura. Parodiando Bellah para o caso norte-americano, através do fenômeno da "caridade" no país chegaríamos a uma compreensão da experiência (sociocultural) brasileira a luz da realidade última (1987: 186) (CAMURÇA, 2005, p. 52-53).

A definição apresentada por Camurça (2005) deixa patente a forte atuação da religião em atividades que auxiliam diretamente o Estado. O conceito de "religião civil" chama a atenção para a necessidade de formulação de uma concepção jurídica do tipo Organizações

Religiosas para além do conceito de Igreja utilizado face a ausência de regulação do tipo jurídico. O que se percebe, diante de todas as pesquisas sociológicas e antropológicas citadas, é a existência real do ente coletivo do tipo Organização Religiosa. Não há como negar a realidade ontológica do instituto, uma vez que sua presença na sociedade brasileira é tão forte, a ponto de chamar a atenção dos pesquisadores na análise dos dados censitários.

Fisher (2002) destaca a importância da atuação da religião na sociedade brasileira:

> A presença de associações laicas e religiosas data do período colonial brasileiro. A Igreja Católica estava intrinsecamente ligada ao governo colonial e ao Estado brasileiro em seus primeiros momentos. Escolas, ordens, dioceses e paróquias eram os espaços em que ocorria a vida social. Confrarias e irmandades são consideradas o principal exemplo de associativismo ligado à Igreja no Brasil colonial. As mais conhecidas são as Irmandades da Misericórdia, responsáveis pelas Santas Casas que se espalharam pelo país. Na sociedade escravista do século passado, a dificuldade de distinção entre a Igreja e o Estado, e entre os interesses públicos e privados das elites dominantes, não permitia identificar educação, saúde e assistência aos pobres como campos de responsabilidade pública ou privada. A Igreja Católica continuou a desempenhar, na sociedade brasileira, um papel de forte destaque na criação e no apoio a entidades associativas diversas, enquanto outras instituições religiosas passaram também a integrar este crescimento do Terceiro Setor brasileiro, principalmente nas áreas de educação e assistência social (FISHER, 2002, p. 47-48).

Questões como o "mito" do Estado laico e as imunidades e isenções tributárias tornam-se grandes embargos quando o assunto é a conceituação das organizações baseadas na fé. A confusão conceitual apenas dificulta a implementação, regulação e fiscalização da atuação do ente coletivo. É preciso compreender essa concepção de "religião civil" como um indicativo de que uma Organização Religiosa poderá existir e atuar de forma atípica na prática de caridade, não estabelecendo o desenvolvimento de atividades ligadas ao culto e à liturgia.

Essa reflexão é necessária, e o ente coletivo de vertente religiosa merece, em nome de sua boa implementação e execução, o correto tratamento legislativo. Pereira (2011) ressalta que foi a atuação dos entes coletivos de vertente religiosa que contribuiu

A PESSOA JURÍDICA DE DIREITO PRIVADO AMORFA: ORGANIZAÇÕES RELIGIOSAS OU ASSOCIAÇÃO PRIVADA?

para a formação do espaço público no Brasil, por meio do impulso do setor social em meio à esfera privada, bem como contribui, até hoje, como alicerce da sociabilidade existente entre as esferas da sociedade (Estado, mercado e sociedade civil).

Toda a proposição teórica desenvolvida até aqui tem um único objetivo: demonstrar a real necessidade de se atribuir um conceito legal e doutrinário para as Organizações Religiosas. Restou demonstrada a forte relação entre a Religião e o Direito, bem como a relação entre a Religião e a sociedade. Não há como negar a existência real das Organizações Religiosas na sociedade brasileira. Também, não se pode negar que a inserção do tipo no artigo 44 do CCB exige do legislador, da doutrina e do aplicador do direito um correto enquadramento legal. No estudo da exposição de motivos da Lei nº 10.825/03, que inseriu as Organizações Religiosas e os Partidos Políticos no rol de pessoas jurídicas de direito privado, o legislador foi claro: não se pode aplicar nas Organizações Religiosas o mesmo regime jurídico aplicado às associações privadas; são institutos jurídicos diferentes, com vieses diferentes.

Ao considerar uma Organização Religiosa como uma "Associação Religiosa", o aplicador do direito contribuiu para a concretização de uma crise sistêmica no direito privado. Ademais, é preciso reforçar que não há que se falar na compreensão restrita do instituto, ou seja, Organização Religiosa não pode ser compreendida única e exclusivamente como Igreja no exercício de suas atividades típicas. Entende-se que restou exaurida a problematização do tema proposto, portanto, os próximos capítulos objetivarão apresentar uma teoria definidora do instituto em comento, demonstrando uma possibilidade conceitual, sua extensão e seus possíveis reflexos no direito brasileiro.

Para apresentar um conceito doutrinário de Organizações Religiosas, necessário se faz realizar um breve estudo sobre a teoria da personalidade jurídica adotada pelo Código Civil de 2002, compreender a teoria da Dupla Crise da Personalidade Jurídica de José Lamartine Corrêa de Oliveira, demonstrar a realidade ontológica e institucional das Organizações Religiosas na sociedade brasileira e estabelecer uma diferença conceitual entre os tipos de pessoa jurídica previstos no artigo 44, inciso IV do CCB. Para isso, será utilizada a cartografia com o intuito de apresentar um mapa das Organizações Religiosas no Município de Belo Horizonte. Por fim, buscar-se-á, no ordenamento jurídico pátrio, substratos que permitam uma conceituação do ente coletivo para fundamentar seu conceito doutrinário e estabelecer os possíveis reflexos de uma possível conceituação.

CAPÍTULO 4

A CRISE DO RECONHECIMENTO DAS ORGANIZAÇÕES RELIGIOSAS ENQUANTO PESSOA JURÍDICA DE DIREITO PRIVADO

Como apresentado nos capítulos anteriores, José Lamartine Corrêa de Oliveira é um importante expoente na doutrina brasileira sobre a conceituação da pessoa jurídica. Em uma de suas obras, intitulada "A dupla crise da personalidade jurídica", Corrêa de Oliveira, em 1979, chamava a atenção dos estudiosos para duas crises que podem acometer a pessoa jurídica.

O estudo da dupla crise da pessoa jurídica leva em consideração aspectos que se fundam na filosofia que paira sobre a conceituação do ente coletivo bem como aspectos normativos. José Lamartine Corrêa de Oliveira defende a realidade ontológico-institucional da pessoa que vai de encontro com a mera positivação do ente coletivo na lei. A pessoa jurídica é uma realidade dotada de uma pré-vida; a lei apenas reconhece essa realidade.

As discussões trazidas pelo autor são muito caras a esta obra. O livro apresentado como marco teórico, publicado em 1979, verificava os entes coletivos do Código Civil de 1916 e questionava a capacidade processual concedida a alguns entes despersonalizados pelo Código de Processo Civil de 1973. Os questionamentos e postulados do autor ainda continuam atuais, tendo em vista que, quando o assunto é organizações religiosas enquanto uma pessoa jurídica de direito privado, é possível destacar vários dos apontamentos estabelecidos pelo autor.

Neste capítulo, serão estudados os postulados de José Lamartine Corrêa de Oliveira sobre a crise do reconhecimento tendo, como objeto de aplicação da teoria, a denominada pessoa jurídica "amorfa", ou seja, as organizações religiosas. O objetivo do capítulo é demonstrar que a ausência de uma definição e aplicação equivocada de tipologias (associação e organização religiosa) favorecem uma crise no sistema de reconhecimento da pessoa jurídica de direito privado.

4.1 A crise no sistema e as organizações religiosas à luz de José Lamartine Corrêa de Oliveira

O problema central desta obra já restou devidamente apresentado nos capítulos anteriores, mas, para iniciar as discussões que aqui serão estabelecidas, é muito importante retomar o ponto central da discussão proposta, qual seja: o que é uma organização religiosa enquanto pessoa jurídica de direito privado? Essa pergunta é realizada pelo fato de o tipo jurídico ter previsão no artigo 44, inciso IV do Código Civil, não possuir uma definição legal ou doutrinária e gerar uma confusão de aplicação no sistema da pessoa jurídica do direito brasileiro, uma vez que teremos diversas organizações religiosas registradas como associações, o que restará comprovado no capítulo 5 por meio de cartografia aplicada no município de Belo Horizonte.

Partindo do conceito ontológico-institucional de José Lamartine Corrêa de Oliveira, o principal elemento para designar a existência da pessoa jurídica é compreendê-la enquanto substrato ôntico, ou seja, um ente coletivo de existência real. Quando o objeto de estudo é uma organização religiosa, não há como negar a existência do ente coletivo do ponto vista de sua realidade. Os dados censitários apresentados na teoria de Paulo Montero em capítulo anterior demonstram essa realidade patente. Ademais, no capítulo 5 será apresentado um histórico de existência e atuação dessas organizações ao longo da história do Brasil, o que irá corroborar ainda mais com sua existência real.

A grande questão não é o reconhecimento da personalidade jurídica das organizações religiosas, mas sim sua limitação. Como apresentado, no ordenamento jurídico brasileiro é notória uma confusão conceitual entre as organizações religiosas e as associações privadas, o que acentua a sinonímia entre igreja e organização religiosa e leva o estudioso do direito a questionar: em pleno século XXI, em meio às ordenações do Estado laico e plural, do ponto de vista das religiões, a pessoa jurídica do tipo organizações religiosas deve ser considerada apenas como a figura da igreja?

No capítulo 2, restou clara a mudança do papel das religiões na sociedade. Revisitando a teoria de Casanova (1994), estabeleceu-se que a religião saiu do espaço privado para ocupar cada vez mais o espaço público. E, para isso, assim como qualquer uma das pessoas jurídicas enumeradas no artigo 44 do Código Civil, uma organização religiosa precisa se organizar e desenvolver atividades que vão muito além do culto e da liturgia. Aliás, o desenvolvimento dessas atividades, além de ser uma imposição do sistema econômico ao qual as pessoas jurídicas estão inseridas atualmente, foi incentivado ao longo da história pelo próprio Estado. Corrêa de Oliveira (1979) chama atenção para o fato de que o direito não pode se separar da realidade econômica e social, desligando-se de tudo que é ideológico, sob pena de ser antijurídico.

Nesse passo, é clara a crise no reconhecimento da pessoa jurídica do tipo organizações religiosas quando o Poder Judiciário nega essa natureza pelo fato de existir, em seu estatuto, a possibilidade de exercício de uma atividade que vá além do exercício de culto e liturgia. Esse ponto merece atenção, o que se quer dizer é que a religião identificada como um fato social e, como um sistema: irá promover diversas atividades em seu nome. Sendo assim, qualquer atividade que seja realizada ligada diretamente aos conceitos de religião apresentados no capítulo anterior será atividade legítima de uma organização religiosa, o que, *per si*, não justifica a confusão do tipo jurídico com uma associação privada.

Outro ponto que merece esclarecimento é o entendimento da organização religiosa como pessoa jurídica "amorfa". Essa não foi a vontade do legislador. Na exposição de motivos da Lei nº 10.824/03, o parlamentar responsável pelo projeto de lei foi taxativo: não há que se considerar similaridades entre uma organização religiosa e uma fundação, uma associação e uma sociedade empresária. Logo, uma organização religiosa é um tipo próprio de pessoa jurídica de direito privado, dotada de especificidades (substrato ôntico), que merece ser identificada sob pena de violação e invalidação do artigo 44, inciso IV do Código Civil.

Considerar uma organização religiosa uma associação ou uma pessoa jurídica "amorfa" nada mais é do que ressaltar a crise do reconhecimento desse tipo de pessoa jurídica de direito privado que perdura no direito brasileiro desde sua inserção no Código Civil no ano de 2003. Neste ponto, uma grande questão se apresenta: como é configurada a crise do reconhecimento da pessoa jurídica do tipo organização religiosa no direito brasileiro?

A análise que se passa a realizar para a demonstração da crise no reconhecimento do ente coletivo tem como marco teórico a teoria da crise no sistema desenvolvida por José Lamartine Corrêa de Oliveira em 1979. Para que a teoria do autor possa ser aplicada às organizações religiosas, algumas considerações sobre a crise do reconhecimento precisam ser tecidas de forma primária (CORRÊA DE OLIVEIRA, 1979).

A dupla crise da personalidade jurídica tem como mola propulsora o conceito ontológico-institucional da pessoa jurídica. Essa conceituação, que leva em consideração a realidade coletiva do ente como um elemento muito mais valioso do que o mero normativismo, é o ponto de partida para a fixação dos postulados da teoria. A pessoa jurídica é um ente real, que adota uma forma acidental; ela é um ser indiviso e individual (CORRÊA DE OLIVEIRA, 1979).

É perceptível que, para o autor, é preciso delimitar bem a diferença entre capacidade e personalidade. Corrêa de Oliveira (1979) deixa claro que a dupla crise da pessoa jurídica tem, como fundamentos, questões que envolvem a personalidade. Essa é ilimitada, uma vez concedida analogicamente a personalidade do ser humano não será limitada. O que se pode limitar é a capacidade, a personalidade, não. Logo, ou o ente coletivo de realidade existente será pessoa jurídica ou não será pessoa jurídica (CORRÊA DE OLIVEIRA, 1979).

Sobre esse posicionamento do autor, leciona Rodrigo Xavier Leonardo:

> Na sociedade, integrada por seres vivos e por instituições, apenas o homem seria titular de todas as características *ontológicas* que justificariam a atribuição de *personalidade*. Nessa perspectiva, algumas instituições alcançariam um nível tão elevado de organização e expressão real em

sociedade que passariam a ter uma existência diferenciada em face de todas as demais pessoas, ou seja, existiriam *erga omnes* como as pessoas humanas. Essas entidades, embora destituídas de um substrato idêntico ao ser humano, seriam consideradas pessoas mediante a "analogia de atribuição", por meio da qual J. Lamartine Corrêa de Oliveira propõe o reconhecimento real às pessoas jurídicas (LEONARDO, 2005, p. 132).

No plano ontológico, as pessoas jurídicas são iguais às pessoas físicas, ou seja, são sujeitos de direitos e deveres na ordem social. Essa afirmação de Corrêa de Oliveira leva o autor a reorganizar todas as teorias sobre a definição da pessoa jurídica, apresentadas na introdução deste livro. O objetivo dessa reorganização, além de separar as teorias que negam das que confirmam a realidade da pessoa jurídica, é classificar os ordenamentos jurídicos objetivando constatar a existência da dupla crise da pessoa jurídica.

Para José Lamartine Corrêa de Oliveira (1979), o Brasil possui um ordenamento jurídico, quanto à pessoa jurídica, que pode ser considerado como normativista, minimalista e monista. Essa foi uma conclusão apresentada sobre a pessoa jurídica configurada no Código Civil de 1916, mas que não mudou com a publicação do Código Civil de 2002, segundo Rodrigo Xavier Leonardo:

> No direito brasileiro a crise de reconhecimento das pessoas jurídicas apresenta contornos próprios à orientação minimalista e monista de nosso ordenamento, cuja categorização é justificável pelas seguintes razões.
>
> Ante um mínimo de analogia entre os agrupamentos sociais e a pessoa humana, já se possibilita a personificação jurídica, daí o minimalismo. Isso é verificável, e.g., pela personificação das sociedades simples no direito brasileiro, não exigindo nem mesmo uma estrita separação patrimonial em relação aos sócios (art. 997, VII do Código Civil de 2002)
>
> O monismo, por sua vez, é retratado mediante o sistema das disposições normativas – segundo o qual, para a personificação, é necessário que a entidade detenha características estruturais e funcionais minimamente correspondentes ao modelo legal. Em virtude do monismo, só se consideram pessoas jurídicas de direito privado aquelas entidades tipificadas pelo legislador (art. 44 do Código Civil em vigor) (LEONARDO, 2005, p. 135).

O Código Civil vigente, como demonstrado na introdução do presente livro, adotou a teoria da realidade técnica para definir a pessoa jurídica. Para Leonardo, a adoção dessa teoria expressa exatamente o caráter normativista do ordenamento jurídico brasileiro:

> No Brasil, o normativismo teve e tem sensível acolhida, mediante construções que pouco diferem entre si, mas que muitas vezes procuram filiar à chamada *teoria da realidade técnica* que – a despeito de não negar a existência de realidades próprias aso agrupamentos humanos – entende que a personificação é puro efeito da técnica do direito (LEONARDO, 2005, p. 127 e 128).

Pode-se concluir que, mesmo com a adoção da teoria da realidade técnica e a inserção das organizações religiosas no rol de pessoas jurídicas de direito privado, estão presentes os mecanismos que permitiram a José Lamartine identificar uma crise no reconhecimento jurídico do ente coletivo, demonstrando a persistência desse problema sistêmico que atravessa o tempo no ordenamento jurídico brasileiro.

É preciso chamar atenção para as jurisprudências destacadas no capítulo 3, que demonstram perfeitamente o caráter normativista do ordenamento jurídico brasileiro quando o assunto é a pessoa jurídica.

Importante frisar que a dupla crise da pessoa jurídica tem, como base, duas vicissitudes, são elas: a crise no sistema ou a crise no reconhecimento da pessoa jurídica e a crise da função. Como o objetivo aqui é apresentar, como resultado, a construção doutrinária do conceito de organização religiosa enquanto pessoa jurídica de direito privado, o foco metodológico de aplicação da teoria de Corrêa de Oliveira será a crise no sistema. Porém, é preciso informar que o mesmo problema, apresentado no capítulo 3, poderá provocar também uma crise na função da organização religiosa enquanto pessoa jurídica de direito privado, porém não serão aprofundados esses aspectos, apesar de identificáveis.

Para apresentar a crise do reconhecimento da pessoa jurídica, Corrêa de Oliveira realizou um estudo de direito comparado verificando especificamente o direito alemão, o direito francês, o direito português, o direito italiano, o direito belga, o direito suíço, o direito espanhol e o direito argentino. A conclusão a que chegou o autor é que em qualquer sistema será perceptível a identificação da crise, pois o conceito de pessoa jurídica estará ligado à analogia realizada com o ser humano, o que, de uma forma ou de outra, envolverá discussões ligadas a questões que envolvem a personalidade e a capacidade (CORRÊA DE OLIVEIRA, 1979).

A conclusão parte de uma verificação jurídica que apresenta um importante postulado, qual seja: a classificação doutrinária de um ordenamento jurídico com base no tratamento concedido às pessoas jurídicas. Corrêa de Oliveira demonstra uma classificação binária dizendo que um ordenamento jurídico, de acordo com o tratamento concedido às pessoas jurídicas, poderá ser classificado em um ordenamento maximalista e dualista, ou minimalista e monista. No caso do ordenamento jurídico brasileiro, o autor, como acima demonstrado, ainda chama a atenção para a tendência normativista do ordenamento jurídico e o tratamento concedido à pessoa jurídica.

Será considerado maximalista o ordenamento jurídico que levar em consideração o maior grau de analogia entre o ente coletivo e o ser humano para a concessão da personalidade jurídica. Um exemplo de ordenamento jurídico maximalista em Corrêa de Oliveira é o direito alemão e o direito italiano no tocante às sociedades:

> Resta concluir no sentido de que o vigente sistema italiano é, em matéria de sociedades, tipicamente *maximalista*, exigindo um limiar *máximo* de analogia para que se possa falar de personalidade jurídica e negando-a quando esse limiar não é atingido (sociedades de pessoas, inclusive a simples) (CORRÊA DE OLIVEIRA, 1979, p. 83).

Já um ordenamento minimalista é aquele que possui um pequeno grau de analogia entre o ente coletivo e o ser humano para a concessão da personalidade jurídica. Os ordenamentos minimalistas, segundo Corrêa de Oliveira, favorecem o crescimento exponencial dos tipos de pessoa jurídica. Como já elucidado, Leonardo (2005) reafirma essa característica no Código Civil de 2002. Na introdução deste livro, restou comprovada a constatação do autor quando citado o Enunciado 144 da III Jornada de Direito Civil, que entende o artigo 44 do Código Civil enquanto um rol exemplificativo dos tipos de pessoa jurídica de direito privado.

Em sua teoria, no entanto, além de ressaltar o Brasil, Corrêa de Oliveira (1979) apresenta como exemplo de ordenamento minimalista o direito francês:

> Feito o exame da realidade do sistema francês, nós somos levados a reafirmar o que foi dito anteriormente: o sistema francês, através do trabalho criador da *Cour de Cassation*, tornou-se o paradigma de sistema *minimalista*, no sentido em que estamos empregando essa expressão:

basta um mínimo de correspondência analógica ao ser humano, representada pela presença de um interesse coletivo expresso por órgãos apropriados a tal missão, para que se admita a aptidão à personificação (CORRÊA DE OLIVEIRA, 1979, p. 77).

Outras duas características que foram extraídas por Corrêa de Oliveira foram os denominados ordenamentos dualista e monista. Essa classificação leva em consideração o grau de autonomização da pessoa jurídica em relação a seus componentes e às demais esferas jurídicas previstas em determinado ordenamento. Logo, se a única forma de ser considerado um ente autônomo do ponto de vista de atuação, organização e implementação for por meio da pessoa jurídica, fala-se em ordenamento monista.

De outro lado, caso exista uma outra figura de autonomização para além do reconhecimento da personalidade jurídica, fala-se em ordenamento dualista. O ordenamento dualista é aquele que reconhece a realidade do ente coletivo e concede a personalidade jurídica, porém admite a realidade de outros entes coletivos que não são pessoas jurídicas, mas que podem ter uma atuação autônoma como se pessoa jurídica fosse. Essa concepção de ordenamento jurídico monista e dualista é retirada do estudo do direito alemão que, ao lado da pessoa jurídica, reconhece a denominada *Gesamthad*:

> Por suas características, oferece o sistema alemão, tal como em vigor na República Federal da Alemanha, excelente campo de análise para a crise do sistema. É que se trata de Direito dominado pela tendência maximalista, só reconhecendo personalidade jurídica a entidades ontologicamente caracterizadas por total separação entre sua vida jurídico-patrimonial e a de seus associados, diretores, sócios, e em que esse maximalismo recebe solução técnica através do dualismo, que vê na *Gesamthand* a opção alternativa utilizada como solução para o desafio da natureza jurídica de figuras a que nega a qualidade de pessoa jurídica (CORRÊA DE OLIVEIRA, 1979).

Leonardo (2005) também destaca, no sentido apresentado, a definição de monismo e dualismo apresentada por Corrêa de Oliveira:

> Em razão dos modelos *minimalistas* ou *maximalistas*, esses mesmos ordenamentos jurídicos poderiam adotar posições monistas, quando a pessoa jurídica é a única forma de autonomização perante as esferas

jurídicas individuais, e posições dualistas, quando ao lado da pessoa jurídica, outras figuras permitem essa autonomia (daí a dualidade, *v.g.*, no direito alemão, entre a pessoa jurídica e a *Gesamthangemeinschaft)* (LEONARDO, 2005, p. 134).

Corrêa de Oliveira (1979), ao aprofundar no estudo do direito alemão, ressalta que a classificação de um ordenamento como dualista apresenta uma problemática: relativização da capacidade de direito. Ou seja, a pessoa jurídica teria a capacidade plena, e o outro tipo de pessoa teria a capacidade limitada. Para o autor, essa é uma solução perigosa, uma vez que gera uma problemática "nos limites da analogia entre pessoa jurídica e pessoa natural" (CORRÊA DE OLIVEIRA, 2005, p. 104).

Sobre a capacidade plena da pessoa jurídica, leciona Corrêa de Oliveira:

> (...) não há pessoa jurídica alguma dotada de capacidade plena, se entendermos por plena a capacidade na medida das pessoas naturais. Mas, inversamente, não há pessoa jurídica alguma que não seja dotada de uma certa medida de capacidade de direito. Já uma tal conclusão, põe em cheque as soluções do tipo das analisadas no item anterior, que distinguem entre pessoas jurídicas (sujeitos de direito de capacidade plena) e sujeitos de direito de capacidade restrita ou limitada (CORRÊA DE OLIVEIRA, 1979, p. 139).

Percebe-se, portanto, que a crise no sistema ou a crise no reconhecimento da pessoa jurídica pousa sobre a concessão da personalidade, e não capacidade. Logo, o reconhecimento de um ente coletivo, enquanto pessoa jurídica, deve respeitar a sua essência, a sua realidade, sua "substância de continuidade", sua "pré-vida". A concessão da personalidade é simplesmente o reconhecimento do ser, é tornar o ente coletivo preexistente em titular de direitos e deveres sem fugir de suas raízes ontológicas. Inobservadas tais questões, instaurada encontra-se a crise do reconhecimento.

É exatamente para essa situação que esta obra tem como objetivo alertar. As organizações religiosas são pessoas jurídicas; basta conferir o artigo 44, inciso IV do Código Civil. O legislador a considerou como um ser titular de direitos e deveres, mas deixou de observar sua "pré-vida" à pessoa jurídica. As situações apresentadas nos recortes jurisprudenciais nos capítulos anteriores demonstram a limitação da concessão da personalidade jurídica, e não de sua capacidade de atuação, tendo em vista que o parágrafo primeiro do artigo 44 deixa claro que as organizações religiosas são livres para se organizarem internamente.

Quando existe uma negativa de registro de uma organização religiosa pelo simples fato de previsão estatutária de realização de atividade além do culto e liturgia, configura-se a limitação ao direito à personalidade concedida ao ente coletivo de vertente religiosa no artigo 44 do CCB, bem como desconsidera-se o elemento ôntico, negando a realidade desse tipo de coletividade. Logo, associação privada e organizações religiosas são pessoas jurídicas antagônicas, com elementos ontológicos distintos, objetos de atuação distintos e com uma única similaridade, que é o exercício de atividade sem finalidade lucrativa.

No capítulo 5, quando exibidos os dados que mostram a quantidade de organizações religiosas que são compelidas a serem registradas como associações privadas, restará clara e evidente a limitação existente ao exercício da personalidade jurídica do ente coletivo de vertente religiosa.

Essa problemática conceitual envolvendo a pessoa jurídica vem desde o Código Civil de 1916. Corrêa de Oliveira (1979) faz esse alerta sobre a confusão conceitual que existia entre associação e sociedade:

> (...) o Código Civil negligenciou a distinção conceitual entre associação e sociedade. Associações e sociedades civis são abrangidas na mesma norma do inc. I do art. 16 do Código Civil. A respeito, com a habitual precisão, assim se expressou CLÓVIS BEVILÁQUA; "Na acepção genérica de sociedade civil, compreende-se várias modalidades de entes coletivos. Uns têm fins econômicos, e são as sociedades civis em sentido estrito. Outros prosseguem fins ideais ou não econômicos: são as religiosas, pias, morais, científicas, literárias e de utilidade pública. As sociedades de fins não econômicos se costumam denominar associações; mas o Código *não distingue entre sociedade e associação*, como se vê deste artigo. É verdade que reservou o vocábulo associação para as agremiações de utilidade pública, e que designou a seção III deste Capítulo – "das sociedades e associações civis"; mas, desde que se não forneceu, na lei, elemento para uma distinção dessa natureza, e desde que se tome em consideração que os estabelecimentos pios e as sociedades, que o Código denominou "morais", são de utilidade pública, reconhecer-se-á que não houve intuito de criar duas classes de pessoas jurídicas: as sociedades civis, *lato sensu*, e as associações (CORRÊA DE OLIVEIRA, 1979, p. 97).

CAPÍTULO 4
A CRISE DO RECONHECIMENTO DAS ORGANIZAÇÕES RELIGIOSAS ENQUANTO PESSOA JURÍDICA DE DIREITO PRIVADO | 185

Corrêa de Oliveira ressalta a problemática existente no Código Civil de 1916 envolvendo as sociedades e as associações. O antigo diploma não conceituava o tipo associações, e todas as sociedades que exerciam atividades de fins não econômicos passaram a ser consideradas como associação. Essa sinonímia não era considerada ilegal, mas apontava indício de crise no sistema de reconhecimento da pessoa jurídica no direito brasileiro. Essa situação não ocorre quando se verifica a confusão conceitual envolvendo organizações religiosas e associações, pois ambas são positivadas como tipos jurídicos distintos. Contudo, trouxe, para o novo dispositivo, a antiga interpretação que vinha desde o código revogado.

A sinonímia tratada por Corrêa de Oliveira foi observada por outros doutrinadores, como Caio Mário da Silva Pereira:

> O Código Civil, porém, deixou de se ater à distinção, o que autoriza concluir-se que, embora não haja sinonímia perfeita, os dois vocábulos podem ser empregados indistintamente e, se mais adequado é utilizar-se a designação *associações* para as pessoas jurídicas sem fins não econômicos, nenhuma obrigatoriedade existe neste sentido (CORRÊA DE OLIVEIRA, 1979, p. 98 *apud* PEREIRA, 1961, p. 240).

Das ideias de Caio Mário, o que se percebe é que a omissão do Código Civil abriu margem para a definição de um tipo de pessoa jurídica de direito privado não contemplado pelo Código Civil de 1916. O autor reforça que essa omissão permite uma sinonímia que não é perfeita e que não é obrigatória, mas que existirá, uma vez que o Código Civil de 1916 foi silente. Não é o que o ocorre com o Código Civil de 2002, após a alteração do artigo 44 em 2003. Restaram completamente individualizadas as associações das organizações religiosas, o que não justifica o uso incorreto da tipologia.

Essas são as questões centrais que, segundo Corrêa de Oliveira, instauram em um ordenamento jurídico a denominada crise do reconhecimento ou crise no sistema. Tanto os ordenamentos maximalistas quanto os ordenamentos minimalistas, quando analisados, podem apresentar a crise do reconhecimento. Sobre esse assunto, leciona Corrêa de Oliveira:

> (...) enquanto o sistema alemão, como vimos, é maximalista e dualista, o sistema francês é minimalista e monista (...). Isso quer dizer que, enquanto o Direito alemão estabelece a triagem entre pessoas jurídicas

e organizações não dotadas de personalidade a partir de um critério ontológico, só considerando pessoas jurídicas aquelas instituições em que se apresenta de modo incontestável a separação entre entidade e ser humano membro, administrador ou beneficiário, e rejeitando para o limbo comum do princípio da *Gesamthand* as entidades que não correspondam a esse limiar máximo de analogia, do Direito francês, exatamente por não dispor desse dualismo de figuras (pessoa jurídica e *Gesamthand*) contenta-se com um limiar mínimo de analogia para a atribuição da personalidade jurídica. Por isso, a crise do sistema no direito alemão se manifesta, de forma particularmente clara, na crise da noção de *Gesamthand*, na crise do dualismo, com a consequente atribuição de personalidade relativizada ou de subjetividade jurídica de categoria inferior às comunhões em mãos juntas da doutrina tradicional e ortodoxa. E por isso também a crise do Direito Francês, vista do ângulo sistemático, se manifesta através de uma certa tendência à multiplicação do elenco de pessoas jurídicas. Como, porém, toda essa crise se desenrola dentro de uma dialética que lhe é própria, a antítese dessa tendência multiplicativa é representada pela preocupação com a necessidade de estabelecer barreiras, limites, a esse crescimento. À falta de um critério ontológico (feita a ressalva da constante afirmação da personalidade jurídica: de resto, tal requisito representa ainda um limiar mínimo de analogia), essa força restritiva do crescimento desordenado do elenco de pessoas jurídicas é representada pelo critério político da vontade do legislador. Reside nessa dupla tendência a explicação da ambiguidade, que já assinalamos, do famoso acórdão Saint-Chamond sobre os comitês de estabelecimento (cap. II, 8): de um lado, a afirmação de que há personalidade jurídica sempre que um ente coletivo suficientemente consistente se afirme através de um mínimo de organização; de outro lado, o aferramento da ideia de que a personalidade jurídica decorre de um reconhecimento jurídico legislativo, ainda que implícito (CORRÊA DE OLIVEIRA, 1979, p. 169 e 170).

À luz desse posicionamento, Leonardo apresenta uma definição sobre a crise do reconhecimento:

> A primeira crise seria de estrutura, exteriorizada nas deficiências dos sistemas de reconhecimento das entidades sociais como pessoas de direito. Nos sistemas maximalistas, essa crise ficaria exposta nas situações em que essas entidades – embora sem alcançar os requisitos suficientes para (analogicamente) ser reconhecidas como pessoas – concretamente se autonomizam de seus membros, sendo-lhes reconhecida a titularidade de direitos subjetivos. O direito alemão, como sistema maximalista e dualista, refletiria essa crise.
>
> Nos sistemas minimalistas, a crise implicaria uma dialética própria. A mínima analogia com o ser humano bastaria para a personificação, o que

conduziria a um consequente e descomensurado aumento das entidades personalizadas. Para pôr limites à criação dessas entidades, por sua vez, haveria um recrudescimento da concepção de que a personalidade é atribuída pela lei, o que resultaria na negação desse reconhecimento a uma série de agrupamentos reais que, contraditoriamente, vez ou outra, seriam titulares de direitos subjetivos. Este seria o caso do sistema francês, identificado pelo autor como minimalista e monista (LEONARDO, 2005, p. 134).

Conglobando os postulados de Corrêa de Oliveira (1979) com os dados censitários apresentados no capítulo 3, com os elementos cartográficos que serão apresentados no capítulo 5 com o objetivo de comprovar a confusão conceitual, com os demais elementos sociológicos e jurídicos demonstrados até este ponto, outra afirmação não resta a não ser a de que a ausência de uma definição conceitual para o que é uma organização religiosa instaurou, desde 2003, uma crise no sistema no direito brasileiro.

Ao considerar o direito brasileiro como normativista, e acompanhando todo o histórico de aprovação da Lei nº 10.825/03, o que será aprofundado no capítulo 4, percebe-se que a inserção do inciso IV no artigo 44 do Código Civil seguiu perfeitamente o que Corrêa de Oliveira (1979) define como vontade política do legislador.

O Código Civil deixou de mencionar expressamente as organizações religiosas e instaurou um "posicionamento oficial" que elas mereciam o tratamento de associações religiosas. A teoria de Paula Montero (2020) deixa claro como a mídia trabalha as questões censitárias envolvendo a religião e como isso promove uma influência grande em um país religiosamente plural como o Brasil. Ou seja, deixar de reconhecer as organizações religiosas como um tipo próprio de pessoa jurídica gerou pressões no Poder Legislativo, que para resolver a questão, de forma normativista, inseriu o artigo IV no artigo 44.

Pronto, as organizações religiosas são pessoas jurídicas de direito privado do ponto de vista normativo, mas o que isso significou na prática? Como verificado no recorte jurisprudencial, praticamente nada. Em um ordenamento minimalista, que requer o mínimo de analogia possível para o reconhecimento da pessoa jurídica, o que foi realizado foi apenas a positivação da conceituação; todo o resto necessário foi deixado de lado. Apresentaram uma resposta rápida. Isso pode ser afirmado, pois as organizações religiosas, para exercerem plenamente sua personalidade, devem se "maquiar" de associações.

O substrato ôntico das organizações religiosas não foi levado em consideração, ou seja, a sua atuação na realidade foi completamente rejeitada, o que gera a confusão conceitual e, o pior, a limitação da personalidade. A alteração realizada no ano de 2003 deveria ter oferecido, assim como no caso das associações e fundações, regras mínimas de autonomização, apresentando minimamente um conceito para as organizações religiosas.

O que se percebe desde a inserção do tipo no direito brasileiro é a busca incessante para criar barreiras e limitar a criação das organizações religiosas. O não reconhecimento de seu elemento essencial especial, que é a religião – e que, por isso, goza da proteção de liberdade de organização religiosa, que é extraída da Constituição Federal –, assusta o intérprete da lei bem como o legislador, que apenas manifestou sua vontade política.

A crise no reconhecimento das organizações religiosas reside exatamente no ponto principal da teoria de Côrrea de Oliveira (1979): a limitação da personalidade jurídica. Esse ente coletivo que possui uma pré-vida antes da formalização tem sua personalidade limitada ao ser compelido a se registrar como associação por prever, em seu estatuto, o desenvolvimento de uma atividade além do culto e da liturgia. Corrêa de Oliveira (1979) é taxativo nesse sentido ao lecionar que não há que se falar em limitação da personalidade.

O que promove a crise do reconhecimento das organizações religiosas enquanto pessoa jurídica de direito privado no Brasil é a não coincidência entre a sua unidade substancial com sua unidade formal. Para Corrêa de Oliveira, essa é uma das principais causas de uma crise:

> (...) Já tivemos ocasião de analisar a dicotomia *pessoa moral-pessoa jurídica*. Ao que ali foi dito, acrescentamos agora: a pessoa moral é a unidade substancial, análoga à pessoa humana, a pessoa jurídica é a unidade formal, que pode ou não coincidir com a substancial. Quando não há coincidência, o instituto pessoa jurídica entra em crise (...) (CORRÊA DE OLIVEIRA, 1979, p. 475).

Como apresentado na introdução, Corrêa de Oliveira constrói um conceito de pessoa jurídica com base na realidade do ente coletivo, ou seja, o ente coletivo se faz uma pessoa moral pelo fato de ter visível organização, visível atuação, visível grau de institucionalização, sendo reconhecido pela sociedade como uma organização, o que demonstra seu caráter institucional e alto grau de autonomização de seus integrantes pessoas físicas. Essa percepção torna a pessoa moral ou em pré-vida uma unidade substancial, e a legislação, seguindo a teoria da realidade técnica, apenas reconhece formalmente essa substância tornando-a formal.

No caso das organizações religiosas, não há que se falar nesse reconhecimento. O artigo 44, inciso IV do Código Civil apenas formalizou as organizações religiosas, deixando de levar em consideração toda a sua unidade substancial, que, como será demonstrado no capítulo 5, é milenar. A positivação do ente de vertente religiosa no direito brasileiro foi equivocadamente interpretada enquanto o exercício apenas da atividade de culto e liturgia, ou seja, apenas a concepção de igreja, mesmo sendo claras e evidentes todas as demais atividades realizadas por uma organização religiosa em sua pré-vida. Eis a crise do reconhecimento.

A formalização das organizações religiosas no Código Civil apenas apresentou às organizações religiosas uma potencial titularidade de direitos, o que não é suficiente para definir o ser como pessoa. O legislador brasileiro fugiu da análise ontológica e institucional das organizações religiosas, deixou de observar a mudança dos papéis da religião na sociedade brasileira, negou as diversas atividades que sempre foram realizadas pelas organizações religiosas e gerou uma crise no reconhecimento. A organização religiosa tem como substrato ôntico a religião; toda a sua organização tem esse elemento como ponto de partida, e pelo fato de a religião ter uma esfera abstrata, não alcançada pelo direito, não significa que uma organização religiosa não possa desenvolver atividades além daquelas consideradas convencionais.

A crise no reconhecimento das organizações religiosas no direito brasileiro é patente. A maioria dos manuais de direito civil, ao tratar sobre a pessoa jurídica, não menciona as organizações religiosas; a jurisprudência nega a realidade dessa pessoa jurídica, concedendo a ela a personalidade de associação, e a doutrina pouco destina esforços para discutir sobre esse tema. É essencial guardar fidelidade ao ser e respeitar os seus limites ontológicos (CORRÊA DE OLIVEIRA, 1979).

Uma possível solução para essa crise no sistema é apresentar uma definição de organização religiosa identificando os seus elementos definidores e suas possibilidades de organização e realização de atividades. Essa é uma forma primária de retirar essa pessoa jurídica de direito privado do limbo no qual foi atirada desde 2003 e solucionar a crise no sistema, que por óbvio leva à crise da função, bem como fazer valer o direito constitucional de liberdade religiosa. No capítulo 5, a crise no reconhecimento será comprovada a partir da demonstração de que os elementos normativos empregados às organizações religiosas não esgotam sua realidade.

CAPÍTULO 5

AS ORGANIZAÇÕES RELIGIOSAS ENQUANTO PESSOA JURÍDICA DE DIREITO PRIVADO NO CÓDIGO CIVIL BRASILEIRO: UMA TENTATIVA DE CONCEITUAÇÃO

Após todo o estudo apresentado, não restam dúvidas, é preciso conceituar as organizações religiosas enquanto pessoa jurídica de direito privado. Essa conceituação é uma forma de garantir o correto exercício da personalidade jurídica do ente coletivo bem como resguardar sua liberdade de organização, como preconiza a Constituição Federal. O objetivo deste capítulo é demonstrar a necessidade da conceituação das organizações religiosas como pessoa jurídica de direito privado com base nas pesquisas do IBGE, IPEA, que demonstram a confusão conceitual entre organizações religiosas e associações privadas, e na teoria de José Lamartine Corrêa de Oliveira, que comprova que a ausência de uma conceituação provoca uma crise no sistema da pessoa jurídica de direito privado no direito brasileiro.

5.1 Breve trajetória histórica das organizações religiosas no direito brasileiro

A trajetória histórica das Organizações Religiosas no direito brasileiro, inicialmente, é demarcada pela fusão existente entre Estado e Religião. Logo, o primeiro registro de atuação dessas entidades é gravado pela ação direta da Igreja e fora da concepção do direito de associação em nome da fé. Isso explica a grande dificuldade atual de separar o conceito de uma Igreja do conceito de uma Organização Religiosa. A formatação originária do ente coletivo deu-se ligada diretamente ao exercício do culto e da liturgia.

Gerone (2008) estabelece o histórico de atuação das Organizações Religiosas contabilizando a chegada da Igreja Católica no Brasil, no ano de 1500, até a promulgação da Constituição Federal de 1988. Antes de consubstanciar esse breve trajeto histórico e jurídico, é preciso chamar a atenção à diferente configuração que as Organizações Religiosas começam a adotar na medida em que o direito brasileiro vai evoluindo no decorrer do tempo. Sendo assim, a chegada da Igreja Católica no Brasil, no ano de 1500, demarca a atuação da Igreja com a fixação de uma religião oficial que seria propagada.

Esse primeiro evento apresentado por Gerone (2008) merece atenção, por ser marcado pela atuação exclusiva da Igreja, que neste período, ano de 1500, tem a atividade marcante e exclusiva do culto e da liturgia. É um momento de propagação da fé e da doutrina da Igreja Católica, logo não há que se falar na atuação da fé por meio de uma organização. Identifica-se a atuação da Igreja exercendo sua atividade tradicional.

Durante 34 anos, a Igreja Católica ocupou-se da evangelização por meio de um processo de unidade com o Estado. Ou seja, no período colonial a Igreja Católica era a religião oficial existente no país, atuando diretamente junto ao Estado. Não existia uma separação entre Estado e Igreja Católica, que atuava diretamente em serviços públicos, registro de nascimento, batismo, casamento e óbito. Essa simbiose entre Igreja e Estado é o marco inicial da realização de funções atípicas da Igreja. Porém, foi no ano de 1534,[40] com a criação da Santa Casa de Misericórdia de Santos, que a Igreja Católica instaura no Brasil a figura, ainda não definida, das Organizações Religiosas (GERONE, 2008).

---

[40] O autor Renato Júnio Franco, em seu artigo "O modelo luso de assistência e a dinâmica das Santas Casas de Misericórdia na América portuguesa", ressalta que a Santa Casa de Misericórdia de Santos foi criada no ano de 1543 e que existe um dissenso se ela foi a primeira Misericórdia do Brasil Império, tendo em vista que existem registros de que a criação da Santa Casa de Misericórdia de Olinda teria sido criada entre os anos de 1539–1545.

CAPÍTULO 5
AS ORGANIZAÇÕES RELIGIOSAS ENQUANTO PESSOA JURÍDICA DE DIREITO PRIVADO... | 193

Esse movimento de extensão das atividades típicas da Igreja Católica é traço histórico do Império português. Segundo Franco (2014), a origem da Santa Casa de Misericórdia teria ocorrido em Lisboa no ano de 1498. Inicialmente a proposta da instituição era oferecer um apurado tratamento religioso para a elite portuguesa. No entanto, com o crescimento do Império português, ocorrem mudanças na estrutura das Misericórdias, que passam a atuar diretamente no amparo dos mais pobres.

Franco (2014) afirma que as atividades de combate à pobreza da Santa Casa de Misericórdia se fortaleceram no século XIV com a crescente miserabilidade da população portuguesa. Nas primeiras décadas do século XVI e em meio ao Concílio de Trento (1545–1563), as Santas Casas de Misericórdia tornaram-se paradigma no auxílio à população mais pobre de Portugal assumindo o protagonismo do combate à pobreza.

Ao fim do século XVI, fortalece a implementação das Misericórdias americanas. No Brasil, a Santa Casa de Misericórdia iniciou suas atividades com a criação de um hospital em Santos, mas logo ampliou suas atividades para assistência de órfãos, pessoas com deficiência e pessoas em situação de pobreza em geral.

Sobre a difusão das Misericórdias no Brasil, leciona Franco:

> No fim da União Dinástica (1580-1640), estima-se, existiam mais de 300 Misericórdias no império (Abreu e Paiva, 2006:11); dessas, pouco mais de uma dezena estavam no território americano. Entre 1580 e 1640, foram criadas Misericórdias no Rio de Janeiro (c.1582), Filipeia de Nossa Senhora das Neves (Paraíba, c.1585), São Luís do Maranhão (c. 1622). Russell-Wood afirma, sem citar fontes, que em 1629 teria sido criada mais uma Santa Casa em Igarassu, capitania de Pernambuco (Russell-Wood, 1981: 31). Era um número modesto, não obstante a Coroa tenha passado a incentivar a criação de Misericórdias a partir do Regimento de Gaspar de Sousa, em 1621, mantendo a cláusula inalterada até o Regimento de 1808 (FRANCO, 2014, p. 10).

Da lição trazida pelo autor, pode-se afirmar que este é o momento em que se firmam as Organizações Religiosas no Brasil. Nota-se uma completa extensão de atividades por parte da Igreja. Ao se analisar os dados históricos apresentados por Franco (2018), é possível concluir que o aumento na implementação das Santas Casas de Misericórdia no Brasil é o marco histórico de surgimento do ente coletivo denominado Organizações Religiosas. Isso porque em 1500, quando a Igreja Católica chegou ao "Novo Mundo", ela tinha uma única e exclusiva função: o exercício do culto e da liturgia. Porém, quando a própria Coroa passa a incentivar a criação de institutos da Igreja para a realização de atividades que são típicas do Estado, temos a primeira configuração das Organizações Religiosas.

Franco (2014) apresenta um interessante panorama da criação das Misericórdias no Brasil. Percebe-se que, com o incentivo da coroa portuguesa, a atuação da Igreja Católica ganhou uma posição de destaque quanto à assistência e ao combate à pobreza e marginalização:

Tabela 05: Histórico das Santas Casas no Brasil

	Ano de Fundação	Localidade
	c.1539	Olinda
	c.1543	Santos
	c.1545	Espírito Santo
Século XVI	1549	Salvador
	1560	São Paulo
	1564	Ilhéus
	c.1582	Rio de Janeiro
	c.1585	Paraíba
	1611	Itamaracá
	?	Goiana
Século XVII	?	Sergipe del Rei
	1622	São Luís
	1629	Igarassu
	1650	Belém
	1735	Vila Rica
Século XVIII	1735	Recife
	1792	Campos

Fonte: FRANCO, 2014, p. 17.

CAPÍTULO 5
AS ORGANIZAÇÕES RELIGIOSAS ENQUANTO PESSOA JURÍDICA DE DIREITO PRIVADO...

195

A presença patente da Religião no desenvolvimento de atividades que são típicas do Estado fica ainda mais forte no Brasil Império com a chegada de outras vertentes religiosas no território brasileiro. Protestantes, anglicanos congressionais, anglicanos metodistas são algumas das vertentes que se pode destacar. Neste ponto, é crucial ressaltar que, no Brasil Colônia, eram fortes as práticas religiosas de matriz africana, por conta da escravidão (GERONE, 2008).

Como os escravos não podiam frequentar os mesmos espaços religiosos que os senhores, suas práticas religiosas foram crescendo e ganhando cada vez mais espaço. Mesmo assim, a Igreja Católica ainda era a igreja oficial do Estado, existindo, na Constituição de 1824, a proibição de reunião de protestantes em templos. Porém, já estava instituído, no Brasil, o exercício de atividades além do culto e da liturgia (GERONE, 2008).

Gerone (2008) ressalta que é no Brasil República que o Estado rompe sua unificação com a Igreja Católica. A pauta republicana do Estado Laico, por meio da emissão do Decreto nº 119-A de 1890,[41] estabelece a separação do Estado com a Igreja Católica, reconhecendo as igrejas com personalidade jurídica de natureza eclesial. Esse tema foi tratado sob a ótica de Paula Montero (2006) no capítulo 1.

Para a autora, o Estado Laico, instaurado na República, teve como objetivo maior o controle dos bens e atividades da Igreja

---

[41] "Art. 1º E' prohibido a autoridade federal, assim como á dos Estados federados, expedir leis, regulamentos, ou actos administrativos, estabelecendo alguma religião, ou vedando-a, e crear differenças entre os habitantes do paiz, ou nos serviços sustentados à custa do orçamento, por motivo de crenças, ou opiniões philosophicas ou religiosas. Art. 2º a todas as confissões religiosas pertence por igual a faculdade de exercerem o seu culto, regerem-se segundo a sua fé e não serem contrariadas nos actos particulares ou publicos, que interessem o exercicio deste decreto.
Art. 3º A liberdade aqui instituida abrange não só os individuos nos actos individuaes, sinão tabem as igrejas, associações e institutos em que se acharem agremiados; cabendo a todos o pleno direito de se constituirem e viverem collectivamente, segundo o seu credo e a sua disciplina, sem intervenção do poder publico.
Art. 4º Fica extincto o padroado com todas as suas instituições, recursos e prerogativas.
Art. 5º A todas as igrejas e confissões religiosas se reconhece a personalidade juridica, para adquirirem bens e os administrarem, sob os limites postos pelas leis concernentes á propriedade de mão-morta, mantendo-se a cada uma o dominio de seus haveres actuaes, bem como dos seus edificios de culto.
Art. 6º O Governo Federal continúa a prover á congrua, sustentação dos actuaes serventuarios do culto catholico e subvencionará por anno as cadeiras dos seminários; ficando livre a cada Estado o arbítrio de manter os futuros ministros desse ou de outro culto, sem contravenção do disposto nos artigos antecedentes.
Art. 7º Revogam-se as disposições em contrario" (PALÁCIO DO PLANALTO, 1890).

Católica. As demais vertentes religiosas não foram devidamente observadas, o que deveria ter sido um foco estatal. Isso, por si só, explica a grande dificuldade do direito contemporâneo em reconhecer a efetiva atuação de uma Organização Religiosa como uma pessoa jurídica de direito privado.

Um ponto que chama atenção no Decreto nº 119-A é o seu artigo 3º, que estabelece que a liberdade religiosa se aplica não somente aos indivíduos, mas também às "igrejas, associações e institutos em que se acharem agremiados". A leitura do dispositivo permite afirmar que, no Brasil República, iniciou-se o movimento para uma separação conceitual entre Igreja e Organizações Religiosas.

O Estado, ao se declarar desvencilhado da Igreja Católica, reconhece as atividades que transcendem a realização do culto e da liturgia. Atividades que já eram realizadas pela Igreja Católica desde o Brasil Colônia deveriam continuar, agora sob o manto da liberdade religiosa, podendo ser desenvolvidas também por outros segmentos religiosos. Sendo assim, seriam pessoas jurídicas eclesiais as igrejas, associações e institutos ligados à fé. Identifica-se a primeira concepção jurídica e genérica para o tipo Organizações Religiosas apresentado, atualmente, no artigo 44, inciso IV do Código Civil Brasileiro.

No mesmo período em que o Brasil se declarava um Estado laico e plural, a Igreja Católica, por meio do Bispo de Roma, publicava uma importante encíclica papal, que foi um marco na construção dos direitos sociais. A encíclica *Rerum Novarum*, criada pelo Papa Leão XIII em 1891, cobrava uma atuação firme do Estado nas questões sociais recorrentes da época, exigindo dele medidas de proteção do indivíduo para não permitir a exploração do homem em função do lucro (GERENO, 2008).

O que ficará claro, nos parágrafos seguintes, é que o Estado regula tais relações e passa a estabelecer tais direitos, porém repassa para a Igreja parte dessa responsabilidade, principalmente no âmbito da assistência social.

O Decreto 119-A, do ano de 1890, sempre esteve vigente no ordenamento jurídico brasileiro, sendo reconhecido como um dos expoentes do pluralismo religioso e da laicidade do Estado (GERONE, 2008). Neste momento da trajetória histórica das organizações religiosas, a Igreja continuava no desenvolvimento de suas

CAPÍTULO 5
AS ORGANIZAÇÕES RELIGIOSAS ENQUANTO PESSOA JURÍDICA DE DIREITO PRIVADO... | 197

atividades atípicas, agora, porém, surge a necessidade de regular tais atividades realizadas pela iniciativa privada. O Código Civil de 1916, em seu artigo 16, apresentou o rol de pessoas jurídicas de direito privado, e um dos tipos apresentados foi o das sociedades religiosas.[42]

O Código Civil de 1916 reforça a personalidade da pessoa jurídica, prevista inicialmente no Decreto 119-A de 1890, apresentando a pessoa jurídica de direito privado do tipo sociedades religiosas. Resta cristalizado que a igreja é detentora de personalidade jurídica para adquirir e administrar seus bens e segue no desenvolvimento de sua função típica – o culto e a liturgia.

Percebe-se que o reconhecimento da Igreja enquanto ente coletivo não é um problema no direito brasileiro desde 1890. A grande questão que merece reflexão é o tratamento jurídico que deveria ser concedido ao ente coletivo de vertente religiosa que estende o exercício de suas atividades, ou seja, que não exercia apenas atividades ligadas ao culto e a liturgia. Demonstrou-se, nos parágrafos anteriores, que a Religião no Brasil sempre atuou além das funções típicas de uma igreja. Funções atípicas sempre foram desenvolvidas, e essa percepção sob a ótica da diferença de atuação resta clara e evidente no artigo 3º do Decreto 119-A.

O artigo 16 do Código Civil de 1916 elenca, como pessoa jurídica de direito privado, as denominadas sociedades religiosas que eram um contraponto à denominada sociedade mercantil. A sociedade de pessoas que, em nome da fé, reuniam-se para promover atividades de culto e liturgia ou para desenvolver atividades sem finalidade lucrativa era definida como sociedade religiosa, e a reunião de pessoas para a exploração de uma atividade lucrativa era denomina de sociedade mercantil. O Código Civil de 1916 não disciplinou de forma correta o ente coletivo de vertente religiosa.

Segundo Gerone (2008), por conta das peculiaridades das sociedades religiosas, tais como o direito canônico e outras normas internas ligadas à confissão de fé, a jurisprudência cível e trabalhista

---

[42] "Art. 16 São pessoas jurídicas de direito privado:
I – As sociedades civis, religiosas, pias, morais, científicas ou literárias, as associações de utilidade pública e as fundações.
II – As sociedades mercantis.
III – Os partidos políticos" (CÓDIGO CIVIL, 1916).

passou a tratar o ente coletivo como uma associação religiosa, problema identificado na jurisprudência brasileira até os tempos atuais.

O legislador não seguiu a diferenciação apresentada pelo Decreto 119-A. O artigo 16 nominou a personalidade jurídica das sociedades religiosas não diferenciando igreja de sociedade religiosa, o que inclusive levou o Poder Judiciário a conceder um tratamento jurídico ao ente que nem estava presente no Código Civil de 1916.

Guimbelli (2017) destaca que no Brasil, desde 1889 (proclamação da República), instaurou-se um regime que tem como característica a ausência precisa de enquadramento jurídico para as igrejas e as entidades que se autodeterminam religiosas.

O mesmo ocorreu com a publicação do Código Civil de 2002, que quiçá trouxe no rol de pessoas jurídicas de direito privado uma denominação para o ente coletivo de vertente religiosa, deixando subentendido que prevaleceria a interpretação de que o ente coletivo de vertente religiosa teria natureza jurídica de uma associação. Sendo assim, sem regulação específica prevalecia o termo associação para a definição do que Guimbelli (2017) denomina coletivos religiosos. A grande questão dessa situação é que o Código Civil de 2002 apresenta importantes inovações no regime jurídico das associações, o que representa uma grande diferença com o tipo previsto no Código Civil de 1916:

> Portanto, em ambas as legislações, as igrejas e outros coletivos religiosos são concebidos como associações. Mas o Código Civil de 2002 inovou ao prever, para as associações, condições mais específicas que o de 1916. Segundo a lei mais recente, os estatutos deveriam estipular, além do nome, os fins e a sede da associação, "os requisitos para a admissão, demissão e exclusão dos associados", "as fontes de recursos para sua manutenção" e "o modo de constituição e funcionamento dos órgãos deliberativos e administrativos". Além disso, a lei discrimina certas competências das "assembleias gerais", supondo que sua realização seja parte necessária do funcionamento das associações. Aprovado em 2002, o Código Civil estipulava que até o final de 2003 os coletivos por ela regidos deveriam se adaptar às novas normas (GUIMBELLI, 2017, p. 134).

É notória a confusão tipológica existente no direito brasileiro quando o assunto é a personalidade jurídica do ente coletivo de vertente religiosa. O Código Civil de 1916 cria uma pessoa jurídica própria que não é reconhecida pela jurisprudência. Os tribunais

CAPÍTULO 5
AS ORGANIZAÇÕES RELIGIOSAS ENQUANTO PESSOA JURÍDICA DE DIREITO PRIVADO...

199

criam o tipo jurídico das associações religiosas (não previsto em lei) que perpetua até a publicação do Código Civil de 2002, que modifica o regime jurídico das associações e não contempla, no rol das pessoas jurídicas de direito privado, o ente coletivo de vertente religiosa.

Guimbelli (20217), ao realizar um estudo sobre a vida jurídica das igrejas no Brasil, México, Uruguai e Argentina, conclui que no Brasil o ente coletivo de vertente religiosa nunca possuiu um tratamento adequado. O autor chama a atenção para a ausência de um aparato específico para autorizar os entes coletivos religiosos bem como alerta para a descentralização dos órgãos que efetuam o registro desses entes no país. Tudo isso somado à ausência de tipificação apresentada com a publicação do Código Civil de 2002 culminou na alteração do artigo 44 do Código Civil de 2002, que por meio da Lei nº 10.825 de 2003 inseriu no rol de pessoas jurídicas de direito privado o tipo Organizações Religiosas.

Mariano (2006) atribui o movimento de modificação do artigo 44 do Código Civil de 2002 aos evangélicos. Para o autor, essa vertente religiosa se demonstrou muito ameaçada com as mudanças trazidas pelo novo regime jurídico das associações no Código de 2002.

Possibilidade de responsabilização, fiscalização patrimonial, poder interno aos associados foram alguns dos motivos elencados pelo autor para que os evangélicos encampassem a luta pelo afastamento da aplicação do regime jurídico das associações no ente coletivo de vertente religiosa.

Mariano (2006) aponta que no Código Civil de 1916 as sociedades religiosas, que já eram entendidas como associações religiosas, gozavam de mais autonomia e maior liberdade para sua constituição, gestão do patrimônio e desenvolvimento das atividades, o que mudou completamente com o Código Civil de 2002, que passa a tratar o ente coletivo de vertente religiosa como qualquer outro tipo de associação, desconsiderando qualquer tipo de especificidade:

> Em 2003, a reação evangélica ao Código Civil transmutou-se da submissão resignada à lei para a luta coletiva visando alterá-la no Congresso Nacional. A partir de então, deputados e senadores da bancada evangélica, em uníssono com suas lideranças eclesiásticas, tomaram a dianteira dessa reação, conduzindo-a pela via parlamentar. A principal bandeira acionada pelos evangélicos para legitimar a luta política pela alteração do Código Civil foi a defesa da liberdade religiosa, a mesma hasteada

por líderes e igrejas pentecostais para justificar o ingresso concertado na política partidária por ocasião da Constituinte (Mariano e Pierucci, 1992). Segundo esses religiosos, ao definir as igrejas como associações, o Código Civil (e, por conseqüência, o Estado) estaria embaraçando seu funcionamento, o que é inconstitucional e um flagrante atentado à liberdade religiosa. Na opinião do Deputado Federal Hidekazu Takayama (PSB-PR), autor de um dos projetos de lei para alterar o Código, embora a Constituição estabeleça "que não pode haver interferência nas igrejas. Regidas pelas normas das associações, elas ficarão à mercê das leis do Estado".22 David Tavares Duarte (2003, p. 19) não nutria dúvida alguma de que "*a interferência do Estado no funcionamento da igreja* e o excesso de poder outorgado ao associado [pelo Código] para intervir internamente na administração da mesma" ferem regras constitucionais vigentes (MARIANO, 2006, p. 90).

Toda a movimentação política da bancada evangélica começou a incentivar propostas de modificação do Código Civil de 2002 com o escopo de impedir a aplicação do regime jurídico das associações ao ente coletivo de vertente religiosa. Esse movimento contou inicialmente com a bancada evangélica e logo ganhou apoiadores de outras denominações religiosas. Entidades da Igreja Católica, entidades ecumênicas e diferentes denominações da Igreja Evangélica começaram a exercer uma forte pressão político-religiosa para a modificação do Código Civil (MARIANO, 2006, p. 91).

Em abril de 2003, foi apresentado, na Câmara dos Deputados, o primeiro Projeto de Lei para modificação do artigo 44 do Código Civil de 2002. O PL 634/03 pugnava pela inserção das entidades religiosas no rol das pessoas jurídicas de direito privado nos moldes do código anterior. O PL 634/03 abriu portas para que outras parlamentares apresentassem outros projetos de lei com o mesmo objetivo, mas com argumentações diversas.[43]

---

[43] PL 1491, de 2003, do Deputado Philemon Rodrigues, que acrescenta artigo à Lei n° 10.406, de 10 de janeiro de 2002; – PL 1.010, de 2003, do Deputado Costa Ferreira, que modifica os arts. 44 e 2031 da Lei n° 10.406, de 10 de janeiro de 2002; – PL 1.651, de 2003, do Deputado Takayama, que dá redação ao "caput" do artigo 53, da Lei n° 10.406, de 10 de janeiro de 2002, que institui o Código Civil; – PL 1.766, de 2003, do Deputado Lincoln Portela, que acrescenta inciso ao art. 44 da Lei n° 10.406, de 10 de janeiro de 2002; – PL 1.773, de 2003, do Deputado Agnaldo Muniz, que altera a Lei n° 10.406, de 10 de janeiro de 2002 – Código Civil, acrescentando o Art. 53-A; – PL 1.904, de 2003, do Deputado Silas Câmara, que excetua as igrejas da aplicação dos arts. 53 a 61 do Código Civil, Lei n° 10.406, de 10 de janeiro de 2002. – PL 2029, de 2003, do Deputado Eduardo Cunha, que dá nova redação ao caput e acrescenta §2° ao art. 53 do Código Civil, Lei 10.406, de 10 de janeiro de 2002. –

Mariano (2006) considera que a Lei nº 10.825, de 2003, antes de se preocupar com a conceituação jurídica das entidades religiosas, foi um movimento político e uma demonstração da força da bancada evangélica no Brasil. A inserção do inciso IV no artigo 44 do Código Civil em nada mudou o tratamento jurídico apresentado às organizações religiosas, que atualmente são consideradas pessoas jurídicas de direito privado e continuam sendo tratadas juridicamente como associações privadas. Ou seja, historicamente conclui-se que o ente coletivo de vertente religiosa não recebeu um tratamento jurídico adequado no Brasil até os dias atuais.

5.2 Uma visão cartográfica: o mapa das organizações religiosas no Município de Belo Horizonte

Como apresentado no capítulo 4, é possível afirmar, com base no censo demográfico de 2010, que o Brasil conta com 46 (quarenta e seis) tipos de Religiões oficialmente catalogadas. Dessas, 04 (quatro) religiões ganham destaque, por conta do grande número de brasileiros que se aderem a elas. Como expoentes das religiões dominantes no Brasil, tem-se a Religião Católica, a Religião Evangélica, a Religião Espírita e a Religião Afro-Brasileira. Essas vertentes religiosas, para desenvolverem suas atividades na sociedade, devem constituir-se em forma de pessoa jurídica de direito privado. Tal configuração torna necessária a verificação do quantitativo de pessoas jurídicas de direito privado de vertente religiosa no Brasil, bem como a identificação da natureza jurídica adotada no momento de configuração da personalidade.

Como aporte metodológico, serão utilizados os dados do Instituto Brasileiro de Geografia Estatística (IBGE) e do Instituto de Pesquisa Econômica Aplicada (IPEA). O objetivo, com a análise dos dados, é apresentar o quantitativo das pessoas jurídicas de vertente religiosa existentes no Brasil, bem como apurar qual é a

---

PL 2107, de 2003, do Deputado João Batista, que acrescenta inciso IV ao art. 44 do Código Civil, Lei 10.406, de 10 de janeiro de 2002. – PL 2076, de 2003, do Deputado João Batista, que acrescenta art. 61-A ao art. 61 do Código Civil, Lei 10.406, de 10 de janeiro de 2002. 3 – PL 2389, de 2003, do Deputado Takayama e outros, que dá redação ao caput do art. 53 do Código Civil, Lei 10.406, de 10 de janeiro de 2002 (CÂMARA DOS DEPUTADOS, 2003).

natureza jurídica atribuída a cada uma delas no momento de seu registro, com o escopo de identificar quais são registradas como Organizações Religiosas e Associações Privadas. Importante destacar que a apuração dos dados levará em conta a natureza jurídica de Associação Privada e Organização Religiosa, bem como o objeto de atuação religioso.

Essa informação precisa ser destacada pelo fato de ser possível identificar, nas pesquisas, uma pessoa jurídica de vertente religiosa com objeto de atuação ligado a educação, saúde, proteção de direitos etc. Esse é o grande cerne de discussão desta obra, e esse tema será abordado posteriormente. Essas informações não serão utilizadas, pois o intuito de usar os dados é demonstrar o quantitativo das pessoas jurídicas de vertente religiosa (originariamente), fixando a importância destas na sociedade, o que reforça a necessária regulamentação do tema.

Apresentada essa visão geral, o próximo passo será a realização de uma análise mais restritiva tendo como objeto de estudo o Estado de Minas Gerais e, em seguida, o Município de Belo Horizonte. Será utilizada a metodologia da cartografia para construir um mapa das Organizações Religiosas no Município de Belo Horizonte. O objetivo é cartografar quais as organizações religiosas existentes em Belo Horizonte e qual a natureza jurídica delas. O mapa das Organizações Religiosas permitirá identificar, na prática, a confusão conceitual existente entre o conceito de uma pessoa jurídica de direito privado do tipo organização religiosa e associação privada, bem como permitirá demonstrar a crise sistêmica da pessoa jurídica de direito privado no direito brasileiro.

Considerando que o Brasil contabiliza 46 (quarenta e seis) frentes religiosas específicas, percebe-se que somente no Estado de Minas Gerais são contabilizados 18.610.704 (dezoito milhões, seiscentos e dez mil e setecentos e quatro) fiéis distribuídos entre as 46 (quarenta e seis) vertentes religiosas. Desse total, 70,43% da população se declara católica, 20,19% da população se declara evangélica, 2,14 % da população se declara espírita e 0,09% da população se declara pertencente à Umbanda ou ao Candomblé (IBGE, 2010).

O Estado de Minas Gerais é um "Estado religioso", pois apenas 60.938 (sessenta mil, novecentos e trinta e oito) pessoas se

CAPÍTULO 5
AS ORGANIZAÇÕES RELIGIOSAS ENQUANTO PESSOA JURÍDICA DE DIREITO PRIVADO... | 203

declaram sem religião ou não possuem uma vertente religiosa definida. Dentro desse total, apenas 0,36% da população se declara ateu e 0,04% da população se declara agnóstico. Um detalhe que chama atenção é que 0,31% da população declara pertencer a múltiplas vertentes religiosas, e 5,03% da população se declara sem religião, o que não exclui a participação livre em atividades religiosas sem aderência à doutrina e estrutura da religião (IBGE, 2010).

Esses números nacionais e estaduais são importantes, por auxiliar na compreensão dos dados publicados no portal do IPEA no ano de 2019. Foi elaborado um mapa das Organizações da Sociedade Civil,[44] que leva em consideração a contabilização de associações privadas, organizações sociais, fundações privadas e organizações religiosas. No ano de 2019, 20% das organizações em atuação no Brasil eram de vertente religiosa. Em primeiro lugar encontram-se as organizações de desenvolvimento e defesa dos direitos, contabilizando 47% das organizações em atuação em território nacional.

Percebe-se, então, que as organizações de vertente religiosa ocupam a marca de segundo lugar tendo em vista o critério de atuação. Ao realizar uma pesquisa avançada no site do IPEA utilizando o filtro natureza jurídica (Associação Privada e Organização Religiosa) e área de atuação (Religião) é possível afirmar que no Brasil existem 227.990 (duzentos e vinte e sete mil, novecentos e noventa) organizações (associações e/ou organizações) de vertente religiosa em um universo de 781.921 (setecentos e oitenta e um mil, novecentos e vinte e um) organizações da sociedade civil. Importante destacar o panorama nacional para se constatar a posição de destaque das organizações de vertente religiosa.

Em média, 30% das organizações da sociedade civil no Brasil possuem vertente religiosa. Esse é um forte indicador, afinal a pesquisa do IPEA não leva em consideração somente a natureza jurídica das organizações, mas também sua vertente de atuação.

---

[44] Dessa forma, OSC também é uma denominação, não configurando uma natureza jurídica, como as associações e as fundações. Um ponto interessante é que o MROSC amplia o conceito de OSC, para fins de celebração de parcerias com o poder público, incluindo neste grupo as organizações religiosas que realizam também atividades sociais e alguns tipos de cooperativas, como as sociais previstas na Lei nº 9.867/99 e as que tenham cunho social. Disponível em: https://www.escolaaberta3setor.org.br.

Será demonstrado adiante que é possível encontrar Igrejas com natureza jurídica de associação privada, Igreja com natureza jurídica de Organização Religiosa, ou seja, muitas organizações contabilizadas no universo geral recebem tratamento jurídico equivocado exatamente pela falta de regulação conceitual do tipo (IPEA, 2019).

No Estado de Minas Gerais, são contabilizadas 24.089 (vinte e quatro mil e oitenta e nove) organizações da sociedade civil de vertente religiosa. Ressalta-se que, nesta pesquisa, o termo organizações da sociedade civil de vertente religiosa engloba associações privadas cujo objeto é religioso e as organizações religiosas propriamente ditas (IPEA, 2019).

No Município de Belo Horizonte, são registradas 9.444 (nove mil, quatrocentos e quarenta e quatro) Organizações da Sociedade Civil de vertente religiosa. Desse total, 987 (novecentos e oitenta e sete) são Igrejas registradas com natureza jurídica de Organização Religiosa e 8.457 (oito mil quatrocentos e cinquenta e sete) Igrejas com natureza jurídica de Associação Privada juntamente com outras organizações coletivas de finalidade religiosa. Fica nítido que, após um estudo dos dados, resta ainda mais perceptível a confusão conceitual existente entre uma Organização Religiosa e uma Associação Civil (IPEA, 2019).

Das 987 (novecentos e oitenta e sete) Organizações Religiosas registradas no Município de Belo Horizonte, apenas 2 (duas) não são equivalentes à estrutura de Igreja comparadas com as demais 985 (novecentos e oitenta e cinco) organizações computadas. O que se percebe é que a natureza jurídica de Organização Religiosa, no caso de Belo Horizonte, foi vinculada ao templo, ou seja, local de atividade de culto e liturgia. Por meio de uma consulta, é possível comprovar que 99,7% das Organizações Religiosas são, na verdade, o templo, ou seja, igreja no sentido clássico do termo. Logo, percebe-se que a natureza jurídica de uma organização religiosa, em Belo Horizonte, estaria vinculada ao conceito estrito de igreja. Apenas duas Organizações Religiosas registradas não possuem a denominação de igreja, mas em realidade são locais para prática de culto e liturgia. São elas: Casa de Caridade Vovó (CNPJ: 29.246.067/0001– 92) e Fraternidade Saldanha e Oriente (CNPJ: 31.809.209/0001-24).

O que de fato chama atenção é que quando se passa a analisar os dados de registro das Associações Privadas no Município de Belo Horizonte, em média 847 (oitocentos e quarenta e sete) Associações Privadas são, na verdade, Organizações Religiosas. Elas possuem as mesmas características e finalidades das 987 (novecentos e oitenta e sete) Organizações Religiosas registrados no Município. Outro fato que se consegue perceber é que, por meio de uma pesquisa, para exemplificação, constata-se que boa parte dessas "Igrejas-Associações" foi registrada após o ano de 2003, ou seja, já existia o tipo organização religiosa previsto no artigo 44 do Código Civil, e mesmo assim elas receberam a natureza jurídica de Associação Privada:

Tabela 06: Organizações Religiosas registradas como Associação Privada

Razão Social	CNPJ	Situação cadastral	Natureza jurídica
Igreja Cristã Triunfante	061.457-17/0001-08	Cadastro Ativa desde 2018.	Associação Privada
Igreja Cristã Evangélica Casa da Oração Bairro das Industrias	176.929-71/0001-42	Cadastro Ativo desde 2003.	Associação Privada
Igreja Batista El Shadai São Gabriel	73.963.779/0001-14	Cadastro Ativo desde 2005.	Associação Privada
Igreja Assembleia de Deus – Ministério de Belo Horizonte	17.428.079/0103-83	Cadastro Ativo desde 2013.	Associação Privada
Primeira Igreja Batista do Boa Vista	01.193.647/0001-40	Cadastro Ativo desde 2005	Associação Privada
Igreja Presbiteriana Jardim Vitória	00.872.996/0001-25	Cadastro Ativo desde 2004	Associação Privada

Fonte: http://cnpj.info/

Nota-se, também, que as pessoas jurídicas de vertente religiosa de segmento espírita e de matrizes africanas recebem natureza jurídica de Associação Privada, mesmo seguindo a finalidade e os objetivos das Igrejas registradas como Organizações

Religiosas. Existem em média 12 (doze) Associações Privadas que doutrinariamente realizam práticas do Candomblé e Umbanda e que possuem como objeto o culto e a liturgia. Já os Centros Espíritas somam 62 (sessenta e duas) Associações Privadas, que possuem, como objeto, a implementação da doutrina espírita por meio do culto e da liturgia. Pergunta-se: Por que a Casa de Caridade Vovó e a Fraternidade Saldanha e Oriente, que não possuem razão social de igreja, são registradas como Organizações Religiosas, e as demais não são?

A apreciação dos números, mesmo que para efeito de exemplificação, deixa claro que não existe um critério diferenciador entre uma organização religiosa, igreja e associação privada. Como apresentado anteriormente, o artigo 44, inciso IV, do CCB dispõe sobre um tipo de pessoa jurídica sem forma, uma vez que não se consegue definir quando essa natureza jurídica será implementada. Todas essas Igrejas, Centros Espíritas, locais de práticas de Candomblé e Umbanda são classificados com a mesma natureza jurídica das Associações de Bairro, Loja Maçônica, Associação dos Estudantes Universitários, Associação das Lésbicas de BH, Associação de Funcionários de Hospitais etc. Será que a inserção do tipo pessoa jurídica organizações religiosas tinha essa intenção? Será que essa foi a vontade do legislador?

Destaca-se que a Mitra Arquidiocesana de Belo Horizonte não se encontra cadastrada nos dados no IPEA. Ao realizar uma pesquisa por Arquidiocese de Belo Horizonte, Mitra Arquidiocesana ou Paróquias, não se encontra nenhum dado referente ao cadastro da Igreja Católica Apostólica Romana. Em uma pesquisa no site cnpj.info, é possível constatar que a Mitra Arquidiocesana é registrada com natureza jurídica de Organização Religiosa. Contudo, nos dados do IPEA encontram-se diversas atividades de assistência social ligadas às Paróquias que compõem a Arquidiocese de Belo Horizonte. As atividades exercidas são distintas das atividades de culto e liturgia, mas possuem ligação direta com a Igreja Católica Apostólica Romana, como é o caso da PROVIDENS Ação Social Arquidiocesana, que engloba diversas outras atividades desenvolvidas pela Arquidiocese de Belo Horizonte. A título de exemplificação, passa-se a citar algumas dessas Associações:

CAPÍTULO 5
AS ORGANIZAÇÕES RELIGIOSAS ENQUANTO PESSOA JURÍDICA DE DIREITO PRIVADO...

Tabela 07: Organizações Religiosas registradas como Associação Privada

Razão Social	CNPJ	Situação cadastral	Natureza jurídica
Ação Social Alto Vera Cruz	04.717.477/0001-43	Ativa desde 2005	Associação Privada
Obras Sociais da Paróquia de São Cristóvão	00.212.252/0001-84	Ativa desde 2018	Associação Privada
Obras Sociais da Paróquia Santo Inácio de Loyola	17.359.936/0001-06	Ativa desde 2001	Associação Privada
Obra Social da Comunidade Paroquial de São Mateus	17.369.737/0001-89	Ativa desde 1998	Associação Privada
PROVIDENS – Ação Social Arquidiocesana	Faltam dados	Faltam dados	Faltam dados
Ação Social da Paróquia dos Anjos da Guarda	17.490.582/0001-34	Ativa desde 2019.	Associação Privada

Fonte: http://cnpj.info/

Outro fato de grande relevância que os dados do IPEA mostram é a quantidade considerável de Associações Privadas registradas em Belo Horizonte e que são de vertente religiosa, mas que possuem como objeto o desenvolvimento de atividades que vão além do culto e da liturgia. Essa percepção demonstra o problema trazido por esta obra em seu capítulo introdutório. O que resta nítido é que não se tem um critério específico para diferenciar igreja, organização religiosa e associação privada. É exatamente o ente coletivo de vertente religiosa que exerce atividade diversa do culto e da liturgia que chama o direito para a necessidade de apresentação de um conceito regulador para a pessoa jurídica do tipo organização religiosa. As "associações" que desenvolvem atividades diversas do culto e da liturgia possuem, como vínculo e como *animus*, a fé, o que se perfaz um elemento caracterizador de uma organização religiosa, e não de uma associação.

Como apresentado acima, no Município de Belo Horizonte temos como grande exemplo a Mitra Arquidiocesana, que é registrada como uma Organização Religiosa, mas que tem ligadas à sua atividade diversas associações que atuam diretamente junto às paróquias, desenvolvendo atividades para além do culto e da liturgia. Será que esse ente coletivo de fato é uma associação privada?

Ao analisar os dados do IPEA encontram-se, em Belo Horizonte, Associações Privadas que possuem os mais diversos objetivos, como por exemplo ANASPREV – Associação Nacional dos Servidores Previdenciários, a Associação Mineira de Cineastas, Associação Espírita São Francisco de Assis, Associação Assistencial Getsemani, Associação Educacional, Assistencial Graça de Deus, Associação Pastoral do Povo de Rua e Associação Religiosa e Cultural de Culto Afro-brasileiro Nizo Matujinan Mutalambo Danda Lunda.

A grande diferença entre elas é o *animus* associativo, é o vínculo não material que faz cristalizar e tornar existente o ente coletivo. No caso da reunião de pessoas que desenvolvem determinada atividade na sociedade em nome da fé, deveríamos estar diante de uma Organização Religiosa, e não de uma Associação Privada. A fé seria uma das manifestações do direito constitucional de se associar. É nítida a diferença entre uma Associação que versa sobre objetos privados e gerais de uma Associação que executa um objeto privado e geral, porém em nome da fé.

Em Belo Horizonte existem, de acordo com os dados do IPEA, em média 1.400 (um mil e quatrocentas) Associações Privadas cujo *animus* associativo é a fé. Ou seja, em um panorama geral, no Município de Belo Horizonte é possível estruturar o ente coletivo de vertente religiosa em dois grandes grupos. São eles: Igrejas e Entidades Coletivas que desenvolvem atividades sociais em nome da fé.

Esse segundo grupo, que recebe a natureza jurídica de Associação Privada, desenvolve diversas atividades na sociedade. É possível elencar as seguintes atividades desenvolvidas: assistência social (atividade de promoção da dignidade da pessoa humana), atividade de apoio e promoção da cultura, atividades ligadas à promoção do direito à educação (escolas, creches, universidades), atividades de apoio espiritual e propagação da doutrina religiosa e atividades ligadas à promoção do direito à saúde (hospitais e centros de apoio a tipos específicos de doenças).

Das 9.444 (nove mil, quatrocentos e quarenta e quatro) Organizações da Sociedade Civil registradas em Belo Horizonte, em média 15% (quinze por cento) delas são entes coletivos de vertente religiosa que desenvolvem atividades diversas do culto e da liturgia na sociedade e estão vinculadas diretamente à estrutura de uma Igreja. É exatamente esse o ponto central de discussão deste estudo: essas entidades são de fato Associações Privadas? Poderiam elas ser conceituadas como Organizações Religiosas?

Esse panorama demonstra o limbo jurídico que paira sobre o assunto. O Código Civil, em seu artigo 44, apresenta duas espécies de pessoas jurídicas que poderiam encampar os entes coletivos apresentados. São elas: as Organizações Religiosas e as Associações Privadas. Como o legislador não apresentou regulação e definição para o tipo Organizações Religiosas, percebe-se que essa natureza jurídica é concedida à pessoa jurídica que adote forma de Igreja, ou seja, local de culto e liturgia, e que siga uma doutrina e determinados dogmas religiosos. O grande problema desse raciocínio é que restou comprovado, de acordo com os números apresentados, que em Belo Horizonte existem Igrejas (local de culto e liturgia) que recebem natureza jurídica de Associação Privada. Outro problema é o fato de que o ente coletivo que exerce atividade além do culto e liturgia também recebe natureza jurídica de uma Associação Privada.

Essa análise deixa clara a confusão conceitual existente quando o assunto é uma Organização Religiosa. Os dados trabalhados permitem afirmar que quando o assunto é o enquadramento legal do ente coletivo de vertente religiosa, é imprescindível verificar a atividade desenvolvida. Percebeu-se que é possível afirmar que o ente coletivo de vertente religiosa realizará dois tipos de atividade: atividade de culto e liturgia, que é realizada internamente com a pregação da doutrina seguida; e atividade de prática e extensão, que é realizada para além da igreja, ou seja, concretizada por obras na sociedade.

Todas as atividades desenvolvidas estão obrigatoriamente ligadas ao elemento fé e possuem correspondência direta com uma estrutura religiosa dominante. Percebeu-se que a estrutura desse ente coletivo funciona por meio de órgãos com funções e atividades específicas e que compõem o grande organismo denominado ente coletivo de vertente religiosa. Portanto, é clara a crise no sistema da pessoa jurídica no direito brasileiro quando se encontra uma Igreja com natureza jurídica de Associação Privada, bem como quando se encontra um ente coletivo de assistência, manutenção ou realização de obras religiosas com natureza jurídica de Associação Privada. Essa prática torna morto o tipo Organização Religiosa e viola toda a realidade fática do ente no seio da sociedade brasileira.

Nesse diapasão, uma vez mais comprova-se o problema conceitual existente na tipologia da pessoa jurídica de direito privado do tipo Organizações Religiosas. A problemática foi demonstrada por meio de jurisprudências que enquadram equivocadamente o ente, por meio de debates doutrinários que não sabem qual é a correta natureza jurídica do ente e por meio de cartografia que apresentou o mapeamento desses entes em Belo Horizonte permitindo identificar, em números e de forma espacial, a confusão conceitual existente entre uma Organização Religiosa e uma Associação Privada. No tópico 5.4 será realizada uma tentativa de conceituar doutrinariamente a pessoa jurídica de direito privado do tipo Organizações Religiosas.

5.3 Classificação e tipologias das organizações religiosas

Uma corrente de teóricos, principalmente no cenário norte--americano, tem se debruçado a estudar a atuação das organizações religiosas no desenvolvimento global contemporâneo. Essa linha de investigação aponta que esses organismos se destacam pelo trabalho humanitário em questões como o combate à pobreza e a promoção da saúde, principalmente em nações ainda em desenvolvimento, como países do continente africano e América Latina. Marshall (2011, p. 565-567) insere a figura das organizações religiosas no sistema de organizações não governamentais internacionais (ONGs), atual-mente reconhecido inclusive pela Organização das Nações Unidas (ONU), enquanto uma expressão da sociedade civil global. A autora explica que as ONGs crescem no cenário internacional pós-Guerra Fria e podem ser enquadradas em duas categorias principais: uma operacional e outra de *advocacy*, em que atuam na defesa de causas de justiça social, como integridade global, direitos dos indígenas e de gênero. Com o caráter operacional, percebe-se, segundo a autora, um foco variado de atividades, que vão desde programas de educação em relação ao HIV/Aids, saúde global e proteção do meio ambiente.

Na literatura norte-americana, o termo organizações religiosas sem fins lucrativos é mais relacionado a igrejas, convenções, associações de igrejas e organizações religiosas que não são igrejas, incluindo ministérios sem denominação ou organizações ecumênicas, cuja principal proposta seja o estudo ou o desenvolvimento da religião, conforme conceituação de Hopkins e Middlebrook (2008, p. 28). No entanto, esses mesmos autores realizam certa confusão de classificação, pois chegam a descrever a atuação das organizações religiosas sem fins lucrativos para a realização de atividades públicas, recebendo verbas públicas para isso, em áreas como creches infantis e hospitais (p. 333).

Nesse contexto, Marshal reconhece que ONGs com caráter religioso aparecem, na literatura acadêmica, sob duas determinações: *faith-based organizations (FBOs)* e *faith-inspired organizations (FIOs)*. Em tradução livre, Organizações baseadas na fé ou Organizações inspiradas na fé; a segunda denominação abrangeria um grupo mais amplo de organizações, no qual as FIOs atuam como provedores de serviços, além da defesa de causas sociais. No entanto, de acordo com a autora, ainda existem grandes debates em torno da definição das FIOs, alguns similares às questões que perpassam organizações civis seculares e ainda outras discussões mais ligadas ao componente religioso. Dessa forma, ainda não teria sido esclarecida a questão fundamental da diferença das FIOs em relação a outras ONGs, pois muitas funcionariam em modelo similar ao de uma ONG. No entanto, percebe-se a presença de FIOs com dimensões religiosas mais abertas, tendo a ação de evangelizar enquanto um dos objetivos.

Marshal também explica que a relação das FIOs e as organizações religiosas, aqui entendidas aquelas conhecidas como Igreja, podem variar com ligações formais ou não entre elas. Assim, nota-se a possibilidade de existência de organizações internacionais que reúnem tradições diferentes da fé ou ainda organizações que se assemelham a federações ou movimentos. Em suma, na visão dessa autora, os termos FBO ou FIO relacionam-se a entidades constituídas legalmente de diversas formas, organizadas, na quais a fé ou crenças religiosas são inspirações intrínsecas ao caráter dessas organizações.

Em relação ao conceito geral de ONGs, Marshall afirma que a atuação da sociedade civil se diferencia a partir do contexto no qual está inserida, ou seja, Europa e América do Norte vivenciam experiências distintas em relação a outros locais, como Ásia, América Latina e África. Estes três últimos continentes observam uma rápida evolução no papel desempenhado pelas ONGs, em que existem controvérsias a respeito de como os governos podem e devem regulá-las. É inegável, portanto, na perspectiva de Marshall, como as ONGs internacionais possuem capacidades de captar recursos e serem flexíveis para obter uma resposta mais rápida e criativa do que os governos em várias questões, apesar dos debates em relação à legitimidade delas e à necessidade de submetê-las a formas de prestação de contas.

Para além dessas características, Marshall destaca a função das ONGs internacionais em dar voz aos pobres e às pessoas em situação de vulnerabilidade social, permitindo que a visão dessa parcela da população esteja representada nas decisões políticas. Assim, ficaria claro o papel delas em promover pressões em relação à prestação de contas governamentais, à transparência, a partir de uma abordagem participativa que possibilita o empoderamento da população local. Nesse contexto, Marshall salienta que as FIOs possuem função especial, porque muitas vezes estão inseridas de forma profunda nas comunidades, têm a confiança das pessoas e possuem a capacidade de mobilizar voluntários. Outros estudiosos também destacam esse potencial de mobilização das FBOs, elencando ainda que elas teriam vantagens em relação às ONGs por outras características como a eficiente provisão de serviços para o desenvolvimento, o alcance e a valorização dos mais pobres, além de ser uma alternativa em relação ao paradigma de desenvolvimento preconizado pela teoria secular do desenvolvimento. Entretanto, é importante deixar, no horizonte, que existem receios de que o tipo de desenvolvimento escolhido pela FBOs possa expressar os valores morais e sociais dos doadores, bem como é problemático quando o objetivo da FBO passa por buscar novos aderentes ou priorizem dar assistência àqueles que professem a linha religiosa da organização (TOMALIN, 2013).

Tomalin (2013) explica que o início dos anos 2000 observou um crescimento da opção de doadores de passar a financiar

CAPÍTULO 5
AS ORGANIZAÇÕES RELIGIOSAS ENQUANTO PESSOA JURÍDICA DE DIREITO PRIVADO.... | 213

atividades das FBOs a partir do momento em que elas aprofundam o envolvimento, cada vez mais, em atividades de caridade, filantropia, causas humanitárias e o trabalho pelo desenvolvimento. Isso não quer dizer que, antes, elas não recebiam esse tipo de doações, mas a autora salienta que, para vencer certos preconceitos e conseguir captar recursos, muitas FBOs tinham a tendência de minimizar seu caráter, identidade e razões de cunho religioso de modo a não receber recusas de doadores explicitamente secularistas. Esse fenômeno era observado, segundo Tomalin, principalmente nos países europeus com forte secularização. Por essas questões, e também por todas as suas características, as FBOs obtiveram, em alguns países e também a partir de estudos da academia, o reconhecimento do seu fundamental papel para questões do desenvolvimento até mesmo quando comparadas com a atuação de organizações tradicionalmente seculares.

A autora entende que as chamadas *faith-based initiatives* (iniciativas baseadas na fé) hoje contemplam desde igrejas e mesquitas locais a organizações de caridades estabelecidas com o propósito de distribuir comida e arrecadar suprimentos em casos de desastres, bem como prover educação e cuidados de saúde, como tratamento de dependentes químicos e pacientes portadores do HIV. Ela destaca que algumas dessas organizações atuam de maneira informal, sem qualquer registro com base em legislações que regulem a caridade ou as organizações não governamentais (ONGs) ou atuam legalizadas para operar local e internacionalmente, como algumas organizações que têm base no Ocidente e no mundo árabe. Segundo Tomalin (2013), muitas dessas organizações estão ligadas a instituições com séculos de existência ou com outras que surgiram no período colonial.

Ainda conforme Tomalin (2013), muitas organizações cristãs de bem-estar social, causas humanitárias e de desenvolvimento têm sua origem na era colonial. Missionários cristãos foram importantes provedores de serviços de educação. Ao mesmo tempo em que a educação teria a capacidade de melhorar a vida das pessoas, havia, para Tomalin (2013), um objetivo de ajudar os pobres. Além disso, os missionários cristãos foram responsáveis por estabelecer hospitais, orfanatos, entre outros, que continuaram em funcionamento depois da independência dos países coloniais. Neste ponto, importante destacar que os estudos de Tomalin concentram-se nas FBOs com atuação internacional, que, segundo ela, costumam operar de forma similar a agências de desenvolvimento seculares, como a Christian Aid, a World Vision, a Tearfund e a Samaritan's Purse. Esses exemplos teriam surgido com foco na caridade, mas, nos últimos anos, passaram a enfatizar o desenvolvimento enquanto um termo que engloba um processo de mudança sustentável. Entretanto, a autora explica que, ao lado de FBOs cristãs com atuação internacional, existem muitas outras organizações ligadas às Igrejas que possuem ligações limitadas do ponto de vista do contexto nacional e internacional.

Em relação ao contexto norte-americano, Tomalin (2013) observa uma trajetória do direito à religião à atuação das FBOs como um fenômeno global. Ela explica que o termo *"faith-based organization"* coincide com a emergência do ressurgimento das atividades religiosas na vida pública global, em especial a partir dos acontecimentos do 11 de setembro de 2001. Nos EUA, o governo de George W. Bush (2001-2009) passa a desenhar a atuação das organizações religiosas na vida pública em agendas de coesão social e provisão de serviços, inclusive com a criação, em 2001, do *Office of Faith-Based and Community Initiatives*, ligado à Casa Branca. Tomalin detecta movimento similar no contexto do Reino Unido, em que o governo trabalhista de Tony Blair (1997-2007) influenciou a disponibilidade e desenhou fundos destinados a projetos tanto domésticos quanto internacionais que beneficiaram a atuação das organizações religiosas na esfera pública.

> O termo "organização baseada na fé" foi usado como um rótulo para organizações que surgiram ou se remodelaram em resposta ao novo clima político, que buscava elevar o papel que as religiões podem desempenhar em muitos aspectos da vida pública, incluindo o desenvolvimento internacional. Embora muitas já existissem e estivessem engajadas em atividades de desenvolvimento, frequentemente, novas organizações foram formadas para se engajar no diálogo sobre políticas ou obter acesso a financiamento de doadores ou do governo (TOMALIN, 2013, p. 213, tradução própria).[45]

---

[45] *The term 'faith-based organization'was used as a label for organizations that arose or reshaped themselves in response to the new political climate, which sought to elevate the role that faith traditions can play in many aspects of public life, including international development. While many*

Clarke e Jennings (2008) analisam que as FBOs, de forma típica, usam a fé levemente, pois mantêm, muitas vezes, forças de trabalho plurais (empregando crentes e não crentes), evitam atividades de proselitismo, isto é, não empreendem esforços para converter pessoas à fé, e atuam principalmente nos países em desenvolvimento, ajudando crentes e não crentes. Na visão dos autores, esse quase secularismo dessas organizações foi amplamente imposto a elas, por convenções legislativas nas fronteiras Igreja-Estado, pela antipatia da mídia pelo envolvimento de organizações abertamente religiosas em debates sobre políticas públicas e a necessidade de sensibilidade em sociedades cada vez mais multicultural e multirreligiosas.

Em síntese, portanto, na perspectiva de Clarke e Jennings (2008, p.6), o termo "organização baseada na fé" engloba qualquer organização que derive de inspiração e orientação para suas atividades dos ensinamentos e princípios da fé ou de uma interpretação particular ou escola de pensamento dentro da fé. Nesse ponto, Clarke e Jennings admitem que o conceito pode acabar sendo excludente, da maneira que são acusados por alguns críticos na literatura, um deles na figura de Jeavons (2004), que acredita que, por existir ambiguidade e confusão nos usos dos termos, existe o risco de se prejudicarem os propósitos, papéis e funcionamento dessas organizações, com impactos inclusive no financiamento. Tomalin (2013) também destaca que existem vários problemas com o termo e conceito, em especial quando são utilizados em contextos de desenvolvimento global, e esse receio persiste inclusive no cenário norte-americano em que são conceitos mais amplamente utilizados. Importante notar que essa autora chama a atenção que, algumas vezes, as próprias organizações fogem da definição de religiosa ou de baseada na fé a partir de um receio de que sua ligação com a religiosidade possa afugentar doações e financiadores.

Desde a década de 1990, estudos de políticas públicas em países ocidentais, como os Estados Unidos e o Reino Unido, têm procurado definir e categorizar as FBOs. Isso porque muitos doadores têm escolhido cada vez mais trabalhar e financiar essas

---

already existed and engaged in development activities, often, new organizations have formed to engage in policy dialogue or gain access to donor or government funding.

organizações, dando origem a discussões sobre como as FBOs que trabalham no desenvolvimento devem ser definidas e classificadas e como sua contribuição para o desenvolvimento deve ser avaliada. Nesse sentido, a literatura internacional apresenta algumas tentativas de categorizar e criar tipologias, sejam elas sob o "guarda-chuva" de organizações religiosas ou sob o termo FBOs (*faith-based organizations*). Tomalin (2013) justifica a importância de se buscar uma tipologia.

> As tipologias têm uma gama de funções diferentes e podem ser usadas para finalidades diferentes. Por exemplo, elas podem ser usadas para identificar tipos distintos de organização, classificar um grande conjunto de organizações ou localizar uma organização individual em um universo de diferentes tipos organizacionais. Elas podem ajudar os pesquisadores, identificando a possível existência e características de diferentes tipos de organização em um ambiente específico e ajudar na seleção de novas organizações para estudo; ou podem informar os formuladores de políticas sobre os tipos de organizações existentes e as oportunidades potenciais de envolvimento com elas (TOMALIN, 2013, p. 219, tradução própria).[46]

Apesar disso, Tomalin (2013) alerta que as tipologias quase nunca são abrangentes, com o risco tanto de obscurecer quanto de revelar. Entretanto, são instrumentos úteis para estabelecer definições descritivas dessas organizações. Para construir uma tipologia, portanto, a autora alerta que se deve estar atento a qual tipo de audiência se destina essa construção. Cabe ressaltar que a maioria de tipologias disponíveis de FBOs na literatura refletem o contexto norte-americano e foram construídas em um cenário em que se observa uma pressão política particularmente para se envolver com grupos baseados na fé para provisão de serviços.

Ressalte-se que esta obra está atenta que é necessário construir uma tipologia que vislumbre o contexto brasileiro e que, apesar de

---

[46] *Typologies serve a range of different functions and can be used for different purposes. For instance, they can be used to identify distinct types of organization, classify a large set of organizations or locate an individual organization in a universe of different organizational types. They can assist researchers by identifying the possible existence and characteristics of different types of organization in a particular setting and helping with the selection of new organizations to study; or they can inform policy makers about the types of organizations that exist and the potential opportunities for engagement with them.*

CAPÍTULO 5
AS ORGANIZAÇÕES RELIGIOSAS ENQUANTO PESSOA JURÍDICA DE DIREITO PRIVADO... | 217

a literatura sobre o tema partir de cenários distintos, servirá para iluminar a classificação construída neste livro.

Três dessas classificações e tipologias apresentar-se-ão a seguir. Numa ordem cronológica, primeiro há uma tentativa de Jeavons (1998, 2004), que apresenta uma tentativa de caracterizar essas organizações. Em segundo lugar, a de Sider e Unruh (2004) e, por último, a de Clarke (2008). Esses estudos, vale ressaltar, são desenvolvidos a partir de referenciais teóricos da teologia e da teoria das organizações. Entretanto, cabe salientar ainda que, conforme Tomalin (2013), as tentativas de definir e classificar as FBOs em contextos variados são fragmentadas com problemas conceituais e metodológicos, sendo que as distinções do que é "baseado na fé" e secular não trariam contribuições para descrever e compreender todas as organizações com expressões de religiosidade que atuam no bem-estar social e em atividades de desenvolvimento. Tomalin (2013) chama a atenção ainda para o fato de que a descrição "baseada na fé" não é comum principalmente nos países em desenvolvimento, como é o caso do Brasil.

Além disso, Tomalin acredita que o conceito e o termo "organização baseada na fé" seria fruto de um processo de "ON-Guização". A autora ainda afirma existir evidências de que as organizações modelam suas atividades e seus discursos para se inserirem no contexto das FBOs e, com isso, beneficiarem-se no relacionamento com possíveis financiadores. Apesar de o caráter religioso ser, algumas vezes, potencialmente refratário em relação a atração de doadores, ao mesmo tempo essa natureza religiosa também protegeria a organização de críticas externas sobre como atuam, principalmente quando envolvidas em questões de desenvolvimento.

Jeavons (1998, 2004) é crítico às tentativas de categorizar as organizações religiosas e, assim, busca desenvolver um estudo que forneça um panorama em que sejam identificadas as características que perpassam essas organizações. Dessa forma, esse autor apresenta uma preocupação a respeito das tentativas de categorização e apresenta um critério próprio. Um tema urgente, segundo esse mesmo autor.

A diversidade de organizações comumente descritas como "religiosas" é impressionante. Inclui tudo, desde pequenas congregações a hospitais multimilionários; de escolas preparatórias de elite a abrigos surrados para os sem-teto; de grande, empresarial, como operações de mídia internacional a pequenos grupos de serviço ecumênico, principalmente voluntários (JEAVONS, 1998, p. 80, tradução própria).[47]

Nesse sentido, Jeavons (1998) acredita que definir as características permitirá localizar uma organização dentro de uma escala que passa por profunda ou puramente religiosa ou absoluta ou claramente de caráter secular em sua natureza ou função. Cabe salientar, entretanto, que esses estudos não objetivam enquadrar uma organização como religiosa ou não de forma estanque. Isso porque a maioria das organizações geralmente não serão estritamente seculares ou religiosas, podendo transitar na escala. Portanto, seria arriscado buscar tipologias puras ou partir de distinções exatas. A avaliação assim parte de uma escala que se inicia em uma organização estritamente secular a uma organização estritamente religiosa, na qual existem vários pontos intermediários, conforme a figura a seguir busca representar:

Figura 01: Escala a partir de Jeavons (1998)

Organização estritamente secular

Organização estritamente religiosa

Fonte: Elaborada pelo autor.

---

[47] *The diversity of organizations commonly described as "religious" is striking. It includes everything from small congregations to multimillion dollar hospitals; from elite preparatory schools to threadbare shelters for the homeless; from huge, businesslike, international media operations to tiny, primarily voluntary, ecumenical service groups. Jeavons, Thomas H. "Identifying Characteristics of Religious Organizations: An Exploratory Proposal." In Sacred Companies. Jay Demerath, Ed. New York: Oxford University Press, 1998.*

CAPÍTULO 5
AS ORGANIZAÇÕES RELIGIOSAS ENQUANTO PESSOA JURÍDICA DE DIREITO PRIVADO... | 219

Dessa forma, o autor discorre sobre três maneiras pelas quais podemos identificar, inicialmente, as organizações como religiosas. A primeira delas é a autoidentidade, ou seja, a maneira como a própria organização se identifica ao mundo externo como religiosa ou não, uma informação que, para Jeavons, tem um grande peso. A segunda é que a maneira pela qual uma organização pode parecer religiosa deriva de propósitos primários e atividades sacerdotais no fornecimento de culto para as pessoas ou a promoção de uma fé particular, o que engloba qualquer exercício nesse sentido. A terceira forma, por fim, pode se expressar quando, mesmo sem se descrever enquanto religiosa, a organização contiver propósitos religiosos ou conduzir o seu trabalho com base em valores ou compromissos religiosos.

Por consequência, para buscar essas características utiliza-se a análise de aspectos como: os participantes e recursos materiais e imateriais utilizados; os produtos e/ou serviços gerados; e o processo de tomada de decisão e sua implementação. Dessa forma, delinearam-se sete aspectos básicos para identificar o quão religiosa é uma organização:

> Primeiro, quão religiosa é a autoidentidade da organização? Em segundo lugar, quão religiosos são seus participantes? Terceiro, quão religiosos são os recursos materiais e suas fontes? Quarto, quão religiosos são os objetivos, produtos ou serviços? Quinto, quão religiosos são os processos de tomada de decisão? Sexto, quão religiosas são a definição e distribuição de poder? Sétimo, quão religiosas são as outras organizações ou o campo de organizações com os quais a organização interage? (JEAVONS, 1998, p. 81, tradução nossa).[48]

O primeiro aspecto, portanto, o da autoidentidade ou autodesignação, relaciona a uma análise que identificará questões como se a escolha do nome vinculasse a organização explicitamente a uma determinada religião, a um propósito ou a uma tradição religiosa

---

[48] *First, how religious is the organization's self-identity? Second, how religious are its participants? Third, how religious are its material resources and their sources? Fourth, how religious are its goals, products or services? Fifth, how religions are its decision-making processes? Sixth, how religious is its definition and distribution of power? Seventh, how religious arc the other organizations or organizational fields with which it interacts? Jeavons, Thomas H. "Identifying Characteristics of Religious Organizations: An Exploratory Proposal." In Sacred Companies. Jay Demerath, Ed. New York: Oxford University Press, 1998.*

específica. Além disso, avalia-se o fato de que a escolha da autoidentificação pode apresentar relevância à capacidade da organização de cumprir seus propósitos e/ou obter vantagens ao se identificar enquanto religiosa. Ademais, deve-se levar em conta também que a vinculação explícita à religião pode ainda apresentar custos sociais ou desvantagens específicas, como ser alvo de preconceito ou possuir maiores dificuldades em angariar recursos para manutenção dos serviços ou produtos.

A análise das características que impactam os participantes da organização está no segundo aspecto estudado por Jeavons (1998). Aqui, investigam-se funcionários, financiadores e, até mesmo, clientes da organização. Ganha relevância a existência de requisitos religiosos ou não para a inclusão dessas pessoas no trabalho da organização. É possível, portanto, a existência de organizações em que todos os membros são religiosos e compartilham as mesmas crenças, o que seria mais comum nas congregações. Haveria ainda outras organizações em que os participantes são todos religiosos, mas não necessariamente da mesma fé. E não se pode descartar a possibilidade de uma organização não se reconhecer como religiosa, mas possuir todos ou a maioria dos participantes compartilhando ideais religiosos similares. Por essas questões, a defesa de Jeavons (1998) é no caminho de se investigar como e por que esses participantes se afiliam à organização, se haveria requisitos religiosos para ser funcionário, doador ou de um serviço ou produto fornecido pela organização. Nos Estados Unidos, é possível critério religioso na seleção de trabalhadores em organizações legalmente filiadas a um corpo religioso. No Brasil, em análise superficial seria um critério discriminatório.

O terceiro aspecto que recebe a atenção de Jeavons (1998) analisa as fontes de recursos materiais das organizações, se são fornecidos primariamente por pessoas religiosas, por outras organizações religiosas, se são obtidos a partir da exploração de um capital simbólico, como ideais, valores, símbolos ou ritos de uma tradição religiosa. Portanto, uma combinação de fatores, como o caráter, as fontes, os mecanismos de recursos e a utilização deles, colabora como indicadores do grau de religiosidade de uma organização.

O autor afirma que valores sociais e éticos são base principalmente em organizações filantrópicas ou sem fins lucrativos; e no caso das religiosas, existe a necessidade de uma legitimidade moral e espiritual, por exercerem o papel de instituições mediadoras na transmissão de padrões culturais ou de valores morais de geração a geração.

Ademais, Jeavons (1998) salienta que a maioria das pessoas doa às congregações por convicções religiosas, com base em uma troca que é tanto moral e espiritual quanto econômica. Isso porque as doações geralmente são voltadas ao subsídio de ações religiosas e também para obras ou causas com forte apelo religioso ou moral, como educação religiosa ou para esforços de evangelização. O mais importante, para o autor, não é verificar se o dinheiro vem de pessoas ou de grupos religiosos, ou identificar se foram usados símbolos religiosos na captação dos recursos, mas sim detectar uma combinação de elementos religiosos tanto na aquisição quanto no uso dos recursos nas organizações, o que pode indicar verdadeiramente a natureza religiosa daquela organização.

O quarto aspecto – objetivos organizacionais, produtos e serviços – busca focar as motivações que estabelecem o caráter básico da organização, consubstanciadas em seu programa de trabalho e expressas, muitas vezes, no tipo de produtos ou serviços oferecidos pela organização. Para Jeavons (1998), serviços de culto e liturgia, de educação religiosa e de cuidado pastoral (assistência emocional, social ou espiritual) são, de imediato, religiosos. No entanto, a tarefa não seria tão simples, porque também cabe analisar se a maneira como são oferecidos os serviços reflete os valores religiosos. Além disso, observar a cultura de uma organização a partir dos rituais e rotinas pode fornecer subsídios para verificar se os produtos ou serviços de uma organização e o processo pelo qual ela os produz são religiosos ou não.

De acordo com Jeavons (1998), uma das mais importantes atividades dentro de uma organização é aquela em que se situa o processo pelo qual a informação é utilizada para a tomada de decisões. Portanto, o quinto aspecto a ser analisado diz respeito a como ideais ou valores religiosos interferem, ou não, nas operações organizacionais. Dessa forma, quando uma organização integra culto, liturgia e outras práticas e rituais religiosos ao processo de tomada de decisão, na visão do autor configura-se a ocorrência de uma organização religiosa.

O penúltimo aspecto do estudo do autor refere-se a como o poder é distribuído dentro da organização. Aqui, avalia-se o grau em que o poder é organizado a partir de recursos explicitamente religiosos, bem como o seu exercício ou distribuição dependem de valores religiosos explícitos. O exemplo de Jeavons (1998) caminha para a existência, ou não, de requisitos religiosos para aqueles que exercem a liderança na organização, como a exigência de ser membro do clero, ter formação em teologia ou papel ativo na congregação.

Por fim, o sexto e último aspecto investiga a interação de uma organização com outras existentes na sociedade, o que o autor denomina de campos organizacionais. Neste ponto, busca-se perguntar se os fornecedores de recursos, os destinatários dos serviços ou produtos, os parceiros também são, ou não, organizações religiosas em algum grau. Um exemplo é quando uma Congregação ou Igreja dá suporte a uma organização que, na perspectiva dessas instituições, realizam um serviço religioso com alinhamento a essa fé. Além disso, é importante avaliar se a organização religiosa em estudo se recusa, por exemplo, a estabelecer envolvimento com outras organizações que sejam seculares ou professam tradição de fé diversa. Esse estudo de Jeavons (1998) encontra-se sintetizado no quadro a seguir, para melhor visualização dos aspectos a serem levados em conta:

Quadro 01: Aspectos para identificar a religiosidade de uma organização

Aspecto	Verificação
1) Autoidentidade organizacional	Como a organização classifica a si mesma?
2) Participantes da organização	Existem requisitos religiosos para a participação?
3) Fontes de recursos materiais	Origem e uso dos recursos prioritariamente religiosos ou não?
4) Objetivos organizacionais, produtos e serviços	Serviços e produtos religiosos e/ou refletem valores religiosos?
5) Processamento da informação organizacional e tomada de decisão	Ideais religiosos servem de subsídios à tomada de decisão?
6) Organização do poder	Existência ou não de requisitos religiosos para aqueles que exercem a liderança?
7) Campos organizacionais	Interação com outras organizações religiosas ou não?

Fonte: Elaborado pelo autor a partir de Jeavons (1998).

CAPÍTULO 5
AS ORGANIZAÇÕES RELIGIOSAS ENQUANTO PESSOA JURÍDICA DE DIREITO PRIVADO... | 223

A segunda classificação a ser conhecida é a de Sider e Unruh (2004). Esses autores acreditam que o termo *faith-based organizations* é inadequado justamente por não haver clareza sobre o que significa *"faith-based"*. Os autores entendem que a natureza de fé nas organizações é multidimensional, o que abarca uma variedade de tipos. Assim, os autores reconhecem que iniciativas na sociedade baseadas na fé passaram a exigir um novo vocabulário que demonstre, de forma mais acurada, a complexa realidade dessas organizações. Por isso desenvolvem um panorama no qual buscam classificar as organizações a partir do grau em que a fé se manifesta no trabalho que executam, a partir de um espectro permeado pela fé até um grau mais secular. Assim, a proposta deles desenvolve uma tipologia com seis classificações para organizações e/ou programas educacionais ou de serviço social com base nas suas características religiosas.

1) *faith-permeated* (permeada pela fé)

2) *faith-centered* (centralizada na fé)

3) *faith-affiliated* (afiliada à fé)

4) *faith-background* (de fundo religioso)

5) *faith-secular partnership* (parceria fé – secular)

6) secular

A classificação desenvolvida por Sider e Unruh (2004) parte da premissa de que a falta de clareza em relação às organizações religiosas impacta no estudo delas, no financiamento de seus serviços bem como na inclusão delas nas políticas públicas de serviço social e educacional. A falta de categorias analíticas inclusive afeta qualquer pesquisa acerca da efetividade dos serviços prestados por essas organizações. Isso, na perspectiva dos autores, prejudica também qualquer estudo de organizações sem fins lucrativos, pois, ao não distinguir especificamente as características religiosas das organizações, pode acabar subestimando o papel que a fé tem nos resultados dos programas e serviços desenvolvidos.

Além disso, do ponto de vista de circulação de recursos para esse tipo de organização, o não reconhecimento de variedades de organizações baseadas na fé (FBOs) pode intervir sobremaneira na decisão do setor empresarial em financiar ou não essas atividades. Ainda conforme Sider e Unruh (2004), as doações geralmente ocorrem quando o programa desenvolvido pela organização é compatível com as prioridades ou visões do doador. Entretanto, a avaliação dessa compatibilidade pode ser incorreta, ocorrendo casos em que programas ligados a Igrejas deixam de receber recursos mesmo quando não exploram o componente religioso, e outros serviços recebam verbas porque não explicitam o caráter religioso da organização, apesar de incorporar, na prestação, crenças e valores religiosos. Portanto, a clareza de uma tipologia ou classificação se faz urgente por esses e outros fatores.

A tipologia deles é construída em duas seções – organizações ou programas – a partir da noção de que as características religiosas de uma organização podem se diferenciar em relação aos programas que ela mesmo opera. Assim, essa classificação parte de um desenho que busca categorizar a dinâmica organizacional que se manifesta em organizações educacionais ou de serviços. Sider e Unruh (2004) explicam que a tipologia construída leva em conta diferenças presentes na literatura entre manifestações institucionais ou behavioristas da religião e, dessa forma, a classificação busca foco tanto em atributos organizacionais, como recursos disponíveis, governança e força de trabalho, quanto na inclusão da religião nas metodologias dos programas desenvolvidos pela organização baseada na fé.

O trabalho desses autores busca identificar características tangíveis na maneira como a religião está presente em programas ou organizações que servem à comunidade, tais como linguagem, símbolos, políticas e atividades, e podem estar expressas em estatutos, critérios de seleção de pessoal e recursos, práticas administrativas, atividades programáticas e metodologias do serviço.

O modelo de Sider e Unruh (2004) concentra-se em organizações ou programas de serviço social e educacional, pois, segundo eles, o termo serviço social deve abranger esforços para fornecer bens e serviços a indivíduos ou melhorar a qualidade geral de vida de uma comunidade, com prática de doações de alimentos, cuidados de idosos, aconselhamento a dependentes químicos, treinamento para o mercado de trabalho, assistência a imigrantes, creche, aulas de reforço para estudantes, faculdades particulares entre outras.

Dessa forma, eles passam a descrever as seis categorias: as cinco primeiras, de programas ou organizações baseadas na fé, e uma última de organização secular. Na primeira – de organizações permeadas pela fé (*faith-permeated organizations*), a fé religiosa estaria evidente em todos os níveis, seja na missão desenvolvida, no corpo de trabalho, na gestão, na forma de gestão e governança e no suporte aos usuários. A dimensão religiosa apresenta-se como essencial à efetividade do programa desenvolvido, bem como a presença de elementos religiosos é condição necessária. Nesta categoria, estariam, como organizações, serviços de educação ligados a Igrejas, em que o conselho de administração é composto por membros da Igreja, atividades como orações, ensinamentos da Bíblia, culto e liturgia. Há exigências de que os estudantes tenham familiares membros da Igreja e existe uma preferência, não obrigatoriedade, de os trabalhadores professarem aquela fé. Como programas, os autores citam abrigo, recuperação e treinamento para reinserção no mercado de trabalho para dependentes químicos. Nesses programas, há atividades como leitura da Bíblia, cultos, trabalho voluntário na Igreja, aulas em tópicos religiosos e práticas religiosas, como jejum por motivo religioso.

A segunda categoria, de organizações centradas na fé (*faith-centered organizations*), engloba aquelas que têm um propósito religioso em sua fundação e, ao longo do tempo, mantêm forte conexão com a comunidade religiosa por meio de fontes de financiamento e afiliação. Além disso, compromissos de fé são exigidos do conselho administrativo e da maioria dos funcionários. Segundo os autores, programas centrados na fé trazem, em si, mensagens e atividades explicitamente religiosas. Como exemplos, os autores citam organizações que usam espaços de propriedade da Igreja prestando serviços como aconselhamento individual ou familiar, aulas de reforço, acampamentos de férias. Recursos financeiros vêm de taxas cobradas dos usuários e também de subsídios da Igreja, de doações privadas e suprimentos de voluntários da Igreja. Os cargos principais geralmente são ocupados por membros da Igreja, e o pastor, padre ou figura similar é o presidente do Conselho de Administração. Como programa dessa categoria é dado o exemplo de aulas de conversação a estudantes estrangeiros por voluntários da Igreja. Aqui, em tese, não há proselitismo, mas os professores podem ter conversas sobre religião com os estudantes.

Organizações de fundo religioso (*faith-background organizations*) estão enquadradas na terceira categoria da tipologia de Sider e Unruh (2004), segundo os quais essas organizações tendem a agir e aparentar enquanto instituições seculares, mas possuem uma ligação histórica com uma tradição de fé. Dessa forma, apesar de crenças religiosas estarem presentes na motivação de agir de alguns trabalhadores, os compromissos de fé não são considerados ou exigidos dos dirigentes ou de quem trabalha na organização. Até mesmo se utilizarem uma propriedade da Igreja para realizar as atividades, espera-se que não haja experiências religiosas nos programas desenvolvidos. Os autores citam, como exemplo, um banco ligado a uma Igreja Batista nos Estados Unidos, em que a maioria dos acionistas são da comunidade religiosa, sendo que a instituição não tem ligações administrativas com a religião, apesar de desenvolver programas de educação financeira. Outro exemplo é de um programa voltado ao ensino de inglês para imigrantes, sediado em uma Igreja e recebendo verbas dela e tarifas dos estudantes, mas que não possui nenhum conteúdo religioso, sendo inclusive inapropriada essa abordagem.

A quarta categoria apresentada pelos autores é a das parcerias de organizações de fé e seculares (*faith-secular partnerships*), que ocorrem quando uma organização secular estabelece uma parceria com uma ou mais congregações ou outras organizações de conteúdo religioso explícito, principalmente para o uso de voluntários. Nesse caso, os líderes e trabalhadores da organização secular demonstram respeito ao conteúdo religioso sem, no entanto, professá-lo. O exemplo trazido pelos autores diz respeito a parcerias entre a polícia local, líderes de Congregações, comunidades e organizações religiosas para o combate e a prevenção de crimes violentos entre a população jovem. Mapeada a população jovem em risco, uma rede de serviços é fornecida pelas congregações, organizações e comunidade, de modo a obter resultados na redução da violência.

Por fim, a quinta categoria posiciona as organizações seculares que não possuem nenhuma referência religiosa na sua história ou missão e, dessa forma, consideram inapropriada qualquer consideração religiosa tanto na contratação de pessoal quanto na governança.

CAPÍTULO 5
AS ORGANIZAÇÕES RELIGIOSAS ENQUANTO PESSOA JURÍDICA DE DIREITO PRIVADO...

Importante ressaltar que, conforme Sider e Unruh (2004), é tarefa difícil enquadrar organizações ou programas nessas cinco categorias de forma estanque, sendo que muitas vezes podem coexistir características que estão presentes em mais de uma categoria. Para a construção dessa tipologia, os autores basearam-se em oito características das organizações: a missão da organização, a história da fundação, afiliação externa, conselho diretivo, administradores, trabalhadores, suporte financeiro ou não financeiro e práticas religiosas do pessoal.

A missão relaciona-se à extensão com a qual a organização utiliza a linguagem religiosa para definir sua identidade ou seu propósito. Essa missão costuma incluir linguagem religiosa explícita nas organizações das categorias *faith-permeated* e *faith-centered* e, algumas vezes, nas da *faith-affiliated*. No caso das *faith-background* e em algumas *faith-affiliated* a linguagem religiosa pode estar presente, mas somente a partir da referência a valores, como o da justiça e do perdão, ou seja, de maneira mais implícita. Em relação à fundação, verifica-se a ligação da organização com uma herança religiosa, seja no presente ou no passado, que costuma ser comum no caso das *faith-centered* e *faith-affiliated*. No caso das *faith-background*, elas são fundadas por grupos religiosos, mas essa ligação é dissolvida ao longo do tempo, como hospitais que mantêm nome religioso, mas não possuem mais laços com o grupo religioso que o fundou.

Sobre a afiliação, importante observar se as organizações têm ligações oficiais com outro tipo de agências religiosas. Afiliação, na visão dos autores, quer dizer relacionamento, formal ou informal, com outra entidade, não necessariamente a fundadora, que pode fornecer apoio jurídico, administrativo ou de recursos. Esse tipo de afiliação ocorre comumente nas centradas na fé e nas afiliadas à fé, que podem ter ligações com congregações ou denominações.

Ao analisar a característica do conselho diretivo é necessário verificar o papel da identidade religiosa na seleção das pessoas que o compõem. Os autores afirmam que nas centradas na fé (*faith-centered*) e nas afiliadas à fé (*faith-affiliated*) existe geralmente um conselho diretivo explicitamente religioso, com o critério religioso presente na elegibilidade do membro, ou a seleção dos membros sendo realizada diretamente por uma entidade religiosa, como a Igreja. Nas outras categorias, no entanto, a influência da fé dos membros é baixa ou não influencia na seleção do conselho diretivo. Semelhante é a característica dos administradores, em que nas duas primeiras categorias (*faith-centered e faith-affiliated*) essas pessoas geralmente têm o compromisso de fé como um requisito para atuação. Esse compromisso se expressa de várias formas, como alinhamento às crenças, ser membro da denominação ou ter um estilo de vida aceito pelas convicções daquela religião.

Em relação aos trabalhadores, importante observar que, em ordenamentos jurídicos estrangeiros, existe a discussão se é possível ou não estabelecer critérios religiosos para admissão de pessoal, o que, segundo Sider e Unruh (2004), levou as cortes americanas a distinguir entre cargos que estejam integralmente ligados à missão religiosa e aqueles que não o são. Nos primeiros, em tese, o critério religioso poderia incidir sem representar discriminação. Já quanto à característica de suporte, seja financeiro ou de outra ordem, a visão dos autores é de que as *faith-permeated* e as *faith-centered* tendem a realizar a captação de instrumentos de suporte principalmente na comunidade à qual pertencem. As organizações das outras categorias, por outro lado, podem variar bastante na maneira de angariar esses recursos, seja na comunidade religiosa ou não. Importante destacar que, quando se trata de parcerias entre organizações seculares e religiosas, é comum o uso da comunidade no oferecimento de suporte não financeiro, como o trabalho voluntário. Por fim, a oitava e última característica, na visão de Sider e Unruh (2004), relativa às práticas religiosas do pessoal, busca identificar como trabalhadores, voluntários e conselho diretivo realizam essas práticas de forma organizada, como orações, estudo da Bíblia etc., sem envolver, no entanto, clientes das organizações. No caso das *faith-permeated* e as *faith-centered*, os autores acreditam que essas práticas são mais comuns e chegam, inclusive, a ter papel importante no processo de tomadas de decisão organizacional. Dessa forma, em síntese, a tipologia de Sider e Unruh (2004) está no quadro a seguir.

Quadro 02: Tipos de organizações e programas baseados na fé

Tipos	Características analisadas
1) *faith-permeated* (permeada pela fé)	missão da organização;
2) *faith-centered* (centralizada na fé)	história da fundação;
3) *faith-affiliated* (afiliada à fé)	afiliação externa;
	conselho diretivo;
4) *faith-background* (de fundo religioso)	administradores;
5) *faith-secular partnership* (parceria organização baseada na fé – organização secular)	trabalhadores;
	suporte financeiro ou não financeiro;
	práticas religiosas do pessoal.
6) secular	

Fonte: Sider e Unruh (2004).

Compreendida a tipologia acima, segue-se agora à classificação proposta por Clarke (2008), em que se apresentam cinco tipos de *Faith-Based Organizations* (FBOs). No primeiro tipo, estariam organizações representativas ou órgãos de cúpula que governam os fiéis e os temas doutrinários (*faith-based representative organizations or apex bodies*). Além disso, são responsáveis pela representação dos membros por meio de engajamento com o Estado e outros atores sociais. Segundo o autor, fazem parte dessa categoria as próprias Igrejas e a hierarquia delas, comuns à estrutura das Igrejas Cristãs, bem como podem ser enquadradas também as organizações subsidiárias que promovam ações para o desenvolvimento ou trabalho de caridade. Clarke (2008) destaca, ao lado dos outros autores aqui apresentados, o envolvimento cada vez maior dessas organizações no diálogo internacional para a redução da pobreza, luta global contra o HIV e outras frentes de trabalho.

O segundo tipo a partir da classificação de Clarke (2008) abarca organizações religiosas de caridade ou de desenvolvimento que buscam mobilizar os fiéis no suporte aos pobres e a outros grupos sociais (*faith-based charitable or development organizations*). Essa categoria financia ou administra programas de combate à pobreza e à exclusão e, dessa forma, atua de maneira mais direta nessas temáticas. O autor elenca, nesse grupo, a *Coopération Internationale pour le Développement et la Solidarité* (CIDSE, *International Cooperation for Development and Solidarity*) como maior aliança católica de agências de desenvolvimento, e a *Caritas International* – segunda maior coalizão internacional de agências de desenvolvimento católicas.

Na terceira categoria, estariam as organizações sociopolíticas (*faith-based socio-political organizations*) que, de acordo com Clarke (2008), partem da interpretação e implantação da fé enquanto uma construção política e, a partir disso, organizam e mobilizam grupos sociais, por meio da fé, mas com o fito de alcançar objetivos políticos mais amplos. De outro modo, podem ainda promover a fé enquanto uma construção sociocultural, na qual se busca um meio de unir grupos sociais aparentemente díspares a partir de identidades culturais baseadas na fé. O autor afirma que, por ser uma categoria mais ampla, ela pode englobar partidos políticos, movimentos sociais, organizações culturais e, até mesmo, sociedades secretas. A diferença dessa categoria em relação à primeira, conforme Clarke (2008), estaria no fato de que essas organizações não decidem sobre questões doutrinárias ou governam os fiéis. No entanto, como dito, partem de uma construção política baseada na interpretação e implantação da fé. Assim, o autor avalia que esse tipo de organização tem impulsionado uma política de identidade capaz de promover mudanças em contextos nacionais e internacionais.

Partidos políticos com fundo na fé costumam, na visão do autor, apoiar questões afeitas às classes mais pobres e, nesse sentido, buscam se envolver mais na formulação de estratégias nacionais de redução da pobreza. Ao lado dos partidos, os movimentos sociais, na visão de Clarke (2008), podem obter a mobilização de grupos sociais quando o fazem a partir da fé ou de outra identidade comum, ao mesmo tempo em que sociedades secretas com fundo religioso podem obter influência na concepção e implementação de políticas públicas quando utilizam, para isso, redes existentes e muitas vezes secretas dentro de grupos sociais de elite.

A quarta categoria de Clarke (2008) enquadra organizações missionárias baseadas na fé (*faith-based missionary organizations*) que disseminam mensagens de cunho religioso para além dos fiéis, de forma ativa, buscando a conversão de pessoas ou apoiando e se envolvendo com outras comunidades religiosas. Segundo o autor, as organizações missionárias associadas às igrejas cristãs são consideradas precursoras das ONGs, mas têm perdido protagonismo pela proliferação recente de outras organizações missionárias de outras tradições de fé.

Por fim, a última categoria deste autor destaca as organizações radicais, ilegais ou terroristas com base religiosa (*faith-based radical, illegal or terrorist organizations*). Esse tipo de organização se envolve em práticas ilegais, como luta armada ou atos violentos, com base em crenças religiosas. Em seguida, apresenta-se o quadro de organizações baseadas na fé a partir dos estudos de Clarke (2008). Cabe ressaltar, mais uma vez, que, da mesma forma das outras tipologias desenvolvidas na literatura, existe uma maleabilidade das categorias, sendo possível uma organização enquadrar-se em mais de uma.

Quadro 03: Tipos de organizações baseadas na fé (FBOs)

Tipos	Características analisadas
1) *faith-based representative organizations or apex bodies* (organizações representativas baseadas na fé) ou órgãos de cúpula	1) Envolvimento em debates sobre políticas públicas e associações para contestação política; preocupadas com o desenvolvimento nacional e internacional.
2) *faith-based charitable or development organizations* (organizações religiosas de caridade ou de desenvolvimento)	2) Processo político ou social que impacta positiva ou negativamente a classe pobre.
3) *faith-based socio-political organizations* (organizações sociopolíticas baseadas na fé)	3) Esforços diretos para apoiar, representar ou levar engajamento aos pobres.
4) *faith-based missionary organizations* (organizações missionárias baseadas na fé)	
5) *faith-based radical, illegal or terrorist organizations* (organizações radicais, ilegais ou terroristas com base religiosa)	

Fonte: Clarke (2008, p. 25).

Além dessa tipologia, Clarke (2008) analisa que a fé se expressa, nas FBOs, de quatro maneiras principais, seja para promover engajamento social ou político, seja para criar um vínculo entre a fé e os objetivos humanitários ou de desenvolvimento daquela organização. Assim, essas quatro formas seriam: passiva, ativa, persuasiva e exclusiva, sendo as duas últimas mais problemáticas, uma vez que atuam pela busca de aderentes, isto é, ocupam-se do proselitismo. Na perspectiva passiva, os ensinamentos de fé funcionam enquanto subsídio para os princípios humanitários mais amplos professados e, dessa forma, atuam como gatilhos de motivação para a ação e mobilização dos funcionários e apoiadores. Além disso, a fé exerce um papel secundário para as questões humanitárias na busca de identificação, apoio e trabalho de parceiros e beneficiários.

Por outro lado, na perspectiva ativa, a fé atua enquanto motor importante e explícito para ativar a ação e/ou mobilização de apoiadores e funcionários, ou seja, existe uma função direta para a fé enquanto instrumento de identificação dos envolvidos, bem como para a captação de apoio e força de trabalho. No entanto, isso não significa que exista discriminação contra aqueles que não professam a crença, e pode ocorrer a cooperação multirreligiosa.

A terceira maneira pela qual a fé se expressa no trabalho das FBOS, na visão de Clarke (2008), a persuasiva, ocorre de forma semelhante à da perspectiva ativa: do ponto de vista da fé enquanto motivação explícita para a ação. No entanto, a persuasão ocorre quando há o objetivo de se angariar novos convertidos àquela fé ou quando há a promoção dos interesses daquela vertente religiosa às custas de outras pessoas.

Por fim, a quarta forma pela qual as FBOs podem empregar a fé é a exclusiva; similarmente à terceira, usa a fé enquanto motivação principal ou predominante para mover a ação ou mobilização dos envolvidos. Assim, o engajamento social ou político encontra raízes profundas na fé e atua, muitas vezes, de forma militante ou violenta, rivalizando contra uma ou mais religiões.

5.4 A proposição conceitual

A apresentação de uma proposta de conceituação doutrinária das Organizações Religiosas requer a retomada de importantes conceitos devidamente apresentados nos capítulos anteriores. Não é possível definir doutrinariamente o instituto sem trazer à tona elementos que são fundamentais para sua configuração; o principal e primeiro deles é a religião. Como relatado anteriormente, não é o objetivo apresentar um conceito de religião, uma vez que o direito não está apto para apresentar tal conceito. O significado de "organização religiosa" ou "instituição religiosa" é particularmente importante onde certos privilégios e proteções legais atendem à classificação que não se estende a outros indivíduos ou organizações (NORTON, 2016, p. 8).

Na introdução deste livro, foram apresentadas diversas teorias que definem a religião a partir da sociologia da religião. Durkheim (1996) define a religião como fato social que promove impactos na sociedade e que possui, portanto, uma função social. A religião é composta por diversos elementos considerados substantivos, que refletem diretamente na vida social. Nesse sentido, toda sociedade, por maior ou menor que seja, possui o fato social denominado religião. Esses elementos substantivos, tais quais a crença, os símbolos, os ritos, os dogmas, influenciam diretamente na forma de organização e desenvolvimento de uma sociedade. Portanto, a religião possui a função de atuar como uma força motriz na estruturação de qualquer sociedade. Vista como um fato social, a religião pode ser traduzida como um aspecto fundamental e intrínseco do homem; toda a humanidade manifesta certo tipo de religiosidade (DURKHEIM, 1996).

Nessa perspectiva, a religião está tão ligada ao homem quanto a sua personalidade e, por isso, partirá do homem para o mundo. É em sociedade que o homem irá manifestar esse elemento religioso intrínseco à sua personalidade e em meio a um pensamento coletivo desenvolverá o que se denomina de religião. A necessidade humana de conceder significado ao mundo somada a essa consciência coletiva apresenta a religião (DURKHEIM, 2009).

A manifestação da religião ocorrerá de forma coletiva e em sociedade; é por isso que ela possui a função de atuar como força motriz de construção social. Diversos institutos sociais, diversas noções e até mesmo institutos jurídicos são oriundos da religião e se consagraram como pilar de uma sociedade organizada. Nesse aspecto, surge uma importante questão: Se a religião é ligada diretamente ao homem, se ela é elemento socialmente identificável, é natural que o homem se organize coletivamente em nome dela?

A resposta para o questionamento apresentado, definitivamente, é positiva. Naturalmente um dos laços que levam os homens a se organizarem para atuação direta na sociedade é a religião. Como apresentado no capítulo 2, tópico 2.1, a religião sempre esteve presente na sociedade e contribuiu com ela, em certa medida, preocupando-se em auxiliar o Estado na resolução dos problemas coletivos enfrentados. Ou seja, os preceitos religiosos absorvidos pela doutrina e exercidos pela fé fazem surgir, no homem, a necessidade de implementar, em concreto, sua crença. Ademais, como demonstrado no tópico anterior, Clarke e Jennings (2008) afirmam que as organizações religiosas são aquelas que, independentemente da atividade desenvolvida, possuem como base a inspiração e orientação na religião.

Nesse sentido, a religião é mais que um conjunto de crenças. À luz de Corrêa de Oliveira (1979), com o fito de definir as organizações religiosas, a religião é a "substância continuativa", ou seja, é o forte elemento ontológico que a difere das demais pessoas jurídicas de direito privado. Esse é o elemento que precisa ser identificado para a configuração da pessoa jurídica de direito privado do tipo organização religiosa. Retomando a teoria de Jeavons (1998, 2004), a simples identificação do elemento religião pode não favorecer na conceituação de uma organização religiosa; é preciso identificar certas características.

A organização do homem por causa da religião é um fenômeno natural que cria propósitos coletivos. Logo, é natural que um conjunto de pessoas que professam determinado segmento religioso queira se reunir para implementar coletivamente seus princípios religiosos de propagação da palavra, de auxílio ao sofrimento, erradicação da pobreza etc. Ou seja, objetivam a pessoa natural e é admitida apenas como órgão a serviço da entidade (CORRÊA DE OLIVEIRA, 1979).

No Brasil, os dados censitários do IBGE apresentados cristalizam esse conceito de religião enquanto um fato social. É uma realidade na sociedade brasileira que as pessoas se reúnem em nome de determinada religião para desenvolver diversas atividades. Como apresentado no capítulo anterior, é possível identificar, pela análise dos dados colhidos pelo portal do IPEA, que a organização do homem em nome da religião produz atividades diversas na sociedade, não se restringindo somente ao culto e à liturgia.

Essa é uma importante percepção quando se busca construir uma possível conceituação das Organizações Religiosas. O Brasil é um país religioso, a população se organiza coletivamente para praticar sua religião, para obter recursos para a manutenção de sua religião, para buscar espaço de voz na sociedade, para divulgar seus princípios e crenças. Logo, não é possível deixar de observar que a organização de pessoas em nome da religião no Brasil é um fenômeno real, comprovado pelas estatísticas, e que merece correta regulamentação pelo direito.

Uma Organização Religiosa, como o próprio nome sugere, é uma reunião de pessoas que se organizam e que implementam suas atividades ligadas diretamente a uma religião. Esse é um ente coletivo identificado na realidade brasileira e não tratado juridicamente de forma correta. Qualquer reunião de pessoas que configure uma coletividade ligada diretamente a uma estrutura religiosa (doutrina) e que desenvolva qualquer atividade de cunho religioso na sociedade deve receber o *status* de Organização Religiosa.

Nesse diapasão, a religião deve ser considerada como um elemento essencial para a classificação de uma pessoa jurídica de direito privado como uma Organização Religiosa. Esse elemento deve ser finalístico e estrutural e ter nexo direto com o objeto desenvolvido pelo ente coletivo. Logo, a primeira verificação que deve ser feita é o tipo de *animus* associativo existente na pessoa jurídica de direito privado em análise. A religião, como um elemento objetivo de conceituação, deve ser ponte direta entre o exercício do objetivo e a estrutura religiosa da qual a organização faz parte.

Essa é a grande diferença entre uma Organização Religiosa e uma Associação Privada. Esta não precisa de um nexo entre o objeto desenvolvido e o *animus* associativo. Uma associação não precisa estar ligada a uma estrutura anterior como uma das formas de manifestação das ideias nela propagadas. A reunião de pessoas que se organizam e optam pelo desenvolvimento de determinado objeto na sociedade é de cunho privado, pertence à esfera daquela comunhão de pessoas. O vínculo essencial que forma uma Organização Religiosa é de vertente pública, tem base constitucional.

A Organização Religiosa não consegue ser independente da Igreja ou do segmento religioso que a concede origem. Para figurar como tal, essa dependência é necessária; elas atuam em simbiose completa e necessária, o que não significa que são sinônimas. Se essa reunião de pessoas para o desenvolvimento de uma atividade figurar deslocada de uma ligação direta com uma estrutura religiosa formal, o *animus* associativo passa a pertencer à esfera privada de cada um dos integrantes, o que configura uma Associação Privada, e não uma Organização Religiosa.

É preciso ressaltar que a Religião, para se configurar, não exigirá forma ou estrutura hierárquica; ela tem como elemento tudo o que é sobrenatural. Nesse sentido, o direito não consegue definir o que é Religião (conceito amplo que objetiva abarcar todo tipo de manifestação de espiritualidade), mas consegue utilizar esse entendimento prévio como pressuposto para o instituto jurídico Organizações Religiosas.

Nessa toada, quando uma Igreja Evangélica decide reunir fiéis para implementação de obras sociais que objetivam desenvolver, em seus membros, a evolução espiritual exigida em sua doutrina, bem como toda a estrutura desse coletivo, será hierarquicamente sujeita à apreciação da doutrina e da estrutura da Igreja, ficando sujeita ao veto e à apreciação ou reprovação de seu líder espiritual. Independentemente se essa reunião de pessoas promove atividades diversas do culto e da liturgia, estar-se-á diante de uma Organização Religiosa. Portanto, o conceito de Organização Religiosa não se limita ao conceito de Igreja, mas depende desse para sua aplicação.

Outro exemplo que pode ser invocado é o caso da Arquidiocese de Belo Horizonte. Como apresentado no capítulo anterior, a Mitra Arquidiocesana possui natureza jurídica de uma Organização Religiosa e possui diversas outras pessoas jurídicas ligadas à sua profissão de fé. Diversos entes coletivos que objetivam a realização de obras sociais e de caridade são ligados às diversas paróquias da Arquidiocese. Todos esses entes estão hierarquicamente sujeitos à estrutura da Mitra Arquidiocesana e devem passar pela aprovação de seu líder espiritual e, acima de tudo, devem obedecer às predisposições do evangelho pregado pela Igreja Católica Apostólica Romana. Logo, independentemente da atividade final desenvolvida na sociedade, a finalidade é religiosa. Logo, esses entes coletivos

CAPÍTULO 5
AS ORGANIZAÇÕES RELIGIOSAS ENQUANTO PESSOA JURÍDICA DE DIREITO PRIVADO... | 237

são Organizações Religiosas, e não Associações Privadas, como se depreende dos registros.

A organização de pessoas, para ser considerada religiosa, deve professar fé, orientar-se por essa profissão e acima de tudo se estruturar de forma a implementar e sustentar esse modo de vida. É a característica denominada de autoidentidade na teoria de Jeavons (1998).

Tal característica é apresentada no artigo 3º do Decreto 7.107, que dita que "a República Federativa do Brasil reconhece a personalidade jurídica da Igreja Católica e de todas as Instituições Eclesiásticas que possuem tal personalidade em conformidade com o Direito Canônico (...)". O artigo do Decreto apresentado representa o reconhecimento, por parte do Estado brasileiro, da autoidentidade apresentada pela Igreja Católica Apostólica Romana.

Esse entendimento pode ser, em nome da pluralidade religiosa, aplicado a qualquer que seja a profissão da fé. A organização religiosa deve conter uma estrutura rígida a fim de ser considerada uma instituição que tem, como escopo último, a profissão da fé. A estruturação da organização é forma de promover sua autoidentidade, ou seja, será sua forma de se apresentar ao mundo externo.

Percebe-se que, neste momento, existem dois fatores que merecem ser verificados para afirmar se resta configurada ou não uma Organização Religiosa, são eles: *animus* associativo de base religiosa (profissão de fé, crença ou valor espiritual) e pertencimento à estrutura religiosa que siga uma doutrina e professe determinado padrão religioso ou de fé (autoidentidade). Identificados esses dois elementos que, somados, compõem o elemento essencial religião, a verificação da atividade exercida passa a ser suplementar e não influencia na natureza jurídica da Organização Religiosa.

É preciso destacar que uma associação poderá ser formada por pessoas físicas religiosas, mas não será ligada a uma autoidentidade que se manifesta por meio de uma estrutura religiosa. A autoidentidade de uma associação baseada na fé é imaterial, intangível, encontra-se na seara da liberdade individual de crença. Já a da organização religiosa, não: tem como núcleo o imaterial, a fé, a religião, mas se materializa em uma estrutura, em regras básicas, em propósitos e atividades próprios, que devem observar o interesse daquela coletividade, daquela estrutura religiosa. Na escala apresentada na teoria de Jeavons (1998), uma organização religiosa, para efeitos do CCB, é aquela que se aproxima em ampla escala da classificação de uma organização estritamente religiosa, ou seja, é aquela que se autodefine (estruturalmente) como religiosa, bem como todas as suas atividades são realizadas em prol dessa autodefinição/estrutura.

Como apresentado no capítulo 3, não é essa a análise realizada pelo Poder Judiciário brasileiro. A doutrina majoritária e a jurisprudência dominante entrelaçam diretamente o conceito de Igreja ao conceito de Organização Religiosa, entendendo que o ente coletivo somente poderá receber natureza jurídica de Organização Religiosa se exercer apenas o objeto do culto e da liturgia. Os dados e os estudos apresentados demonstram o equívoco desse entendimento. No tópico 5.1, deste capítulo, restou comprovado que foi o próprio Estado quem concedeu à Igreja o papel de se desmembrar para uma atuação na sociedade.

O próprio Estado chama a Igreja a estender o seu papel social para além do corpo místico ou moral, para se configurar em corpo físico social, ou seja, uma Organização Religiosa. Essa compreensão vem sendo implementada no Brasil antes da Constituição Federal de 1988, e mesmo com a consolidação do Estado Laico, restou demonstrado que o Estado manteve o seu posicionamento de que a Igreja deveria atuar diretamente na sociedade. Percebe-se que a extensão do conceito de Igreja já é praticada historicamente pelo direito, uma vez que essa concepção foi estabelecida antes mesmo da adoção da teoria da personalidade jurídica pelo Direito Brasileiro.

Ao considerar a religião um fato social próprio do homem e transcendente a ele, é preciso compreender que o impacto principal desse fato é o surgimento da consciência coletiva denominado de Igreja. A Igreja é o espaço social onde o homem em comunidade transcende, espaço onde se configura o fenômeno da fé. A Religião cria padrões, estabelece condutas e modos de vida, celebra, congrega; ela forma, junto aos fiéis, um corpo místico ou moral. A Igreja é o templo físico – consolidação comunitária da religião – onde os fiéis se encontram para partilhar de suas práticas religiosas. Ela é um pequeno sistema dentro de um grande sistema denominado sociedade.

Nessa perspectiva, nota-se que uma Organização Religiosa é muito mais do que uma Igreja. A pessoa jurídica de direito privado de cunho religioso tem como pressuposto um elemento específico e fundamental, que é a religião. O legislador brasileiro fechou os olhos para a evolução no conceito e atuação da Igreja no Brasil, não percebendo que o espaço físico que consagra a religião se desmembrou, saindo da esfera privada e ocupando espaço direto na esfera pública, como demonstrado na teoria de Casanova (1994).

Constata-se essa incompreensão da mudança do papel da Igreja no Brasil quando se faz uma breve verificação das definições apresentadas pela legislação brasileira. A Lei nº 5.172/66, denominada de Código Tributário Nacional (CTN), e a Constituição da República Federativa do Brasil de 1988 (CF/88) utilizam a denominação "Templos de qualquer Culto", o artigo 44, inciso IV, do CCB inserido pela Lei nº 10.845/03 e a lei que regula as parcerias entre Administração Pública e as Organizações da Sociedade Civil, Lei nº 13.019/2014, utilizam a denominação "Organizações Religiosas". Já o Decreto 7.107/2010, conhecido como Acordo Brasil Santa Sé, utiliza a expressão "Entidades Eclesiásticas". Soma-se a cada uma dessas expressões a denominação apresentada pelo Poder Judiciário por meio de suas decisões, qual seja, Associações Religiosas.

Com base na análise dos dados apresentados, verificação dos objetos de atuação dessas entidades na sociedade, análise com enfoque teórico e bibliográfico da teoria da personalidade jurídica, é possível afirmar que a divergência conceitual existe por conta de dois grandes motivos, são eles: o não reconhecimento, pelo legislador, de forma específica, da modificação da atuação da Igreja no Brasil, e a sinonímia entre Igreja e Organizações Religiosas.

A expressão "templos de qualquer culto" utilizada pela Constituição Federal de 1988 e pelo Código Tributário Nacional, desde o julgamento do Recurso Extraordinário de número 35.822-2, pelo Supremo Tribunal Federal, deixou clara a necessidade de uma interpretação teleológica e extensiva da expressão. Logo, templos de qualquer culto se referem para além do local onde é exercida a prática religiosa, alcançando os bens, serviços e patrimônios da Organização Religiosa. Essa interpretação do STF corrobora perfeitamente com o argumento apresentado no parágrafo anterior. É possível observar que, no ano de 1966 e 1988, quando foram instituídos o CTN e a CF/88, o conceito de Igreja ou templo de qualquer culto (conceito secular) não compreendia esse papel desmembrador da Organização Religiosa, por mais que, na prática, o Estado já incentivasse esse papel. Logo, Igreja era o espaço onde se realizava o culto e a liturgia, e tudo o que ultrapassasse o espaço não seria observado aos olhos do elemento essencial religião, não podendo, portanto, ser considerada como uma Organização Religiosa.

Importante frisar que a decisão supracitada foi publicada no ano de 2002, estabelecendo o entendimento do STF sobre o que seria um templo de qualquer culto. No ano de 2003, é alterado o Código Civil, que insere, no artigo 44, a pessoa jurídica de direito privado denominada de Organização Religiosa. Essa inserção corrobora com o entendimento do STF, ou seja, Organização Religiosa além do espaço onde é praticado o culto e a liturgia é todo patrimônio, serviço e atuação que são realizados em função do elemento essencial religião. É perceptível, portanto, que considerar como Organização Religiosa somente o local de culto e liturgia, e todas as demais atividades organizadas como Associação Privada é um grande equívoco jurídico (BRASÍLIA, 2002).

O artigo 3º do Decreto 7.107 do ano de 2010 leciona que o Estado Brasileiro reconhece a personalidade jurídica da Igreja Católica Apostólica Romana e de todas as Entidades Eclesiásticas que fazem parte de sua estrutura. Como apresentado no início deste tópico e no capítulo anterior, a Igreja Católica Apostólica Romana possui natureza jurídica de Organização Religiosa e é composta por entidades eclesiásticas que desenvolvem atividades diversas, além do culto e da liturgia (vicariatos, paróquias, pastorais, obras sociais etc.), e que possuem também natureza jurídica de uma Organização Religiosa, mas que são tratadas, em sua maioria, como Associações Privadas.

Por fim, a Lei nº 13.019, do ano de 2014, deixa essa percepção ainda mais clara, informando, em seu artigo 2º, inciso I, alínea c, que as Organizações Religiosas que se dedicam a atividades de cunho social e de interesse público para além da finalidade religiosa serão consideradas Organizações da Sociedade Civil. Ou seja, a lei reconhece que Organização Religiosa é uma pessoa jurídica de direito privado que, de forma organizada, desenvolve determinada atividade social em nome da religião. Logo, não há que se vincular a natureza jurídica de Organização Religiosa única e exclusivamente como sinônimo do conceito de Igreja.

CAPÍTULO 5
AS ORGANIZAÇÕES RELIGIOSAS ENQUANTO PESSOA JURÍDICA DE DIREITO PRIVADO... 241

Resta evidente que o conceito de uma Organização Religiosa está ligado diretamente ao elemento religião, que deve ser compreendido como um elemento incorpóreo. Porém, o direito, que possui a faculdade de controlar e fiscalizar os atos de toda e qualquer organização, seja ela religiosa ou não, precisa, necessariamente, vincular o elemento essencial incorpóreo a uma estrutura sólida e que materializa a religião. Nesse sentido, o primeiro elemento definidor de uma Organização Religiosa é a organização de pessoas que, obrigatoriamente ligadas a uma doutrina e estrutura hierárquica religiosa, em nome da fé, promovem atividades na sociedade com a finalidade de praticar a religião professada, além do culto e da liturgia. Esse elemento possui como sustentáculo um forte direito de base constitucional: o direito à liberdade religiosa.

Uma Organização Religiosa, por exigir a existência de um elemento essencial, é dotada de especificidade, uma vez que o pano de fundo de seu elementar substrato de concretização é ligado diretamente ao direito constitucional e à liberdade religiosa. Esse motivo, por si só, exige da legislação um tratamento específico, bem como já é argumento diferenciador desse tipo de pessoa jurídica de direito privado. Ao considerar a religião como elemento indispensável na conceituação de uma Organização Religiosa, é preciso ressaltar que, se inobservado tal elemento de classificação, será configurada violação direta à liberdade religiosa.

Como apresentado nos capítulos anteriores, a Religião sempre esteve presente na construção social. Compreender e delimitar o campo de atuação da religião em questões ditas públicas é necessário do ponto de vista desta obra. Conforme Casanova (1994, p. 66), na década de 1980 a religião em todo o mundo estava na vanguarda na atuação nas mais diversas formas de ação coletiva, muitas vezes em ambos os lados das questões discutidas, sendo ao mesmo tempo sujeito e objeto de contestação e debate. Para o autor, a questão a ser avaliada não é se a religião é essencialmente boa ou má para a política, funcional ou disfuncional para o sistema social, progressiva ou retrógrada.

A atuação religiosa por meio de pessoas jurídicas de direito privado é uma realidade que não pode ser negada pelo Estado Democrático de Direito, afinal essa liberdade de atuação é um corolário da liberdade religiosa. Esse direito fundamental, entendido como um direito constitucional, pode ser extraído do artigo 5º, inciso VI, VII e VIII; art. 19, I; art. 143, parágrafo 1º; art. 2010, parágrafo 1º; art. 226, parágrafo 2º; art. 150, VI, "b" – todos da Constituição Federal de 1988 (CF/88). Esta obra tem, como foco, o artigo 5º, inciso VI, que, segundo Teraoka (2010), é o principal dispositivo para definir o direito constitucional e fundamental à liberdade religiosa. O autor conceitua a liberdade religiosa por meio de uma análise dúplice do artigo 5º, VI, da CF/88. A primeira parte do dispositivo estabelece que "é inviolável a liberdade de consciência e de crença". Ele destaca que essa primeira parte do dispositivo apresenta uma importante distinção, qual seja: liberdade religiosa não se confunde com liberdade de consciência.

Liberdade de consciência é a possibilidade que o homem tem de refletir sobre si e sobre o mundo, optando, inclusive, por não ter crença alguma. Logo, a liberdade de consciência é uma proteção constitucional concedida às ideias que o indivíduo possui, ou seja, está ligada ao foro individual do ser. Já a liberdade de crença estará relacionada aos aspectos internos da liberdade religiosa, ou seja, possui uma dimensão social e institucional. A liberdade de crença será ligada diretamente à religião, tutelando todos os aspectos religiosos ligados à crença (TERAOKA, 2010).

Sobre a liberdade de crença e o direito, leciona Teraoka:

> A liberdade de crença não protege apenas a fé interior em seu aspecto interior ou espiritual. A consciência interna referente às crenças e aos dogmas religiosos, sem qualquer exteriorização no mundo sensível, é intrinsecamente irrelevante para o Direito. A crença de *per se* é o estado especial da alma humana, interior, inviolável, impessoal. A crença, como a consciência interna, é sempre livre; não podem regras jurídicas impedir que os seres humanos pensem, ou creiam de determina forma ou em determinada divindade. A liberdade de crença protege, não apenas os aspectos internos ligados à fé, mas a exteriorização da crença religiosa pelo indivíduo, mediante práticas externas, não apenas convicções. Assim, a liberdade de crença é, de fato, o direito de determinar-se segundo a sua crença. É o caso da prática religiosa que ocorre dentro de casas ou reuniões de oração familiares ou com outros integrantes (TERAOKA, 2010, p. 49, 50).

A liberdade de crença, como se depreende do trecho citado, vai além da proteção dos aspectos internos da fé; ela se cristaliza com a exteriorização da crença religiosa. A fé interna, por si só, não é o grande alvo do direito, mas sim sua exteriorização. Portanto, a correta regulação das pessoas jurídicas de direito privado que atuam em nome da fé é uma das formas de concretizar a liberdade de crença, pois garantir a liberdade de atuação de uma Organização Religiosa nada mais é do que proporcionar a exteriorização da crença.

Seguindo o marco teórico selecionado, passa-se à verificação da análise da segunda parte do art. 5º, VI, da CF/88, que diz que é "assegurado o livre exercício dos cultos religiosos e garantida, na forma da lei, a proteção aos locais de culto e a suas liturgias". Teraoka (2010) leciona que a liberdade religiosa não compreende apenas o culto particular ou individual ao ente sagrado, ela abrange a manifestação pública, ou seja, exteriorização da religião por meio de cultos públicos. Sendo assim, a segunda parte do artigo 5º, inciso VI, visa proteger a exteriorização do culto, o local onde é realizado o culto e a liturgia, que, segundo o autor, são rituais religiosos. Nesse sentido, o autor define que a liberdade religiosa é "o direito fundamental que tutela a crença, o culto e as demais atividades religiosas, dos indivíduos e das organizações religiosas, e consagra a neutralidade estatal" (TERAOKA, 2010, p. 52).

Completando a definição acima apresentada, o autor apresenta uma finalidade para a liberdade religiosa:

> O direito à liberdade religiosa visa a proteger as opções religiosas, de modo a repelir pressões às opções e manifestações de fé ou de diferença em uma ou todas as religiões. Por outro lado, visa a permitir o amplo e pacífico debate entre as religiões, na eventual divulgação de sua fé.
>
> Em interessante artigo, Jane Rutherford ensina que uma das finalidades mais relevantes da liberdade religiosa é a limitação do poder. A religião, é, sem dúvida, uma importante fonte de poder político. Assim, ao permitir a liberdade religiosa e a diversidade das organizações religiosas, a Constituição acaba por incentivar a desconcentração do poder político. Por outro lado, se houvesse uma religião oficial, o poder político decorrente da religião estaria perigosamente concentrado (TERAOKA, 2010, p. 53).

Sob o prisma da finalidade do direito fundamental à liberdade religiosa, aprofundando sistematicamente o conceito acima apresentado, José Afonso da Silva (2013) leciona que essa liberdade se inclui entre as liberdades espirituais e que sua manifestação estaria relacionada diretamente com a liberdade de pensamento. Tendo como foco a liberdade religiosa e sua manifestação, o autor elenca especificamente 3 (três) formas de manifestação da liberdade religiosa; são elas: a liberdade de crença; a liberdade de culto e a liberdade de organização religiosa. Em atenção aos objetivos deste livro, o foco de estudo será a última forma de manifestação religiosa, denominada de liberdade de organização religiosa.

Nas palavras de Silva (2013, p. 252), "liberdade religiosa diz respeito à possibilidade de estabelecimento e de organização das Igrejas e suas relações com Estado". O autor ensina que essa liberdade fundamental é um dos elementos solidificadores do Estado Laico, ou seja, Estado e Igreja estão separados, mas possuem certa relação de colaboração. A consagração do Estado Laico estabeleceu o que Silva (2013, p. 252) define de relação de "separação e colaboração". O Estado reconhece a personalidade jurídica, permitindo sua liberdade de organização.

Nesse diapasão, pode-se chegar à seguinte premissa lógica definidora: toda e qualquer crença é livre no Brasil, ou seja, a ideia ligada ao sobrenatural e transcendental será considerada religiosa e gozará de exercício livre sem perseguições e embaraços. Essa crença ou religião compõe um estado incorpóreo, imaterial, que só é alcançado pelo direito do ponto de vista protetivo, e não de definição. Uma das manifestações desse elemento imaterial (religião) é sua transformação em um elemento corpóreo que, no sentido *lato sensu*, será conhecido como Igreja. Esse elemento solidificado, palpável e visível aos olhos do Estado, em nome da laicidade, poderá se organizar da melhor forma possível para alcançar sua missão e seu propósito; essa é a configuração da relação "separação e colaboração". Para viabilizar essa organização sem violar a liberdade religiosa, o Estado reconhece que o elemento corpóreo da religião, para exercer regularmente suas atividades, terá personalidade jurídica.

Essa personalidade jurídica deverá levar em consideração, em nome da liberdade religiosa, toda e qualquer especificidade ligada à crença e sua forma de desenvolvimento. Por esse motivo, o artigo 44, inciso IV, do Código Civil apresenta a pessoa jurídica de direito privado do tipo Organizações Religiosas. Sempre que um ente coletivo for precedido pelo elemento corpóreo e incorpóreo, será configurada uma Organização Religiosa. De acordo com os ensinamentos de Silva (2013), a liberdade de organização religiosa deve ser compreendida muito além da configuração e organização de uma Igreja, principalmente tendo em vista o alargamento do papel da Igreja no Brasil.

A liberdade religiosa fortalece o elemento conceitual essencial religião, uma vez que se traduz na liberdade de organização religiosa. Nesse sentido, uma organização religiosa, para se consolidar como uma pessoa jurídica de direito privado do tipo específico, deverá estar ligada à manifestação corpórea da religião. Essa conclusão permite a seguinte transcrição:

Figura 02: Elementos definidores da Pessoa Jurídica do tipo Organização Religiosa

Fonte: Elaborada pelo autor.

A imagem apresentada permite concluir que, em nome da liberdade de organização religiosa, a pessoa jurídica de direito privado afetada pelo elemento essencial religião incorporará espécies que serão decorrentes da própria liberdade de organização concedida pela Constituição Federal, tema que será abordado especificamente a seguir. Logo, sempre que existir um ente coletivo afetado pelo elemento religião estar-se-á diante de uma Organização Religiosa, e não diante de uma Associação Privada.

Uma Organização Religiosa é afetada diretamente pelo direito constitucional à Liberdade Religiosa, enquanto que uma Associação Privada é decorrente do direito de se associar, de aderir a uma associação ou deixar uma associação. O Código Civil interpretado com a Constituição Federal não clama a necessidade de um elemento específico de afetação para existência de uma associação. Como demonstrado no capítulo anterior, diversos são os temas que dão origem a uma associação. É possível invocar vários exemplos, tais como: Associação de Bairro, Associação de Servidores Públicos,

Associação de Médicos, Associação de Professores, Associação das Lésbicas em Belo Horizonte etc. O direito de associação nasce na esfera individual e parte para a esfera pública como uma forma de permitir o exercício das liberdades pelos cidadãos brasileiros. Nesse sentido, o elemento caracterizador essencial de uma associação é a vontade de reunir com outras pessoas para comungar de determinada ideia, filosofia, projeto, proposta.

Com uma Organização Religiosa é diferente. Ela surge de uma liberdade de associação, mas que é afetada pelo direito constitucional. Associar-se em nome da crença, religião ou fé é uma manifestação da liberdade de organização religiosa. O artigo 44, inciso IV, do Código Civil, ao ser interpretado em consonância com a Constituição Federal, requer a identificação do elemento essencial religião. Logo, uma associação de pessoas em nome da religião que é ligada diretamente a certa estrutura religiosa não é uma Associação Privada, mas sim uma Organização Religiosa.

Compreendida e identificada a primeira característica essencial para a conceituação de uma Organização Religiosa enquanto pessoa jurídica de direito privado, é necessário passar para a fixação do segundo elemento caracterizador, qual seja: toda Organização Religiosa é uma pessoa jurídica de direito privado. É o que se depreende do artigo 44, inciso IV, do Código Civil brasileiro:

> Art. 44. São pessoas jurídicas de direito privado:
> I – as associações; II – as sociedades; III – as fundações.
> IV – as organizações religiosas; V – os partidos políticos.
> VI – as empresas individuais de responsabilidade limitada.
> §1º São livres a criação, a organização, a estruturação interna e o funcionamento das organizações religiosas, sendo vedado ao poder público negar-lhes reconhecimento ou registro dos atos constitutivos e necessários ao seu funcionamento.
> §2º As disposições concernentes às associações aplicam-se subsidiariamente às sociedades que são objeto do Livro II da Parte Especial deste Código.
> §3º Os partidos políticos serão organizados e funcionarão conforme o disposto em lei específica (BRASIL, 2002).

Afirmar, com base no artigo 44, inciso IV, do CCB, que uma Organização Religiosa é uma pessoa jurídica de direito privado significa informar que a liberdade de organização religiosa estará

CAPÍTULO 5
AS ORGANIZAÇÕES RELIGIOSAS ENQUANTO PESSOA JURÍDICA DE DIREITO PRIVADO... | 247

à mercê do controle Estatal. Ou seja, assim como qualquer outra pessoa jurídica de direito privado, uma Organização Religiosa deverá agir em conformidade com a lei. Logo, todos os seus atos de criação, gestão e estruturação devem estar à mercê do princípio da legalidade.

Nesse sentido, uma Organização Religiosa poderá escolher a melhor forma de se organizar e quais as atividades desenvolverá para colocar em prática sua religião e/ou para sua manutenção. Exatamente sobre esse ponto é que se encontra um grande embate, qual seja: uma pessoa jurídica de direito privado do tipo Organização Religiosa será livre para se organizar, e essa liberdade será fiscalizada pelo Estado. A problemática? Não existe uma lei que lecione o que é uma Organização Religiosa e que discipline com exatidão sua liberdade de atuação.

Esse problema faz com que alguns doutrinadores (já apresentados no capítulo 3) afirmem que uma Organização Religiosa é uma pessoa jurídica "amorfa", ou seja, sem forma específica. A não contemplação, pelo direito, do elemento essencial de afetação desse tipo específico de pessoa jurídica torna nebulosas sua regulação e fiscalização. Com base em qual legislação poderá afirmar o Poder Judiciário que um ente coletivo de vertente religiosa não poderá prestar assistência social sob pena de perder o *status* de Organização Religiosa, sendo registrado como uma Associação Privada?

Esse segundo elemento é muito importante, pois, uma vez que uma Organização Religiosa goza do *status* de pessoa jurídica, isso significa que ela poderá se organizar e se estruturar de forma a levar em conta o seu elemento específico e essencial, que é a religião. A pessoa jurídica de direito privado dessa natureza exerce socialmente a religião, e esse exercício poderá ser organizado e estruturado de acordo com as especificidades de cada religião, portanto as Organizações Religiosas possuirão estrutura e organização distinta em nome da pluralidade de credos.

Nesse sentido, compreendido o papel da religião na atualidade, não há como afirmar que uma pessoa jurídica de direito privado do tipo Organização Religiosa exerce única e exclusivamente atividade de culto e liturgia, ou seja, é uma Igreja. A liberdade constitucional de organização religiosa é muito mais que isso. O próprio parágrafo primeiro do artigo 44 do CCB leciona que a pessoa jurídica de direito privado afetada pelo elemento essencial da religião será livre para criar, estruturar e se organizar da melhor forma a atender sua finalidade, o exercício da religião. O Estado, ao limitar essa organização, viola diretamente a liberdade religiosa bem como cria uma crise sistêmica no direito civil brasileiro.

A pessoa jurídica de direito privado do tipo Organização Religiosa é dotada de especificidade, de características próprias, e isso precisa ser levado em consideração pelo Estado no momento da constituição, estruturação e execução de suas atividades. Em uma interpretação sistemática e teleológica do artigo 44, inciso IV, do CCB, percebe-se que o intuito do legislador é trazer às Organizações Religiosas a característica de uma personalidade jurídica individualizada, específica, muito além do conceito de Igreja. Em verdade, uma Organização Religiosa não pode ser considerada uma pessoa jurídica "amorfa", mas sim uma pessoa jurídica especial, e cabe ao Estado criar o aparato necessário para verificar e regular o exercício dessa especialidade.

Esse segundo elemento caracterizador deverá ter ligação direta com o elemento essencial, que é a religião. A pessoa jurídica de direito privado que se constitui, estrutura e executa as suas atividades ligadas diretamente à religião é uma Organização Religiosa e necessariamente requer uma atenção específica por parte do Estado. O controle que vem sendo realizado de forma genérica, sem uma conceituação do ente, na verdade, tem violado o direito constitucional de liberdade religiosa e dificultado a operação dessas organizações em sociedade.

Como analisado no capítulo 3, uma Organização Religiosa que prevê, em seu estatuto, o exercício de atividades além do culto e da liturgia será impedida de ser registrada como esse tipo específico de pessoa jurídica de direito privado. O que se percebe é uma limitação no objeto de atuação. Para o exercício de atividades além do culto e liturgia, essa Organização Religiosa deverá sujeitar-se à forma de uma Associação Privada, seguindo o seu regime jurídico, o que não se aplica a uma Organização Religiosa. O legislador deixa claro que não observou a extensão do papel da religião na sociedade e, consecutivamente, deixa de observar que uma Igreja vai além do culto e da liturgia, ela exerce atividades diretas na sociedade, e isso, por si só, impede o registro de uma Organização Religiosa como uma Associação Privada.

CAPÍTULO 5
AS ORGANIZAÇÕES RELIGIOSAS ENQUANTO PESSOA JURÍDICA DE DIREITO PRIVADO... | 249

Contudo, na realidade, o que se observa é a constante negativa do reconhecimento de natureza jurídica de Organização Religiosa para qualquer entidade que desenvolva atividade além do culto e da liturgia. É o que se pode depreender dos julgados selecionados:

Trata-se de dúvida suscitada pela Congregação das Pequenas Missionárias de Maria Imaculada em face do Oficial do 4º Registro de Títulos e Documentos e Civil de Pessoa Jurídica da Capital, após negativa de registro de ata de assembleia que autorizou a criação de filial da pessoa jurídica em nova circunscrição. O óbice contestado pela requerente diz respeito à exigência de alteração do objeto da entidade ou de sua natureza jurídica, já que a classificação como organização religiosa impede que a entidade tenha objetos outros que não as atividades ligadas à religião. Alega a requerente que as atividades indicadas no estatuto estão ligadas a religião e não impedem sua classificação jurídica como organização religiosa. (...). Neste ponto, com razão o Oficial e a D. Promotora. Inicialmente, cumpre salientar que o Oficial tem autonomia para qualificar os títulos apresentados, e o §1º do art. 44 do Código Civil não afasta esta possibilidade ao limitar a intervenção estatal nas organizações religiosas. Neste sentido o enunciado 143 da III Jornada de Direito Civil: "143 Art. 44: A liberdade de funcionamento das organizações religiosas não afasta o controle de legalidade e legitimidade constitucional de seu registro, nem a possibilidade de reexame, pelo Judiciário, da compatibilidade de seus atos com a lei e com seus estatutos. " Assim, fica afastado o argumento do interessado de descumprimento de tal norma legal. *Quanto a questão de fundo, é pacífico o entendimento de que as organizações religiosas não podem ter como objeto em seus estatutos a promoção de atividades desconexas da religião, especialmente quando tais atividades têm características próprias de atividade econômica. Todavia, há um campo cinzento onde se encontram atividades assistenciais, não especificamente ligadas ao culto e liturgia, mas que se adequam aos próprios fins religiosos: na doutrina cristã, a título de exemplo, o amparo aos pobres e necessitados, mesmo que não integrantes da religião, faz parte dos ensinamentos de tal religião, o que traz conflitos na interpretação da lei, já que pode-se dizer que tais atividades assistenciais fazem parte do culto religioso e não descaracterizam a organização religiosa. Não obstante, sedimentou-se o entendimento de que a dedicação exclusiva ao culto e a liturgia é requisito fundamental para qualificação como organização religiosa.* Neste sentido, o parecer exarado pela E. CGJ no Proc. 2013/00147741, de lavra do Juiz Assessor Dr. Gabriel Pires de Campos Sormani: A caracterização de uma organização religiosa, a nosso ver, deve estar diretamente atrelada às suas atividades. A dificuldade se cria quando, além do culto e da liturgia, a pessoa jurídica tem também uma série de outras. (...) Não se questiona que a recorrente tenha a finalidade última dar culto e propagar a fé católica (...). Entretanto, ela tem uma série de outras atribuições e atividades (ainda que de meio), que não se confundem com o culto e com a propagação da fé, mesmo que possam levar a tal propagação como resultado. (...) Como mencionado na decisão recorrida, não há como se interpretar que no plano jurídico as atividades mencionadas estejam simplesmente englobadas na religião, até porque são atividades que podem, todas elas, ser exercidas independentemente da fé. *Tal intepretação chegou a ser flexibilizada brevemente nos Processos CG 54.191/2015 e 51.999/2015 quando se entendeu que tais atividades diversas do culto seriam aceitas desde que direcionadas a membros da organização religiosa. Contudo, o entendimento anterior foi restabelecido no Recurso Administrativo 1096194-80.2016.8.26.0100, onde se reforçou que as organizações religiosas restringem-se as atividades de culto e liturgia, e que a realização de atividades diversas, especialmente quando voltada a pessoas externas à religião, leva a sua classificação como associação, tendo lembrado ainda que os benefícios tributários também podem ser estendidos a associações, não sendo restritos a organizações religiosas.* Assim, em que pese entendimento pessoal desta magistrada em sentido contrário, deve-se preservar o entendimento firmado pelas instâncias superiores, mantendo-se o óbice apresentado pelo registrador, já que o estatuto que se pretende registrar traz em seu Art. 2º atividades diversas do culto e liturgia, como prestações voltadas à assistência à saúde e arrecadação de recursos para assistência de terceiros carentes. Do exposto, julgo prejudicada a dúvida suscitada pela Congregação das Pequenas Missionárias de Maria Imaculada em face do Oficial do 4º Registro de Títulos e Documentos e Civil de Pessoa Jurídica da Capital, com observação. Não há custas, despesas processuais nem honorários advocatícios decorrentes deste procedimento. Oportunamente, arquivem– se os autos. P.R.I.C. Julgada Procedente a Ação (SÃO PAULO, Processo nº 1102359– 07.2020.8.26.0100, grifos do autor).

É claro o cerceamento à liberdade de organização religiosa oriunda da Constituição Federal. O julgador, de acesso a uma lei que regulamente de forma correta essa pessoa jurídica de direito privado, opta por limitar sua atuação, violando sua liberdade de organização e dificultando sua organização e execução em sociedade. No mesmo sentido, a decisão concedida em sede de Recurso Administrativo nº 147.741/20013, emitida pela Corregedoria de São Paulo. O recurso administrativo interposto pela Associação Cultura Franciscana contra a decisão proferida pelo Juiz Corregedor Permanente do Primeiro Ofício de Registro de Títulos e Documentos e Civil de Pessoa Jurídica da Capital, que indeferiu a averbação da Ata da Assembleia Geral Extraordinária. A recorrente buscava a alteração de sua natureza jurídica de associação para organização religiosa. Tanto o juiz de 1º grau quanto o Corregedor Geral, que adotou o parecer dado pelo Juiz Assessor da Corregedoria, entenderam que

CAPÍTULO 5
AS ORGANIZAÇÕES RELIGIOSAS ENQUANTO PESSOA JURÍDICA DE DIREITO PRIVADO...

organização religiosa é aquela que se dedica exclusivamente ao culto. Assim, observou-se que a associação praticava atividades vinculadas ao culto e à liturgia, mas, também, atividades não religiosas (mesmo que levassem a propagação da fé como resultado final) que poderiam ser exercidas independentemente da fé. Diante desse contexto, a Corregedoria afirmou que o melhor enquadramento para a pessoa jurídica recorrente se faz como associação. As atividades previstas no estatuto social aprovado na ata anterior não permitiam que a associação se enquadrasse como organização religiosa. Negado provimento ao recurso administrativo (SÃO PAULO, Recurso Administrativo nº 147.741/2013).

É perceptível que o conceito de pessoa jurídica do tipo Organização Religiosa é atrelado diretamente ao conceito de Igreja. Restou demonstrado que, desde o Brasil Colônia, o próprio Estado passou a reconhecer a extensão do papel da Igreja em sociedade. Com o Estado Laico vem o reconhecimento da personalidade jurídica, o afastamento da religião oficial, mas resta instituída a relação de colaboração entre Estado e Igreja, o que reafirma, uma vez mais, a extensão do papel da religião em sociedade. Limitar o tipo jurídico apresentado pelo CCB, como é feito nos julgados acima, é demonstração de como a legislação brasileira não acompanhou a transformação e a modificação do papel desse tipo de pessoa jurídica, violando princípio básico da hermenêutica jurídica, que é a vontade do legislador.

O que se percebe é que o Poder Judiciário limita o direito de liberdade de crença ao enxergar o direito à organização religiosa única e exclusivamente no desenvolvimento da atividade de culto e liturgia, ou seja, ocorre uma limitação no reconhecimento da personalidade desse tipo de pessoa jurídica de direito privado, violando sua existência ôntica e institucional.

O mesmo nota-se na jurisprudência que envolve o Templo de Umbanda Família Pena Azul.[49] O Oficial do 5º Registro de

---

[49] (...) A obediência ao Estatuto Social garante os interesses próprios da associação, nos termos em que foi criada, a par da vontade de seus associados, devendo ser clara e precisa em seus termos. De acordo com o artigo 3º , incisos IV, VI e VII do Estatuto Social: "Artigo 3º: A organização religiosa observará os princípios da legalidade, impessoalidade, moralidade, publicidade, economicidade e da eficiência, com as seguintes finalidades:(...)IV – manter o intercâmbio cultural e cooperação com entidades

Títulos e Documentos e Civil de Pessoa Jurídica da Capital nega a averbação da Assembleia Geral Extraordinária, realizada em 02.04.2016, para a lavratura da ata de fundação e votação do Estatuto

religiosas afins;(...)VI – dar assistência material à comunidade carente, inclusive colaborando em campanhas públicas de auxilia às pessoas;VII – promover atividades de organização associativas ligadas à Cultura, a Arte e Educação". Vê-se que a entidade prevê em seu Estatuto prestação de serviços a terceiros que não são membros da crença. (...) Analisando-se o estatuto da recorrente, verifica-se que ela não se dedica a outras atividades, mas apenas ao culto e à liturgia, com uma única exceção no art. 18, que menciona a assistência aos fiéis necessitados, algo que não a caracteriza como entidade religiosa mista. A CF, art. 5º, VI, assegura a liberdade de exercício de cultos religiosos e garante, na forma da lei, "a proteção aos locais de culto e a suas liturgias". Vê-se que a liberdade de organização religiosa está limitada às finalidades de culto e liturgia. Somente para esses fins pode ser considerada organização religiosa e assim registrada. Se a comunidade religiosa desenvolve outras atividades, de caráter econômico, como instituições educacionais ou empresariais, estas não se consideram incluídas no conceito de "Não merece acolhida o pedido de requerente para constar como data real de fundação janeiro de 2012, tendo em vista que a Assembleia Geral Extraordinária, momento em que foi votado o Estatuto e deliberado sobre sua constituição, foi realizada em 02.04.2016, sendo considerada esta última. Note-se que a presença de duas datas divergentes causará dúvidas em detrimento de terceiros. Por fim, em relação ao último óbice, referente à fixação de um mandato para o ministro religioso, deve ser o estatuto claro sobre o lapso temporal de sua duração ou sobre eventual vitaliciedade. Diante do exposto, julgo prejudicado o pedido de providências formulado pelo Templo de Umbanda Família Pena Azul, em face do Oficial do 5º Registro de Títulos e Documentos e Civil de Pessoa Jurídica da Capital, com observação. Organizações religiosas" para os fins da Constituição e do CC, pois não destinadas diretamente para culto ou liturgia. Essas outras atividades deverão ser organizadas sob outras formas de personalidade jurídica (...), ainda que seus resultados econômicos sejam voltados para dar sustentação a projetos desenvolvidos pela respectiva comunidade religiosa". Conclui-se que as recentes decisões elencadas modificam a posição anterior da doutrina e jurisprudência ao dizer que as organizações religiosas não estão restritas as atividades de culto e liturgia, podendo prestar assistência a seus membros. No caso em análise contata-se que o intercâmbio cultural e cooperação com entidades religiosas afins, bem como participação em campanhas públicas de auxílio às pessoas e atividades de organização relacionadas a Cultural, Arte e Educação, não podem ser consideradas atividades exclusivamente religiosas, tendo sido aventadas de forma ampla, sendo que sequer se restringem aos seus fiéis ou pessoas a eles relacionadas. Analisando os incisos I, II e III verifica que o Templo Família Pena Azul presta serviços religiosos consistente em propagar a fé em Jesus Cristo, realizar trabalhos espiritualistas de umbanda, visando o bem-estar e a elevação espiritual do Homem e difundir o conhecimento da doutrina umbandista por todos os meios admitidos em lei. Com isso, negada a possibilidade da requerente se caracterizar como organização religiosa devido a suas atividades voltadas a terceiros, a retificação para constar em seu estatuto, como "associação religiosa" afastaria o óbice corretamente apresentado pelo Oficial. No mais, em relação ao segundo óbice, correta a exigência do Registrador. A necessidade de substituição dos termos "associados", "associação", "sócios" e "sociedade" está correta, já que referem-se à várias espécies de pessoas jurídicas diversas daquela escolhida pelo requerente. Ao contrário do que faz crer a interessada, não se trata de mero jogo de palavras, mas a adequação técnica do Estatuto Social (SÃO PAULO, Processo nº 1112077-67.2016.8.26.010, grifos do autor).

CAPÍTULO 5
AS ORGANIZAÇÕES RELIGIOSAS ENQUANTO PESSOA JURÍDICA DE DIREITO PRIVADO... | 253

Social da Entidade. O Oficial emitiu nota devolutiva apontando várias irregularidades na redação do Estatuto Social, sendo que a requerente discordou apenas de algumas delas, quais sejam: a) que a entidade não pode ser caracterizada como "organização religiosa", como consta em seu estatuto, pois se dedica a outras atividades não atinentes a liturgia e culto; b) necessidade de se adequar à terminologia utilizada no Estatuto, com a consequente substituição dos termos associados, associação, sócios e sociedade; c) existência de divergência entre a data da efetiva fundação da organização religiosa constante do Estatuto (janeiro/2012) e a data da Assembleia Geral na qual se deliberou sobre a fundação (02.04.2016); d) e que deve haver a fixação de mandato por prazo determinado para o Ministro Religioso. No mesmo sentido, percebe-se a limitação da personalidade jurídica da organização religiosa em destaque, uma vez que foi recusado o seu registro enquanto organização religiosa pelo simples fato de a organização oferecer serviços a terceiros que não são membros de sua crença. Diante dessa questão, questiona-se: Em que momento a decisão verificou a autoidentificação da organização enquanto religiosa? A apresentação de um estatuto que literalmente encontra-se ligado a uma confissão de fé faz-se irrelevante em nome da previsão do exercício de uma atividade não lucrativa para terceiros? Em que momento a finalidade última da organização foi observada?

O Conflito no entendimento sobre a natureza jurídica das organizações religiosas se faz tão visível, que no Processo 54.191/2015 a Corregedoria Geral de Justiça do Estado de São Paulo[50] considerou que a implementação de atividades além do culto e da liturgia desde que voltadas para os membros

---

[50] CGJSP – PROCESSO: 54.191/2015 Relator: Elliot Akel "Ora, aqui a situação é completamente diferente. A recorrente prestará assistência material não a terceiros, mas, somente, a seus próprios membros, que não são associados, mas clérigos, exclusivamente. Isso não desvirtua, absolutamente, a natureza de organização religiosa da recorrente, nem lhe dá feição mista. A prestação de assistência material aos seus clérigos – Bispos, Sacerdotes Católicos e Diáconos da Igreja Católica Apostólica Romana – é inerente aos próprios fins da organização religiosa. Trata-se dos meios para que se alcance o fim de propagação da fé. Repita-se: nem a assistência material será prestada a terceiros, nem os membros podem associar-se como se daria numa associação qualquer. Membros, aqui, são apenas os clérigos, assim reconhecidos pela Igreja Católica Apostólica Romana" (grifo nosso) (CGJSP – PROCESSO: 51.999/2015 Relator: Elliot Akel)

confessionais não feriria os fins próprios da organização. Segundo a decisão, a destinação da atividade não seria o suficiente para desconfigurar a natureza jurídica das organizações religiosas, desde que prestadas de forma interna. A decisão que nega o reconhecimento do Templo de Umbanda Família Pena Azul e a decisão que reconhece o exercício de prestação de serviço sem finalidade lucrativa para os membros internos (no caso, padres, diáconos etc.) claramente vão de encontro ao parágrafo 1º do artigo 44 do CCB, bem como deixam claro que o sistema de concessão de personalidade jurídica para as organizações religiosas no Brasil colide com as orientações da Comissão de Viena, uma vez que as decisões apresentadas embaraçam, dificultam e limitam a personificação do ente coletivo de vertente religiosa.

Ademais, é importante resgatar a lição apresentada no capítulo anterior pelo autor Casanova (1994), que, ao lecionar sobre o processo de "desprivatização" da religião, deixa claro que a ocupação do espaço público pela religião é feita de forma coletiva, ou seja, uma organização religiosa, nesse entendimento, poderá se organizar e, em nome de sua busca por ocupação no cenário público, terá o direito de prestar seus serviços para qualquer pessoa, independentemente se membro ou não de sua congregação. Nota-se, respeitosamente, que os Tribunais, o legislador e a doutrina pátria não compreendem a organização religiosa como fruto de um fenômeno social denominado religião, que vem há décadas saindo do espaço privado e atingindo, como demonstrado nos capítulos anteriores, o espaço público. Essa não observação jurídica pautada nos elementos históricos e sociológicos das organizações religiosas só acentua a teoria de Corrêa de Oliveira (1979) de que o ordenamento jurídico brasileiro é normativista e minimalista. Aliás, a situação da EIRELI, provocada pela Lei nº 14.195/2021, pode ser somada à situação imposta às organizações religiosas para demonstrar a crise no sistema de reconhecimento da pessoa jurídica no direito brasileiro.

No caso envolvendo o Templo de Umbanda Família Pena Azul, o contrassenso sobre o tema é tão perceptível, que a decisão menciona que o templo deveria inserir em seu estatuto a expressão "associação religiosa", que não existe no direito brasileiro. Outro ponto que chama a atenção é a afirmação de que uma Organização Religiosa não pode exercer uma atividade econômica.

Perry Dane (1998, p. 50-51) busca analisar as relações entre organizações religiosas e a lei a partir da perspectiva de que a vida religiosa deve ser entendida a partir de referenciais diferentes daqueles aplicados a outras esferas. Isto é, para ele, instituições religiosas não podem ser classificadas de acordo com as mesmas rubricas ou avaliadas a partir dos mesmos critérios que outras organizações sem fins lucrativos, seja em uma análise funcionalista, cultural ou ideológica.

Esse autor compreende que os grupos religiosos são melhor entendidos enquanto soberanias separadas, em uma analogia com estruturas governamentais mais do que em relação a uma corporação ou um clube, como exemplos. Assim, são organizações mais complexas que um estado, mas também não são simplesmente uma associação privada submetida ao Estado. São comunidades, portanto, com regras normativas próprias, que estabelecem um relacionamento mútuo com a sociedade na qual estão inseridas.

Uma Organização Religiosa, em verdade, não pode desenvolver uma atividade lucrativa, tema que será tratado em detalhes nos próximos parágrafos. Da mesma forma que se encontram decisões que restringem a natureza jurídica da Organização Religiosa ao ente coletivo que realiza apenas o culto e liturgia, é possível destacar decisões que compreendem a possibilidade de exercício de atividades extensivas, porém limitadas aos fiéis. Ou seja, existem decisões que entendem que o direito à organização religiosa é composto pela possibilidade de realização de atividades que vão além das atividades tradicionais ligadas à Igreja.

> (...), a requerimento da Igreja Evangélica Assembléia de Deus Bereane, formulou pedido de providências, *uma vez que o cartório negou a registrar a ata de assembleia geral, alegando que a igreja não poderia ser caracterizada como organização religiosa, como consta no estatuto, pois a igreja pratica atividades que não se restringem ao culto e à liturgia,* como atividades alfabetização, musicalização, entre outras. Na sentença, destacou-se que os projetos culturais e socioeducacionais estão voltados aos fiéis participantes da comunidade religiosa e estritamente vinculados aos atos religiosos. *Tendo em vista que a assistência é prestada tão somente aos seus membros, a juíza entendeu que não havia descaracterização da natureza jurídica de organização religiosa,* razão pela qual julgou procedente o pedido de providências

para determinar a averbação da Ata da Assembleia Geral (SÃO PAULO, Processo nº 1096194-80.2016.8.26.0100, grifos do autor).

Seguindo na demonstração de dissenso dos entendimentos jurisprudenciais, destaca-se decisão em que se considerou a realização de atividades do culto e liturgia como atividades irrelevantes para a concessão de natureza jurídica de Organização Religiosa. Na decisão, que passa a se expor, foi levado em consideração que a atividade principal do ente coletivo é a realização de culto e liturgia e que as demais atividades são secundárias, o que não retiraria da entidade sua natureza de pessoa jurídica de direito privado do tipo Organizações Religiosas. O Oficial de Registro suscitou dúvida, uma vez que a Igreja, constituída como associação, pretendia alterar seu estatuto sem observar as exigências estabelecidas no art. 59, parágrafo único e art. 60 do Código Civil (que dispõe sobre associações). A igreja alegava que não deveria ser considerada associação, já que as entidades religiosas são livres para definir a sua estrutura interna, organização e funcionamento. A Sentença de 1º grau reconheceu a sujeição da igreja às exigências dos artigos relativos às associações.

No acórdão, a Primeira Câmara de Direito Civil entendeu que, uma vez que a finalidade da associação é a promoção do culto religioso (conforme consta do seu estatuto), essa circunstância por si só faz com que ela se enquadre como organização religiosa, nos termos do art. 44, IV, do Código Civil. As atividades de assistência social que ela desenvolve não desvirtuam a sua natureza jurídica de organização religiosa. O relator considerou irrelevante a menção de "associação" no estatuto. Por essas razões, entendeu que a Igreja, muito embora tenha se constituído como associação, possui natureza jurídica de organização religiosa e não deveria cumprir as exigências estabelecidas nos artigos que se referem exclusivamente às associações (SANTA CATARINA, Apelação Cível nº 2009.017577-5).

Na Ementa, o Relator, considera a Igreja Evangélica do Reino de Deus de natureza jurídica *sui generis*:

Ementa: Suscitação de dúvida. Registro público. Igreja Evangélica Assembleia de Deus. Questionamento quanto à necessidade de adequação do estatuto às exigências dos arts. 54, 59 e 60 do cc. Procedência na origem. Modificação. Natureza jurídica das organizações religiosas que não se confunde com a das associações. Previsão estatutária segundo a qual a finalidade precípua da instituição é o culto religioso. entidade submetida aos ditames do art. 44, iv e §1.º, do cc. inserção do parágrafo único no art. 2.031 do cc pela lei n.º 10.825/03. Interpretação que se coaduna à de que a apelante é dotada de natureza *sui generis* (SANTA CATARINA, Apelação Cível nº 2009.017577-5).

Diante de todas as decisões apresentadas, uma conclusão é possível: o segundo elemento definidor de uma Organização Religiosa é que ela é uma pessoa jurídica de direito privado. Isso é a manifestação de sua liberdade organizacional e cristalização enquanto ente coletivo que atende ao papel atual da religião na sociedade. Essa configuração vem iluminada pelo direito constitucional de liberdade religiosa, traduzido em liberdade de organização, o que foi devidamente apresentado no artigo 44, inciso IV, do CCB. O que leva a doutrina a afirmar que as Organizações Religiosas são pessoas jurídicas do tipo "amorfa" é exatamente a limitação imprópria sofrida pelo ente coletivo no momento de seu registro e da exposição dos elementos de sua atuação. A decisão acima apresentada abre portas para o terceiro e último elemento que deve ser levado em consideração para conceituar uma Organização Religiosa enquanto pessoa jurídica de direito privado, qual seja: o exercício obrigatório do culto e liturgia e de atividades econômicas sem finalidade lucrativa.

A autora australiana Jane Calderwood Norton, em seu livro *"Freedom of Religious Organizations"*, desenvolve uma importante observação que corrobora diretamente com os contornos do presente estudo. A liberdade religiosa manifestada pela possibilidade de estruturar em nome da religião torna as Organizações Religiosas um tipo jurídico bastante peculiar. Ao analisar as ideias da autora, é perceptível uma divisão de atividades que podem ser exercidas por essas organizações e que demarcam a concretização da liberdade religiosa (NORTON, 2016).

Segundo a autora, as organizações que recebem ou requerem proteções da liberdade religiosa podem se estruturar de duas formas específicas, são elas: organizações que são estruturadas, em grande parte, em torno da doutrina religiosa e são formadas com o objetivo principal de manifestar crença, seguindo a doutrina religiosa, ou, de outra forma, ajudando as pessoas a fazerem a opção de um modo de vida religioso. Isso pode incluir desde um espectro de organizações que se dedicam principalmente ao culto religioso, como igrejas e congregações. A segunda forma seria as organizações que têm fins religiosos e alguns não religiosos, como adoção, serviços de saúde e aconselhamento, fornecidos por igrejas ou instituições de caridade religiosas, ou seja, exercem atividades além do culto e liturgia.

Percebe-se que, para a autora, o requisito para ser considerada uma Organização Religiosa é estar sobre a proteção da liberdade religiosa, ou seja, ter como objeto principal o exercício da crença, fé ou religião. Essa divisão muito interessa a este estudo, pois demonstra que o posicionamento do Poder Judiciário brasileiro, ao considerar como Organização Religiosa apenas a Igreja e Congregações que se dedicam exclusivamente ao culto e à liturgia, é uma afronta à liberdade religiosa, uma vez que nada impede que as Igrejas e Congregações exerçam, de forma secundária, atividades que vão além das tradicionais – e isso não as torna Associações.

Outro ponto que merece destaque, na obra da autora, é o elemento essencial religião descrito e citado no início deste capítulo. Não basta professar fé, ser religioso ou pertencer a uma denominação religiosa. Uma Organização Religiosa precisa estar vinculada a uma estrutura para assim ser considerada, caso contrário será uma Associação formada por religiosos. Norton adverte que as atividades de organizações que são apenas formadas por religiosos – como uma associação que tem um grande número de membros religiosos, um empregador que por acaso também é religioso, uma escola ou universidade que se nomeia religiosa, uma organização que tem finalidade comercial – não se enquadram no conceito de Organizações Religiosas (NORTON, 2016).

Nesse sentido, duas são as atividades que podem ser desenvolvidas pela pessoa jurídica de direito privado do tipo Organizações Religiosas: atividade típica e atividade atípica. O que se percebe é que o direito brasileiro não reconhece às Organizações Religiosas o direito de exercer livremente suas atividades atípicas, uma vez que boa parte da jurisprudência apresentada demonstra que, independentemente da atividade exercida, se diversa do culto e da liturgia, a pessoa jurídica do tipo Organização Religiosa perde essa natureza jurídica para ser travestida de Associação Privada, o que viola diretamente a liberdade religiosa e gera uma crise no sistema da pessoa jurídica no direito brasileiro.

Toda pessoa jurídica de direito privado do tipo Organizações Religiosas poderá exercer, nos limites da lei, qualquer atividade não lucrativa. É exatamente essa característica que afasta a natureza jurídica de sociedade empresária e aproxima uma Organização Religiosa de uma Associação e Fundação, permitindo o seu enquadramento doutrinário no Terceiro Setor. Porém, a questão deve ser analisada de forma mais profunda. A expressão atividade de finalidade não lucrativa deve ser considerada, no caso das Organizações Religiosas, como uma atividade gênero que comporta duas espécies, são elas: a atividade típica e a atividade atípica. Imperioso afirmar que ambas devem atender ao princípio da não lucratividade, sob pena de não enquadramento no tipo jurídico próprio.

As atividades a serem exercidas por uma Organização Religiosa estão ligadas diretamente ao objeto social dessa pessoa jurídica de direito privado. Diante das múltiplas funções de uma Organização Social na sociedade, como lecionado por Norton (2016), o objeto social dessas organizações poderá ramificar-se no intuito de permitir a sua própria existência e execução. É por esse motivo que as atividades de uma Organização Religiosa podem ser classificadas.

A atividade típica, principal ou essencial é aquela ligada diretamente com a religião, com a espiritualidade, o transcendental, ou seja, é a atividade de culto e liturgia. Essa atividade, com base nos capítulos anteriores, pode ser considerada como atividade originária ou clássica. Esta foi a primeira destinação concedida à religião: desenvolver o transcendental, aquilo que foge do mundo concreto. É exatamente essa atividade clássica que fundamenta as decisões do Poder Judiciário, acima apresentadas, com a afirmação de que Igreja e Organização Religiosa são institutos sinônimos, porém, como demonstrado na doutrina de Norton (2016), a Igreja é parte de uma Organização Religiosa.

O objeto principal de uma Organização Religiosa obrigatoriamente deverá ter caráter fundamentalmente religioso, sua justificativa, estrutura e formação devem levar em consideração a religião, caso em contrário, a entidade perde sua natureza jurídica própria. A grande questão que envolve o tema é que o objeto de uma Organização Religiosa, em nome do atual papel da religião na sociedade, deve ser entendido como uma força central da qual se ramificam outras atividades, ou seja, as atividades que serão denominadas de atividades atípicas. O autor Alejandro Frigerio (2000) aponta que o afastamento do Estado da religião e o pluralismo de crença contribuem para o que se pode denominar mercado religioso, ou seja, as Organizações Religiosas, em nome de sua manutenção e sobrevivência social, precisam exercer as denominadas atividades atípicas.

Antes de abordar tais atividades, é preciso ressaltar que a atividade principal, essencial, originária ou clássica de uma Organização Religiosa não possui viés econômico e muito menos lucrativo. O núcleo central de formação dessa organização não é alcançado pelo direito, mas deve ser considerado por este como requisito obrigatório para a possibilidade do exercício das atividades incidentais.

Incidental é toda e qualquer atividade realizada por Organização Religiosa que ultrapasse o culto e a liturgia, mas que é exercida como forma de atender, complementar ou até mesmo concretizar o objetivo essencial da instituição. Ou seja, a atividade atípica é aquela que pode ser alcançada pelo direito e que se traduz na ramificação do objeto originário desse tipo específico de pessoa jurídica de direito privado. Sendo assim, uma Organização Religiosa, além de exercício do culto e liturgia, poderá desenvolver atividades de assistência social para seus membros e para a comunidade, poderá promover atividade econômica sem finalidade lucrativa para sua própria manutenção etc.

Seguindo essa premissa e com base nos dados analisados no capítulo anterior, em que foram observados a natureza jurídica e o objeto de atuação, é possível subdividir as atividades atípicas em duas, são elas: atividade de propagação e concretização da doutrina religiosa e atividade de manutenção da estrutura religiosa. Importante ressaltar que tais atividades devem estar ligadas diretamente à estrutura e ao objeto essencial, sob pena de não se enquadrarem juridicamente no tipo específico. É exatamente a verificação dessas atividades, ao serem observadas pelos cartórios de registro de pessoa jurídica, por parte da doutrina e por parte do Poder Judiciário, que retira, equivocadamente, a natureza jurídica de Organizações Religiosas de determinado ente coletivo.

Sobre a classificação das atividades, julga-se necessário o seguinte infográfico:

Figura 03: Atividades que podem ser exercidas pelas Organizações Religiosas

Fonte: Elaborada pelo autor.

Para aprofundar o conceito de atividade atípica e suas ramificações e destacar porque o exercício destas tem retirado a natureza jurídica das Organizações Religiosas, é imprescindível estabelecer a diferenciação conceitual entre atividade econômica e atividade econômica lucrativa. A diferenciação entre os tipos de atividades econômicas tem, como ponto de partida, a defesa de mercado, portanto são conceitos da economia que são trazidos ao direito. Dessa forma, a conceituação e a diferenciação entre atividade econômica e atividade econômica lucrativa terão, como marco teórico, os economistas Roberty Pindyck e Daniel Rubinfeld (2013).

Nesse sentido, a atividade econômica está inserida no contexto do denominado mercado. Esse pode ser definido como a somatória dos agentes que compõem a sociedade (empresas, governo, consumidores, organizações) e que, em certa medida, apresentam reflexos diretos nesse ambiente dinâmico que tanto interessa à economia. Sendo assim, atividade econômica é toda e qualquer organização de atos finalísticos que objetivam a produção certa riqueza (PINDYCK; RUNBINFELD, 2013).

O que se percebe da conceituação é que a atividade econômica pode ser traduzida em uma simples fórmula, qual seja: atividade (ações coordenadas com certa finalidade/intenção) + econômica (produção de certa e qualquer riqueza). Percebe-se, nessa equação, que o grande diferencial do conceito é a finalidade das ações coordenadas para obtenção ou produção de riquezas. É por isso que a atividade poderá ser aquela que possui finalidade lucrativa ou aquela que não possui finalidade lucrativa. Nessa perspectiva, a atividade econômica lucrativa será sempre organizada objetivando o que a teoria da produção do custo chama de maximização do lucro. Nessa perspectiva, a finalidade lucrativa sempre buscará resultados maiores em detrimento dos custos empenhados na execução da atividade, logo objetiva-se a distribuição de dividendos entre aqueles que fazem parte da organização da atividade, bem como investir e aumentar o potencial da atividade (PINDYCK; RUNBINFELD, 2013).

Já atividade econômica sem finalidade lucrativa é aquela que se organiza tendo a finalidade/organização como um fim em si mesma. Ou seja, não há que se falar na preocupação em maximização de resultados em detrimento de custo de produção, pois não ocorrerá divisão de dividendos, mas sim o uso da riqueza gerada para a própria manutenção da finalidade. Essa finalidade contabilizará custos, operações, porém a produção da riqueza gerada será voltada para a própria finalidade (PINDYCK; RUNBINFELD, 2013).

Pode-se dizer que a Lei nº 13.019, de 2014, segue essa linha para definir atividade econômica sem finalidade lucrativa quando regulamenta a possibilidade de parceria entre o Poder Público e as Organizações da Sociedade Civil:

> Art. 2º (...)
> I – (...)
> a) entidade privada sem fins lucrativos que não distribua entre os seus sócios ou associados, conselheiros, diretores, empregados, doadores ou terceiros eventuais resultados, sobras, excedentes operacionais, brutos

CAPÍTULO 5
AS ORGANIZAÇÕES RELIGIOSAS ENQUANTO PESSOA JURÍDICA DE DIREITO PRIVADO... | 263

ou líquidos, dividendos, isenções de qualquer natureza, participações ou parcelas do seu patrimônio, auferidos mediante o exercício de suas atividades, e que os aplique integralmente na consecução do respectivo objeto social, de forma imediata ou por meio da constituição de fundo patrimonial ou fundo de reserva; (BRASIL, 2014).

A perspectiva econômica apresentada permite uma complementação na classificação das atividades exercidas pela pessoa jurídica de direito privado do tipo organizações religiosas, ou seja, aquelas organizações que implementam preponderante e unicamente o objeto principal ou essencial não exercem nenhum tipo de atividade econômica, porém aquelas que ramificam o seu objeto principal no exercício de atividades atípicas exercem a denominada atividade econômica sem finalidade lucrativa, e assim tem que ser, sob pena de serem consideradas outro tipo de pessoa jurídica ou de uso indevido da personalidade jurídica.

Alejandro Frigerio (2008), partindo do estudo da atuação das organizações religiosas nos Estados Unidos da América, leciona que com o modelo econômico e social do capitalismo, com o pluralismo religioso e com a secularização, a religião precisou buscar formas de se manter no cenário social. Para além da afirmação do autor, é preciso frisar, uma vez mais, que o próprio Estado secular requisita as instituições religiosas no desenvolvimento de atividades em atuação paralela. Essas atividades, em uma de suas manifestações, abrem espaço para um estudo que apresenta a teoria do mercado religioso ou economia religiosa:

> Este "mercado de seguidores atuais e potenciais" é composto, segundo Finke e Stark, "por múltiplos segmentos ou nichos, cada um dos quais compartilhando preferências religiosas particulares (necessidades, gostos, expectativas) "v (2003, pp. 100-101). O reconhecimento da existência dessa inevitável variedade social leva a um dos pressupostos básicos do modelo teórico. *Devido a essa segmentação natural das preferências* (religiosas e de outra índole) dos indivíduos, *o estado natural de uma economia religiosa é o pluralismo;* "a existência de uma variedade de firmas que provê as necessidades especiais e gostos de segmentos específicos do mercado" (Stark e McCann, 1993, pp.113).
>
> O único fator que pode impedir que se desenvolva uma variedade de religiões para atender a esses segmentos específicos do mercado é a existência de um monopólio religioso sustentado pelo Estado. Portanto, "*a característica mais significativa de uma economia religiosa é o grau em que está*

e, portanto, impulsionada pelo mercado (*market-driven*), em oposição a estar regulada pelo Estado a favor do monopólio" (Finke e Stark, 2003, p. 100, grifo meu) (FRIGERIO, 2008, p. 23).

Como é possível depreender do trecho citado, a prática de atividades atípicas pelas organizações religiosas é tema que já vem sendo debatido, conceituado e percebido. Isso demonstra o atraso da legislação brasileira, que "não reconhece" essa possibilidade de exercício pelas organizações religiosas. Interessante ressaltar que as atividades incidentais são a parte tangível desse tipo de pessoa jurídica de direito privado, ou seja, é a parte em que de fato as organizações religiosas seguem as "leis do homem". Afinal, inseridas em um contexto capitalista, com custos a serem cumpridos para o exercício de seu objeto essencial, diante a pluralidade religiosa, será que apenas as doações dos fiéis possibilitariam a manutenção dessas instituições na sociedade? Será que fechar os olhos para a realidade trazida por Frigerio (2008) não seria uma forma de violar o direito à liberdade religiosa?

No tocante a esse assunto, interessante destacar o que leciona Hugo José Sarubbi Cysneiros de Oliveira:

> (...) absolutamente desconectado da realidade legislativa e doutrinária é o entendimento identificado em algumas repartições cartorárias no sentido de que o estatuto das organizações religiosas não pode apresentar objetos sociais que não os estritamente relacionados à profissão de fé. (...)
>
> Por outro lado, mesmo ante as evidências da adequação da forma religiosa (e não associativa) a ser adotada pelas entidades eclesiásticas, uma dúvida justa persiste: poderia uma organização religiosa desempenhar oficialmente uma atividade que vai além da estritamente pastoral?
>
> Tal questionamento é absolutamente razoável quando se imagina que uma instituição da Igreja necessita valer-se de outras atividades – que não estritamente religiosa – como meio de levantamento de recursos: venda de publicações, vestuário, objetos litúrgicos em geral, prestação de alguns serviços como hospedagem, etc. (OLIVEIRA, 2019, p. 46).

O fato de uma organização religiosa ter como seu objeto preponderante a abstração não significa que o desenvolvimento de atividades não estritamente religiosas torne essa instituição uma empresa ou a impeça de ser considerada uma organização religiosa.

É exatamente essa concepção que permite uma melhor definição e subclassificação das atividades denominadas atípicas.

A atividade atípica é toda e qualquer atividade realizada por uma organização religiosa de cunho não estritamente religioso e de viés econômico não lucrativo. A atipicidade dessas atividades é decorrente do fato de serem atividades não religiosas, mas ligadas a uma estrutura religiosa que motiva sua realização, ou seja, a atividade pode ser classificada como uma atividade qualquer, mas sua finalidade sempre será religiosa. Esse será o seu fim último, e por isso serão conceituadas como atividades atípicas. Ressalta-se que a nomenclatura de classificação adotada é assim feita no sentido de definir atividade de caráter acessório ou secundário, logo, deixando de existir a atividade essencial, a acessória perde sua natureza jurídica de organização religiosa.

A atividade atípica poderá ser subdividida[51] em duas frentes de atuação, são elas: atividade de propagação e concretização da doutrina religiosa e atividade de manutenção da estrutura religiosa. Considerar-se-ão como atividade de propagação e concretização da doutrina religiosa todas aquelas de cunho assistência, caridade, filantropia e de apoio a políticas públicas desenvolvidas pelas organizações religiosas. Da leitura da obra de Salamon (1998) é possível ir além na definição de tais atividades, pois as organizações religiosas teriam sido peça fundamental para a "Revolução Associativa" ocorrida no século XX, atuando em setores políticos, sociais e de consciência ambiental, o que demonstra uma verdadeira atuação social.

Fisher (2002) ressalta o importante papel da Igreja Católica no Brasil no tocante ao desenvolvimento de hospitais, escolas, obras de assistência à população carente, atuando também na criação e no apoio das mais diversas atividades associativas. Perceptível é que a atividade incidental de propagação e concretização da doutrina religiosa nada mais é do que levar para a sociedade a construção de obras que implementam no mundo

---

[51] O autor destaca que a subdivisão apresentada tem como base os dados colhidos na pesquisa realizada pelo IPEA, o que, consecutivamente, não impede a ampliação de novas frentes de atuação, tendo em vista a pouca exploração acadêmica sobre o tema.

material os segmentos espirituais lecionados em cada doutrina de cada religião. Nesse passo, essa atuação vai além muros, ou seja, não deve ser destinada apenas aos membros da igreja, mas sim a qualquer pessoa da sociedade.

Importante ressaltar que a essência da prática de tais atividades é religiosa, mas elas são aplicadas a toda e qualquer pessoa, independentemente de filiação ou não à vertente religiosa. Não se fala, nessas atividades, da pregação ou propagação do evangelho, mas sim do acolhimento de qualquer pessoa que será destinatário do serviço prestado, independentemente se ateu, cristão, espírita etc. No capítulo anterior, foi citado o exemplo das Santas Casas de Misericórdia que estão presentes desde o Brasil Colônia, bem como foram enumeradas pastorais da Igreja Católica e atividades assistenciais exercidas por segmentos evangélicos, espíritas, do candomblé e da umbanda.

A Lei nº 13.019, de 31 de junho de 2014, positivou a definida atividade atípica de promoção e concretização da doutrina religiosa em seu artigo 2º, inciso I, alínea "b", ao classificar as organizações religiosas que exercem tais atividades como organizações da sociedade civil:

> Art. 2º Para os fins desta Lei, considera-se:
> I – organização da sociedade civil:
> a) entidade privada sem fins lucrativos que não distribua entre os seus sócios ou associados, conselheiros, diretores, empregados, doadores ou terceiros eventuais resultados, sobras, excedentes operacionais, brutos ou líquidos, dividendos, isenções de qualquer natureza, participações ou parcelas do seu patrimônio, auferidos mediante o exercício de suas atividades, e que os aplique integralmente na consecução do respectivo objeto social, de forma imediata ou por meio da constituição de fundo patrimonial ou fundo de reserva;
> b) as sociedades cooperativas previstas na Lei nº 9.867, de 10 de novembro de 1999; as integradas por pessoas em situação de risco ou vulnerabilidade pessoal ou social; as alcançadas por programas e ações de combate à pobreza e de geração de trabalho e renda; as voltadas para fomento, educação e capacitação de trabalhadores rurais ou capacitação de agentes de assistência técnica e extensão rural; e as capacitadas para execução de atividades ou de projetos de interesse público e de cunho social.
> c) *as organizações religiosas que se dediquem a atividades ou a projetos de interesse público e de cunho social distintas das destinadas a fins exclusivamente religiosos;* (BRASIL, 2014, grifos do autor).

O dispositivo de lei apresentado corrobora com o que vem sendo discutido desde os capítulos iniciais. As organizações religiosas, como pessoa jurídica de direito privado, merecem um tratamento diferenciado das demais pessoas jurídicas de direito privado exatamente por possuírem, como elemento essencial, a religião. Nesse sentido, negar a realização de atividades diversas do culto e liturgia ou conceder natureza jurídica imprópria é comprovadamente criar uma crise no sistema jurídico da pessoa jurídica no direito brasileiro.

Além das atividades atípicas de caráter assistencial, as organizações religiosas podem desenvolver atividades econômicas sem finalidade lucrativa, para sua própria manutenção. Logo, podem vender e produzir objetos de cunho religioso, podem possuir sistema de transporte e hospedagem de romeiros, podem vender e organizar pacotes de viagens para locais religiosos, podem ter sistema de televisão e rádio que propaguem exclusivamente seus preceitos religiosos. Esse, talvez, seja o ponto mais polêmico que envolve as atividades atípicas. Porém, a grande questão do tema não é o exercício dessas atividades por uma organização religiosa. Como citado anteriormente, Frigerio (2000) afirma que, com o pluralismo religioso e com a inserção da religião no sistema capitalista, os recursos são fundamentais para a existência da entidade.

Oliveira leciona que, em 2015, houve um certo avanço sobre o reconhecimento do exercício de tais atividades pelas organizações religiosas:

> (...) pelo antigo sistema de registro do Cadastrado Nacional de Pessoas Jurídicas (CNPJ), a uma organização religiosa (quando do registro primário ou da modificação do seu CNPJ perante a Receita Federal) não era possível incluir outros Códigos de Atividades Econômicas Secundárias da tabela CNAE, que não o estritamente voltado à religião. Assim, tornava-se impossível inscrever junto ao CNPJ de ditas instituições as atividades acessórias que obviamente representavam uma parte de suas fontes de receita: venda de livros, vestuário, estacionamento, hospedagem, organização de eventos, etc., como já ilustrado. Essa foi, aliás, a razão que motivou muitas entidades da Igreja (Dioceses, inclusive) a adotarem o formato de associação.
>
> No início de 2015, felizmente, a Secretaria de Receita Federal do Brasil anunciou a modificação do Programa Gerador de Documento do

Cadastro Nacional de Pessoas Jurídicas do Ministério da Fazenda (PGD-CNPJ), o que significa dizer que as organizações religiosas puderam ver registradas quaisquer atividades econômicas, a exemplo do que sempre foi permitido às associações, criando os CNAES das atividades econômicas secundárias (OLIVEIRA, 2019, p. 46).

A atividade atípica de manutenção da estrutura religiosa pode ser exercida sem nenhum embaraço pelas organizações religiosas; inclusive podem ser previstas em seus estatutos sociais, assim como as anteriores, desde que sejam, de fato, para a manutenção da estrutura religiosa, ou seja, não exista distribuição de dividendos e patrimônio. O que retira a natureza jurídica de organização religiosa não é o exercício dessas atividades; elas são permitidas pelo parágrafo 1º do artigo 44, do CCB, bem como pela liberdade de organização religiosa extraída da Constituição Federal. A grande problemática é o uso desse tipo de pessoa jurídica para o cometimento de fraude, o que acontece exatamente por conta da ausência de regulamentação sobre o tema.

O que se percebe é que esse estado de anomia prejudica o desenvolvimento de atividades por entidades religiosas e facilita o cometimento de fraudes por aquelas que são criadas com essa finalidade. Essa problemática demonstra a necessidade de um marco regulatório específico para esse tipo de pessoa jurídica de direito privado.

Nessa perspectiva, com base em dispositivos do ordenamento jurídico brasileiro, em pesquisas de ordem sociológica, em dados do IBGE e do IPEA que permitiram a visualização da pluralidade religiosa no Brasil, a existência real dessas entidades e a identificação das atividades por elas exercidas, pode-se afirmar que o conceito de uma organização religiosa tem como base uma tríade elementar, qual seja: estrutura religiosa, natureza jurídica de pessoa jurídica de direito privado e o desenvolvimento de atividade sem finalidade lucrativa. Porém, é preciso ressaltar a observação feita pelo pesquisador norte-americano Thomas Jeavons (1998), a de que conceituar uma organização religiosa não é uma tarefa fácil, uma vez que o tema é fluído e perpassa por diversas áreas do conhecimento.

Discussões como igreja e empreendedorismo, capital espiritual, mercado religioso, atividades religiosas ou não religiosas são temas que circundam esta obra (JEAVONS, 1998). Contudo, ressalta-se que o objetivo deste estudo é oferecer um possível conceito jurídico para as organizações religiosas enquanto pessoa jurídica de direito privado, o que se acredita que auxiliaria na resolução de alguns dilemas que cercam o tema.

Sendo assim, sobre a tríade elementar que possibilita a apresentação de conceito, pode-se desenvolver o seguinte esquema gráfico:

Figura 04: Elementos conceituais das organizações religiosas

Fonte: Elaborada pelo autor.

Compreendidos os elementos que possibilitam a conceituação jurídica de uma organização religiosa como pessoa jurídica de direito privado levando-se em consideração sua real atuação na sociedade, já é possível apresentar um conceito jurídico para essa pessoa jurídica de direito privado. Porém, em nome da complexidade do tema, antes de apresentar o conceito jurídico que será proposto, é preciso efetivar mais um passo metodológico.

Com o escopo de ilustrar o tema, foi realizado um estudo sobre a estrutura e configuração de 4 (quatro) diferentes entidades religiosas em Belo Horizonte. O recorte metodológico foi realizado levando em consideração os dados do IBGE que informam as religiões que possuem mais adesão no estado de Minas Gerais. Sendo assim, serão analisadas a Igreja Católica em Belo Horizonte, um segmento da Igreja Evangélica em Belo Horizonte, um segmento da Religião Espírita em Belo Horizonte e um segmento da Religião da Umbanda.

Tabela 08: Associação Espírita Célia Xavier

Associação Espírita Célia Xavier	
Objeto religioso/doutrina:	Doutrina Espírita de Alan Kardec
Estrutura religiosa	Hierarquia horizontalizada, realizada por meio da mediunidade, estudos e formação de pessoas nos princípios espíritas. Não existe a figura de líder espiritual; as decisões são tomadas em coletivo. A estrutura formal existente é de uma associação, mas não encontra correspondência com a prática.
Atividade principal (culto e liturgia)	Palestras, reuniões públicas, atividades doutrinárias, atendimento fraterno, passe magnético, cursos e seminários, evangelização infantil, reuniões mediúnicas, reunião de pais, TV Célia Xavier, campanha de inverno.
Atividade incidental de propagação e concretização da doutrina religiosa	Campanha covid-19, Natal Célia Xavier, Farmácia solidária, visita aos idosos, Urgência Social, Projeto Dona Olga, Oficina do Enxovalzinho, biblioteca.
Atividade incidental de manutenção da estrutura religiosa	Bazar e livraria.
Natureza jurídica	Associação privada.
Fonte de pesquisa	http://aecx.org.br/

Fonte: Elaborada pelo autor.

Tabela 09: Templo do Sr. Caboclo Cobra Coral Confraria da Estrela Azul

Templo do Sr. Caboclo Cobra Coral Confraria da Estrela Azul	
Objeto religioso/doutrina	Segue a Doutrina dos Orixás – Doutrina do Tríplice Caminho – Entidade Orixá Oxóssi
Estrutura religiosa	Diretor espiritual, diretor mediúnico, secretaria adjunta, coordenadoria de práticas avançadas, coordenadoria de práticas de apoio, coordenadoria mediúnica.
Atividade principal (culto e liturgia)	Grupamento de Umbanda da Estrela Azul, atua na comunidade em eventos diferentes: suas Giras Públicas acontecem aos sábados quinzenais e às terças-feiras. Aos sábados, Ritos de Harmonizações com os Ancestrais, Caboclo, Pai Velho, Criança e Exus. Às terças-feiras, Rito de Louvação ao Orixá Ogum. Esses eventos visam atender às necessidades mediatas e imediatas da comunidade terreiro da Choupana do Caboclo Cobra Coral, que tem como mote o esclarecimento espiritual. Nesse contexto, também atua intermediando e cooperando no processo de elucidação das dúvidas específicas dos vários grupos que procuram o Templo.
Atividade incidental de propagação e concretização da doutrina religiosa	Não identificadas.
Atividade incidental de manutenção da estrutura religiosa	Lanchonete no templo e Portal Solar – venda de essências, velas, incensos, livros, CDs, talismãs, chaveiros, sinetes, colares.
Natureza jurídica	Associação privada.
Fonte de pesquisa	https://www.auea.org.br/

Fonte: Elaborada pelo autor.

Tabela 10: Igreja Batista da Lagoinha – Evangélica

Igreja Batista da Lagoinha – Evangélica	
Objeto religioso/doutrina	Doutrina cristã, seguindo as diretrizes da bíblia e a difusão da mensagem de Cristo.
Estrutura religiosa	Pastor presidente que atua na coordenação dos pastores presidentes da Convenção Lagoinha Global (Regionais). Células, que são lideradas por fiéis designados pelas autoridades espirituais.
Atividade principal (culto e liturgia)	Celebrações da palavra de Deus nos templos, células, Projeto Centésima Ovelha, Clínica da Alma, Curando com um sorriso – Oração nos hospitais, Desperta Débora (oração para mães que possuem filhos dependentes químicos).
Atividade incidental de propagação e concretização da doutrina religiosa	Abrigo Pró-criança, projeto "Amor em Ação" (auxílio a mulheres com câncer), Casa das Vovós, Casa de GC (oferece apoio aos líderes religiosos), Centro Social Lagoinha, Creche Oasis (Educação Infantil), Diaconato (serviço de formação e apoio de líderes religiosos), Ephata (apoio e acompanhamento de fiéis surdos), Estância do Paraíso (Sede do Projeto Restaurando vidas), Fábrica de Artes (oferta de curso de música, teatro, dança etc.), Infância Protegida (projeto proteção da criança do adolescente), Jus-Dei (Projeto que oferece apoio jurídico à população), Obra prima (projeto de assistência a famílias e crianças com deficiência), Rede Super de Televisão (Canal de Evangelização da Igreja), Rádio Super.
Atividade incidental de manutenção da estrutura religiosa	Seara Livraria (livros, CDs, DVDs e vestuário religiosos).
Natureza jurídica	Organização religiosa
Fonte de pesquisa	https://lagoinha.com/home

Fonte: Elaborada pelo autor.

CAPÍTULO 5
AS ORGANIZAÇÕES RELIGIOSAS ENQUANTO PESSOA JURÍDICA DE DIREITO PRIVADO... | 273

Tabela 11: Arquidiocese de Belo Horizonte (Mitra Arquidiocesana)

Arquidiocese de Belo Horizonte (Mitra Arquidiocesana)	
Objeto religioso/doutrina	Evangelho de Jesus Cristo e as Normas de Direito Canônico Ligadas ao Vaticano
Estrutura religiosa (regional)	Governo (Arcebispo Metropolitano e Bispos-auxiliares), Chancelaria, Vicariatos, Regiões e Paróquias.
Atividade principal (culto e liturgia)	Paróquias/Missas, catequeses, Pastorais e eventos e obras religiosas diversas.
Atividade incidental de propagação e concretização da doutrina religiosa	PROVIDENS (Ação Social Arquidiocesana), Casa de Apoio à Saúde Nossa Senhora da Conceição, Casa Santa Zita, Projeto Providência, Ação Social Pública de Fiéis, Associação Privada de Fiéis, Congregações Religiosas Femininas, Congregações Religiosas Masculinas, Institutos Religiosos Clericais, Institutos Religiosos Laicais, Institutos Seculares, Missionários Leigos, Ordem das Virgens e das Viúvas, Sociedade de Vida Apostólica (masculina, feminina e mista).
Atividade incidental de manutenção da estrutura religiosa	Agência de Desenvolvimento Integrado (ADERI), Colégio Santa Maria de Minas, Fundação Mariana Resende (FUMARC), Rádio América, Rádio Cultura, Sociedade Mineira de Cultura, Pontifícia Universidade Católica de Minas Gerais, TV Educar, TV Novos Horizontes, Loja Cristo Rei.
Natureza jurídica	Organização religiosa
Fonte de pesquisa	https://arquidiocesebh.org.br/

Fonte: Elaborada pelo autor.

O recorte metodológico tem como foco demonstrar a divergência no tratamento existente quando o assunto é a pessoa jurídica de direito privado de vertente religiosa. Pode-se afirmar que as quatro instituições são Organizações Religiosas, mas apenas duas delas recebem tal natureza, restando às demais a imposição de adotar a forma associativa, por questões de estruturação *interna corporis*.

Outro detalhe que chama a atenção é o fato de que, quanto mais estruturada e organizada a pessoa jurídica, maiores as chances de ser considerada como organização religiosa. Para além dessa situação, é preciso ressaltar que, no caso da Igreja Católica, por exemplo, várias das atividades atípicas são organizadas e registradas como associações privadas, o que estaria incorreto de acordo com a teoria acima proposta.

A Igreja Católica é um objeto que merece estudo aprofundado e em apartado, o que não é objeto desta obra, que pretende enfatizar as organizações religiosas como um todo. Afirma-se isso pelo fato de ser a Igreja Católica um modelo de pessoa jurídica de direito privado com fins religiosos, tendo em vista sua organização *interna corporis*, mas que, mesmo assim, sofre com a divergência conceitual.

O Decreto 7.107, de fevereiro de 2010, o conhecido Acordo Brasil-Santa Sé, reconheceu personalidade jurídica internacional da Igreja Católica bem como reforçou a personalidade jurídica de suas instituições eclesiásticas. Sendo assim, fala-se na Igreja Católica no Mundo e Igreja Católica no Brasil. A estrutura organizacional da Igreja Católica tem como forte elemento o Código de Direito Canônico, que em seu capítulo III leciona sobre a pessoa jurídica. Esse código, que é fonte de pesquisa, apesar de não ser considerado parte do ordenamento jurídico brasileiro, estabelece a existência da pessoa moral, da pessoa física e da pessoa jurídica.

O Cân. 113 leciona que a Igreja Católica e a Sé Apostólica juntas, formam, por divindade, a pessoa moral que conduz a Igreja. Essa pessoa moral será composta por pessoas físicas, que, por designação divina, poderão instituir pessoas jurídicas que serão submetidas ao direito para o desenvolvimento da missão da Igreja no mundo. O Cân. 114 deixa claro que tal constituição, denominada universalidade de coisas ou pessoas, deverá perseguir, obrigatoriamente, obras de caridade, piedade, apostolado, obras espirituais e atemporais.

O Acordo Brasil-Santa Sé reconhece essa sistemática; é o que se depreende do art. 3º do Decreto 7.107/10:

CAPÍTULO 5
AS ORGANIZAÇÕES RELIGIOSAS ENQUANTO PESSOA JURÍDICA DE DIREITO PRIVADO... | 275

Art.3º A República Federativa do Brasil reafirma a personalidade jurídica da Igreja Católica e de todas as Instituições Eclesiásticas que possuam tal personalidade em conformidade com o Direito Canônico, desde que não contrarie o sistema constitucional e as leis brasileiras, tais como Conferência Episcopal, Províncias Eclesiásticas, Arquidioceses, Dioceses, Prelazias Territoriais ou Pessoais, Vicariatos e Prefeituras Apostólicas, Administrações Apostólicas, Administrações Apostólicas Pessoais, Missões *Sui Iuris*, Ordinariado Militar e Ordinariados para os Fiéis em Outros Ritos, Paróquias, Institutos de vida consagrada e Sociedades de Vida Apostólica.

§1º. A Igreja Católica pode livremente criar, modificar ou extinguir todas as Instituições Eclesiásticas mencionadas no *caput* deste artigo.

§2º. A personalidade jurídica das Instituições Eclesiásticas será reconhecida pela República Federativa do Brasil mediante a inscrição no respectivo registro do ato de criação, nos termos da legislação brasileira, vedado ao poder público negar–lhes reconhecimento ou registro do ato de criação, devendo também ser averbadas todas as alterações por que passar o ato (BRASIL, 2010).

Concorrida a leitura dos dispositivos do Código de Direito Canônico com o artigo 3º do Decreto 7.107/10, o que se percebe é que a pessoa jurídica apresentada no artigo 44, inciso IV, do CCB, nada mais é do que um gênero tipológico que comportará espécies de acordo com a necessidade de organização religiosa de cada vertente. Isso é possível de ser afirmado, pois o Decreto 7.107/10 é ato normativo constitucional inserido no ordenamento jurídico brasileiro e, portanto, pode ser invocado como fundamento jurídico.

O que se torna perceptível é que uma organização religiosa poderá se organizar internamente, da melhor forma que julgar necessária para sua atuação, sem perder sua natureza jurídica e sem ter a obrigação de criar pessoas jurídicas de natureza associativa, uma vez que todas terão natureza jurídica de organização religiosa se ligadas à estrutura principal. Como exemplo, criou-se um simples organograma representativo da Igreja Católica no Brasil, veja-se:

Figura 05: Exemplo de estruturação de uma Organização Religiosa

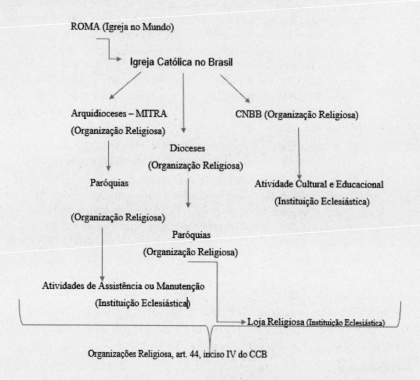

Fonte: Elaborada pelo autor.

Na prática, à medida que a atividade de atuação vai se afastando da pessoa moral e alcançando a sociedade, surge a necessidade da criação da pessoa jurídica para propiciar o exercício dessa atividade. Contudo, como a atividade é atípica de manutenção da pessoa moral ou de realização de assistência, que é uma forma de concretizar a fé professada, aumenta-se a complexidade organizacional, o que acaba levando o Estado a não reconhecer como organização religiosa uma Instituição Eclesiástica pelo simples fato da realização de uma atividade além do culto e da liturgia.

Essa estruturação e o alongamento das atividades que são ligadas diretamente ao elemento essencial e imaterial, que é a religião, são identificados em todas as frentes religiosas. A Igreja Católica permite mapear a situação devido à sua instituição e organização milenar. Porém, essa cartografia poderá ser realizada em outros segmentos religiosos. Metodologicamente, escolheu-se a Igreja Católica, pois de acordo com o IBGE ela ainda é a religião dominante no país (IBGE, 2014).

Uma organização religiosa com poucos fiéis, com uma estrutura reduzida, que desejar se efetivar realizando, além do culto e da liturgia, atividades incidentais, não conseguirá assim se registrar. Ela terá que adequar o seu estatuto, prever como objeto apenas o culto e a liturgia, e todas as atividades incidentais acabam por ser organizadas na forma de uma associação privada. Essa situação vai de encontro direto com o artigo 5º do Decreto 7.107/2010:

> Art 5º As pessoas jurídicas eclesiásticas, reconhecidas nos termos do Artigo 3º, que, além de fins religiosos, persigam fins de assistência e solidariedade social, desenvolverão a própria atividade e gozarão de todos os direitos, imunidades, isenções e benefícios atribuídos às entidades com fins de natureza semelhante previstos no ordenamento jurídico brasileiro, desde que observados os requisitos e obrigações exigidos pela legislação brasileira (BRASIL, 2010).

Instituições Eclesiásticas são instituídas com o intuito de alargar a possibilidade de atuação da organização religiosa. Sendo assim, ao realizar atividade diversa da religiosa, não significa que não possuem essa natureza jurídica e que devem obrigatoriamente assumir a forma de uma associação privada. Elas são organizações religiosas e devem assim ser consideradas.

O Decreto 7.107/2010, por fazer parte do ordenamento jurídico como ato normativo com validade formal e material, pode ser aplicado a todos os segmentos religiosos, vez que não se tem legislação específica que regule as organizações religiosas. Analogicamente, essa estrutura e disposição jurídica podem ser aplicadas a todas as organizações religiosas, como forma de desembaraçar sua constituição. Porém, uma pergunta surge dessa verificação: Como o Estado controlará essas atividades de modo a evitar o uso indevido da personalidade jurídica? A resposta a essa pergunta, apesar de ser patente, não é objeto desta obra.

Sendo assim, uma organização religiosa, enquanto pessoa jurídica de direito privado, é uma pessoa jurídica com base no artigo 44, IV, do CCB, afetada por um elemento especial e constitucional denominado liberdade religiosa e que será traduzido em liberdade de organização religiosa. São entidades que devem exercer atividades sem finalidade lucrativa, sendo todas essas atividades ligadas diretamente a seu objeto essencial ou principal, o que permite classificá-las em típicas e atípicas. A expressão organização religiosa é gênero que comporta diversas espécies, levando em consideração o segmento religioso e a atividade exercida (principal ou incidental), o que derruba a afirmação de que organização religiosa será sinônimo exclusivamente de Igreja.

Nesse sentido, tem-se que uma organização religiosa típica é toda aquela que exerce exclusivamente a atividade de culto e liturgia. Sendo assim, são as Igrejas e os Templos de qualquer culto (espaço destinado ao exercício de qualquer vertente religiosa). Todas as demais instituições que exercem atividades atípicas ligadas diretamente à estrutura e doutrina da organização religiosa típica serão espécie dessa pessoa jurídica de direito privado, logo sua existência depende dela, sua personalidade jurídica de organização religiosa é acessória e simbiótica ao elemento essencial. Essas podem ser Instituições Eclesiásticas, livrarias religiosas, lojas de arte religiosa, universidades, rede de televisão e rádio, lanchonete, hospitais, abrigos para menores, casas de acolhimento etc. Não importa a atividade, a relevância está no fato de ela estar ligada ao elemento essencial e não ter finalidade lucrativa. Logo tem-se o seguinte panorama para exemplificar a classificação conceitual apresentada:

Figura 06: Tipos de Organização Religiosa

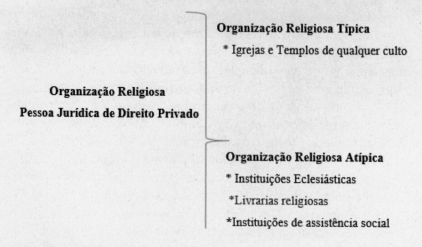

Fonte: Elaborada pelo autor.

Ao conceituar e classificar a pessoa jurídica do tipo organizações religiosas, várias perguntas vêm à tona: Como ficam as questões que envolvem a imunidade tributária? Isso mudaria as questões contábeis e administrativas? Quais os reflexos desse conceito na responsabilidade civil dessa pessoa jurídica de direito privado? Como o Estado irá controlar as atividades e evitar as fraudes?

Essas e muitas outras perguntas podem surgir da conceituação proposta. Porém o objetivo desta obra é apresentar um conceito de organização religiosa enquanto pessoa jurídica de direito privado e incitar as demais áreas de conhecimento a discutirem sobre o tema – o objetivo não é exaurir o tema.

Restou demonstrado que uma organização religiosa enquanto pessoa jurídica de direito privado, além de uma conceituação, é dotada de classificação tipológica e afetação, o que comprova a realidade ontológico-institucional do ente coletivo. Nesse sentido, o tipo previsto no artigo 44, inciso IV, do CCB é específico e deve ser aplicado quando o ente coletivo se enquadrar perfeitamente nos elementos definidores elencados. Negar a natureza jurídica desse tipo específico é recusar a sua realidade ontológico-institucional, é criar uma pessoa jurídica "amorfa" que viola a liberdade de organização religiosa. Essa negativa propulsiona uma crise no sistema da pessoa jurídica, uma vez que as organizações religiosas são tipos indefinidos. Essa situação atira essa pessoa jurídica ao limbo jurídico da indefinição, o que propicia, também, o desvio na função do instituto. Nesse sentido, negar o conceito e a classificação da pessoa jurídica do tipo organizações religiosas é efetivar a dupla crise da personalidade jurídica lecionada por Lamartine Corrêa de Oliveira (1979).

CONCLUSÃO

As organizações religiosas fazem parte das estruturas institucionais de nossa sociedade desde o Brasil Colônia, logo impossível é a negativa de sua realidade. Com a separação entre Estado e Religião, a denominada secularização, o Brasil República não adota mais uma religião oficial, mas transfere para as organizações religiosas o papel de tratar de assuntos que são de sua competência, tais como implementação de atividades de assistência e solidificação da solidariedade social. Como restou demonstrado no capítulo 3, uma organização religiosa, como pessoa jurídica, não é o mero conjunto de fiéis e líderes religiosos; ela é um ente coletivo de vertente específica que, sob a égide da Constituição Federal, deve ter respeitado o exercício pleno de sua liberdade de organização, oriunda da liberdade religiosa.

Casanova (1994) chama atenção para o processo de "desprivatização" da religião, ou seja, por meio dos entes coletivos baseados na fé, a religião tem saído da esfera privada e assumido um papel de protagonismo na esfera pública. Isso, por si só, já é um grande e importante motivo para o legislador voltar seu olhar para essas entidades e regulá-las de forma correta, contemplando sua liberdade de atuação no viés contemporâneo pós-secular no qual elas encontram-se posicionadas.

Autores como Tomalin (2013), Clarke e Jennings (2008) e Jeavons (1998, 2004) indicam a necessidade e a dificuldade em se apresentar um conceito e classificação para o ente coletivo de vertente religiosa. Para alcançar os objetivos propostos, o conceito de organização religiosa apresentado até aqui utilizou, de forma adaptada, a teoria de Jeavons (2008), mas também justificou diversos de seus posicionamentos nos demais autores estudados. Todas essas teorias podem ser corroboradas com os ensinamentos de José Lamartine Côrrea de Oliveira (1979), que, há muito, alertava para a necessidade de observação, por parte do legislador, dos elementos essenciais da pessoa jurídica antes de sua positivação. Ordenamentos minimalistas e normativistas não se preocupam em observar tais características, o que promove uma vicissitude no sistema de reconhecimento da personalidade jurídica no direito brasileiro.

Essa crise foi demonstrada por meio da confusão conceitual implementada pelo Poder Judiciário, que, diante da omissão do legislador, prefere utilizar a expressão "associação religiosa", termo não previsto em lei, do que reconhecer a existência legal de uma organização religiosa. O problema é a leitura secular do instituto. O legislador brasileiro e os Tribunais enxergam uma organização religiosa como um espaço destinado ao culto e à liturgia, ou seja, consideram apenas sua função típica. O papel da religião no século XXI mudou. A laicidade do Estado e a liberdade religiosa são combinadas em uma relação de colaboração, logo uma organização religiosa deve ser vista pela lei e por seu operador, uma vez que é entidade que, de fato, atua na sociedade. A *Joint Guidelines on the Legal Personality of Religious or Belief Communities* é clara ao estabelecer que os estados não podem embaraçar ou dificultar o pleno exercício da personalidade jurídica pelas organizações religiosas.

No Brasil, no tipo previsto no artigo 44, inciso IV, parágrafo 1º do CCB, porém, a limitação de sua personalidade é realizada claramente. Um ente coletivo de vertente religiosa que buscar o seu direito de se registrar como pessoa jurídica de direito privado do tipo organização religiosa e demonstrar, em seu estatuto, que exerce atividades além do culto e da liturgia – atividades essas sem finalidade lucrativa, ligadas e voltadas para a fé professada –, terá seu pedido de registro negado. Para a jurisprudência, organização religiosa é igreja, e toda e qualquer igreja que desenvolver uma atividade além do culto e liturgia será uma associação religiosa. A concessão da personalidade jurídica para as igrejas não é mais uma discussão no Brasil desde o ano de 1890, com a publicação do Decreto 119-A. A questão é que o direito brasileiro não acompanhou a mudança do papel da religião na sociedade. O legislador e o intérprete só compreendem a religião em sua concepção substantiva, ignorando sua concepção funcional.

Não há que se falar em similaridade entre associações privadas e organizações religiosas. Aquelas são oriundas do direito constitucional de associação e não necessitam de um elemento

CONCLUSÃO | 283

essencial para sua configuração, a não ser a vontade de se associar (que não sofre afetação pela lei e, portanto, pode ser manifestada por qualquer causa, ideologia, ideia ou filosofia). Já uma organização religiosa é oriunda da liberdade religiosa que estampa o Estado Democrático de Direito, ou seja, é a existência de um ente coletivo afetado, legalmente, pelo elemento imaterial denominado religião. Nesse sentido, uma organização religiosa não é apenas uma Igreja ou um local de práticas religiosas. Uma organização religiosa é uma pessoa jurídica inserida em um contexto social no qual precisa se manter para alcançar seus fins espirituais e desenvolver suas atividades. É exatamente nessa perspectiva que se conclui que o ente de vertente religiosa poderá desenvolver atividades denominadas típicas e atípicas, desde que tais atividades tenham, como objetivo, sua finalidade última, que é a religião.

O que se deve observar para definir a pessoa jurídica de direito privado do tipo organização religiosa não é somente a atividade desenvolvida, mas sim sua finalidade, seu objeto constitutivo. Barrar o exercício das atividades atípicas sob o argumento de que isso desvirtua a finalidade da pessoa jurídica apresentada no artigo 44, inciso IV, do CCB é uma afronta direta ao direito de liberdade e organização religiosa.

A organização religiosa, por mais que se encontre fixada na esfera privada, exerce atividades de cunho público seja na assistência aos menos favorecidos, seja na implementação de projetos que envolvam a saúde, a educação, seja na lojinha ligada ao templo/igreja que vende adereços sem finalidade de comércio. Todas essas atividades têm dois únicos escopos: sua manutenção na sociedade capitalista, ou seja, sua sobrevivência no mercado, e a difusão de suas ideias religiosas. Isso porque, para existir, a organização religiosa precisa se organizar e buscar recursos para a execução de seus fins, assim como todas as pessoas jurídicas. Negar essa possibilidade é criar uma crise no sistema da pessoa jurídica de direito privado, uma vez que se nega a realidade ontológica e institucional do ente coletivo, reduzindo o artigo 44, inciso IV, do CCB a uma mera "letra morta". As normas de uma associação privada não são aplicáveis a uma organização religiosa; se assim fosse, o legislador não teria inserido o tipo próprio. De que adianta a referência às organizações religiosas, se não há definição?

Muitas são as consequências oriundas do conceito apresentado no capítulo 5, porém tais reflexos devem ser verificados em cada seara própria do direito. Esta obra tem, como objetivo, apenas apresentar o conceito e alertar o mundo jurídico para o tratamento equivocado que é concedido à pessoa jurídica de direito privado do tipo organizações religiosas.

Os números do IBGE e do IPEA são alarmantes, pois são muitas as pessoas jurídicas dessa natureza existentes no Brasil e no Município de Belo Horizonte. Além de sua existência, é possível identificar o tratamento equivocado concedido a esses entes no momento de seu registro, o que torna o desenvolvimento de suas atividades algo árduo e embaraçoso. Obrigar uma organização religiosa a se registrar como uma associação é um atentado direto contra os preceitos constitucionais. Cabe ao Estado criar os aparatos necessários para fiscalizar e dirigir, da melhor forma possível, a constituição desse tipo de pessoa jurídica.

É preciso ressaltar que esta obra não defende a ausência de regulação, pelo contrário, ao apresentar um conceito de organização religiosa compreende-se que a fiscalização dessas entidades se torna ainda mais transparente e efetiva. Muitos são os agentes que se valem dessa "nebulosidade" jurídica para desenvolver as atividades religiosas de forma contrária à lei, o que promove, também, uma crise na função da pessoa jurídica.

Não se pode fechar os olhos para a importância social e histórica das entidades eclesiásticas e/ou organizações religiosas no Brasil. Associação privada não é sinônimo de organização religiosa. Esta tem definição própria, possui tipologia própria, tem afetação específica no que tange ao objeto espiritual e apresenta classificação diferida, uma vez que não se deve limitar o exercício do objeto social de uma organização única e exclusivamente ao culto e à liturgia. Ademais, uma organização religiosa (em nome da pluralidade religiosa) deve gozar da liberdade de se organizar para a execução de seu objeto.

Compreender uma organização religiosa como pessoa jurídica de direito privado é entender que o artigo 44, inciso IV, parágrafo 1º do CCB estipula um tipo específico de pessoa jurídica de direito privado, e não uma pessoa jurídica amorfa. Essa especificidade tem como objeto central a espiritualidade, a religião.

A organização religiosa não se resume ao conceito de igreja, muito menos deve ser desenvolvida como associação privada quando pretende alcançar seu objetivo maior por meio da execução de atividades diversas do culto e da liturgia. Ela é um tipo próprio que poderá desenvolver atividades típicas e atípicas de cunho econômico ou não econômico, mas não com finalidade lucrativa. Não se pode negar às organizações religiosas o direito de executar atividades atípicas, se o desenvolvimento das atividades não viola sua finalidade última. Somente na presença de atividade que viole o objetivo finalístico é que será possível a alegação de desvirtuamento do tipo e seu não enquadramento legal.

REFERÊNCIAS

ALVES, Alexandre Ferreira Assumpção. *A pessoa jurídica e os direitos da personalidade*. Rio de Janeiro: Renovar, 1998.

ARAÚJO, Vaneska Donato. *A gênese dos direitos da personalidade e sua inaplicabilidade à pessoa jurídica*. 2014. Tese (tese doutorado em direito). Universidade de São Paulo, São Paulo, 2014.

BOBBIO, Norberto. *Teoria do ordenamento jurídico*. 10. ed. Brasília: Editora Universidade de Brasília, 1999.

BRASIL. *Lei nº 10.406, de 10 janeiro de 2002. Código Civil.* Brasília, DF: Presidência da República. Disponível em: http://www.planalto.gov.br/ccivil_03/leis/2002/110406. Acesso em: 08 jul. 2021.

BRASIL. *Código Civil brasileiro e legislação correlata.* 2. ed. Brasília: Senado Federal, Subsecretária de Edições Técnicas, 2008. Disponível em: https://www2.senado.leg.br/bdsf/bitstream/handle/id/70327. Acesso em: 20 fev. 2020.

BRASIL. *Lei nº 10.825, de 22 de dezembro de 2003.* Dá nova redação aos arts. 44 e 2.031 da Lei nº 10.406, de 10 de janeiro de 2002, que institui o Código Civil. Brasília, DF: Presidência da República. Disponível em: http://www.planalto.gov.br/ccivil_03/leis/2003/110.825. Acesso em: 15 ago. 2020.

BRASIL. *Lei nº 14.195, de 08 agosto de 2021.* Dispõe sobre a facilitação de abertura de empresas. Brasília, DF: Presidência da República. Disponível em: https://www.in.gov.br/en/web/dou/-/lei-n-14.195-de-26-de-agosto-de-2021-341049135. Acesso em: 26 out. 2021.

BRASIL. *Lei nº 12.441, de 11 de julho de 2011.* Altera a Lei nº 10.406, de 10 de janeiro de 2002 (Código Civil), para permitir a constituição de empresa individual de responsabilidade limitada. Brasília, DF: Presidência da República. Disponível em: http://www.planalto.gov.br/ccivil_03/_ato2011-2014/lei/112441. Acesso em: 10 ago. 2020.

BRASIL. *Lei nº 4.657, de 4 de setembro de 1942.* Lei de introdução às normas do Direito Brasileiro. Brasília, DF: Presidência da República. Disponível em: http://www.planalto.gov.br/ccivil_03/decreto-lei/de14657. Acesso em: 02 fev. 2021.

BRASIL. *Lei nº 5.172, de 25 de outubro de 1966.* Dispõe sobre o Sistema Tributário Nacional e institui normas gerais de direito tributário aplicáveis à União, Estados e Municípios. Brasília, DF: Presidência da República. Disponível em: http://www.planalto.gov.br/ccivil_03/leis/15172. Acesso em: 10 fev. 2021.

BRASIL. *Lei nº 13.019, de 31 de julho de 2014.* Estabelece o regime jurídico das parcerias entre a administração pública e as organizações da sociedade civil, em regime de mútua cooperação, para a consecução de finalidades de interesse público e recíproco, mediante a execução de atividades ou de projetos previamente estabelecidos em planos de trabalho inseridos em termos de colaboração, em termos de fomento ou em acordos de cooperação; define diretrizes para a política de fomento, de colaboração e de cooperação com organizações da sociedade civil; e altera as Leis nº 8.429, de 2 de junho de 1992, e nº 9.790, de 23 de março de 1999. Brasília, DF: Presidência da República da República. Disponível em: http://www.planalto.gov.br/ccivil_03/_ato2011-2014/lei. Acesso em: 10 nov. 2020.

BRASIL. *Decreto 7.107, de 11 de fevereiro de 2010*. Promulga o Acordo entre o Governo da República Federativa do Brasil e a Santa Sé relativo ao Estatuto Jurídico da Igreja Católica no Brasil, firmado na Cidade do Vaticano, em 13 de novembro de 2008. Brasília, DF: Presidência da República. Disponível em: http://www.planalto.gov.br/ccivil_03/_ato2007=2010/2010/decreto. Acesso em: 10 jun. 2021.

BRASIL. *[Constituição (1988)]. Constituição da República Federativa do Brasil de 1988*. Brasília, DF: Presidência da República, [2020]. Disponível em: http://www.planalto.gov.br/ccivil_03/constituicao/constituicao. Acesso em: 15 jun. 2021.

BRASIL. *Decreto 119-A, de 7 de janeiro de 1890*. Prohibe a intervenção da autoridade federal e dos Estados federados em materia religiosa, consagra a plena liberdade de cultos, extingue o padroado e estabelece outras providencias. Brasília, DF: Presidência da República. Disponível em: http://www.planalto.gov.br/ccivil_03/decreto/1851-1899/d119. Acesso em: 15 jun. 2021.

BRASIL. Supremo Tribunal Federal. *Recurso Extraordinário 325822*. Imunidade tributária dos Templos de qualquer culto. Relator: Ilmar Galvão, data de julgamento: 18/12/2002. 14 de maio de 2004. Brasília, DF. Disponível em: https://jurisprudencia.stf.jus.br. Acesso em: 22 jul. 2021.

BRASIL. Tribunal de Justiça. *Processo: APL 1023847-89.2014.8.13.0024*. Juiz: Pereira Calças. 10, de novembro de 2016. Disponível em: https://esaj.tjsp.jus.br/cpopg/show.do?processo. Acesso em: 28 jul. 2021.

BRASIL. Tribunal de Justiça. *Processo: 1102359-07.2020.8.26.0100*. Juíza: Drª. Luciana Carone Nucci Eugênio Muhuad. 27, de janeiro de 2021. Disponível em: https://esaj.tjsp.jus.br/cpopg/show.do?processo. Acesso em: 20 fev. 2021.

BRASIL. Tribunal de Justiça. *Processo Administrativo: 147.741/2013*. Juiz: Drº. Roberto Maia Filho. 08, de novembro de 2007. Disponível em: https://extrajudicial.tjsp.jus.br/pexPtl. Acesso em: 10 out. 2020.

BRASIL. Tribunal de Justiça. *Processo: 1096194-80.2016.8.26.0100*. Juíza: Drª. Luciana Carone Nucci Eugênio Muhuad. 15, de fevereiro de 2018. Disponível em: https://esaj.tjsp.jus.br/cpopg/show.do?processo.codigo. Acesso em: 04 mar. 2021.

BRASIL. *A cada hora nasce uma organização religiosa*. UNISINOS, São Leopoldo, 17 de abril de 2017. Disponível em: http://www.ihu.unisinos.br/78-noticias/566635-brasil-a-cada-hora-nasce-uma-nova-organizacao-religiosa. Acesso em: 21 maio 2020.

BRASÍLIA. Justiça Federal. *III Jornada de Direito Civil*. Março de 2015. Disponível em: https://www.cjf.jus.br/cjf/corregedoria-da-justiça-federal/centro-de-estudos-judiciários. Acesso em: 12 maio 2020.

IBGE – Instituto Brasileiro de Geografia e Estatística. Censo demográfico do ano de 2010. Brasília, 2012. Disponível em: https://sidra.ibge.gov.br/tabela/6914#resultado. Acesso em: 20 ago. 2021.

IBGE – Instituto Brasileiro de Geografia e Estatística. *FASFIL*. Brasília, 2016. Disponível em: https://www.ibge.gov.br/estatisticas/economicas/outras-estatisticas-economicas. Acesso em: 22 ago. 2021.

BOBSIN, Oneid *et al. Uma religião chamada Brasil*. São Leopoldo: Editora Oikos, 2012.

CASANOVA, Jose. *Public religions in the modern world*. Chicago: The University of Chicago Press Ltda., 1994.

CAMURÇA, Marcelo Ayres. Seria a caridade a religião civil dos brasileiros? *Revista Praia Vermelha*, Rio de Janeiro, v. 12, p. 12-62, 2005.

REFERÊNCIAS | 289

CAVALCANTI, Amaro. *Responsabilidade civil do Estado*. Rio de Janeiro: Laemmert & C. Rua do ouvidor, 1905.

CIPRIANI, Roberto. *Manual de sociologia da religião*. São Paulo: Paulus, 2007.

CLARKE, Gerald; JENNINGS, Michael. *Development, Civil Society and Faith-Based Organization*: Bridging the sacred and the secular. Nova Iorque: Palgrave Macmillan, 2008.

COMISSÃO EUROPEIA PELA DEMOCRACIA ATRAVÉS DA LEI (Comissão de Veneza; ESCRITÓRIO PARA INSTITUIÇÕES DEMOCRÁTICAS E DIREITOS HUMANOS (OSC). *Joint Guidelines on the Legal Personality of Religious or Belief Communites*. Parecer 673/2012, assinado em 13 e 14 de junho de 2014, Veneza. Disponível em: https://www.osce.org/odihr/346996. Acesso em: 08 jul. 2021.

CÓDIGO DE DIREITO CANÔNICO, promulgado por João Paulo II, Papa. Tradução Conferência dos Bispos Nacionais do Brasil. São Paulo: Loyola, 1987.

CHAVES, Antônio. Pessoas jurídicas. Conceito. Natureza. Classificação, Elementos Constitutivos. *Revista da Faculdade de Direito da Universidade de São Paulo*, São Paulo, v. 69, 1974. Disponível em: http://www.revistas.usp.br/rfdusp/article/view/66725. Acesso em: 13 abr. 2020.

DANE, Perry. *The Corporation sole and the encounter of law and church*. In: DEMERATH, J. III; Hall, P. D.; SCHMITT, T.; WILLIAMS, R.H. (Eds.), *Sacred companies: Organizational aspects of religion and religious aspects of organizations*. Nova Iorque: Oxford University, 1998.

DURKHEIM, Émile. *As formas elementares da vida religiosa*: o sistema totêmico na Austrália. São Paulo: Martins Franco, 1996.

ESPINAS *apud* SILVA, Wilson Melo. Pessoas jurídicas. *Revista da Faculdade de Direito da Universidade Federal de Minas Gerais*, Belo Horizonte, v. 6, p. 93, fev., p. 90, 2014.

FERRARA, Francesco Ferrara. *Teoría de las personas jurídicas*. Madrid: Editorial Reus (S.A), 1929.

FIUZA, César. *Direito civil curso completo*. 22. ed. Belo Horizonte: D'Plácido, 2021.

FISCHER, Rosa Maria. *O desafio da colaboração* – práticas de responsabilidade social entre empresas e terceiro setor. São Paulo: Editora Gente, 2002.

FRIGERIO, Alejandro. O paradigma da escolha racional – Mercado regulado e pluralismo religioso. *Revista de Sociologia da USP*, São Paulo, v. 20, n. 2, p. 17-39, 2008.

FRANCO, Renato Júnior. *O modelo luso de assistência e a dinâmica das Santas Casas de Misericórdia na América Portuguesa*. Est. Hist., Rio de Janeiro, v. 27, p. 5-25, 2004.

GERONE, Acyr. As organizações religiosas e o terceiro setor. In: OLIVEIRA, Gustavo Justino (org.). *Direito do terceiro setor*. Belo Horizonte: Fórum, 2008, cap. 06, p. 127-160.

GIUMBELLI, Emerson. A vida jurídica das igrejas: observações sobre minorias religiosas em quatro países (Argentina, Brasil, México e Uruguai). *Religião e sociedade*, Rio de Janeiro, v. 37, p. 121-143, 2017.

GOMES, José Jairo. *Direito civil introdução e parte geral*. Belo Horizonte: Editora Del Rey, 2006.

GOGLIANO, Dayse. *Direitos privados da personalidade*. 1982. Tese (doutorado em direito) – Universidade de São Paulo, São Paulo, 1982.

GOUVÊA, Paulo. *Projeto de Lei nº 634/2003*. Dispõe sobre a inclusão das organizações religiosas e partidos políticos no art. 44 do CCB/02. Brasília: Câmara dos Deputados, 02 de abr. de 2003. Disponível em: https://www.camara.leg.br/proposicoesWeb. Acesso em: 20 mar. 2020.

GUNN, T. Jeremy. The Separation of Churche and State versus Religion in the Public Square: The Contested History of the Establishment Clause. In: GUNN, T. Jeremy e WITTE JR. John (eds). *No establishment of religion. America's original contribution to religious liberty.* New York–Oxford: Oxford University Press, 2012.

HACKETT, Rosalind I.J. *Rethinking the role of religion in changing public spheres: some comparative perspectives.* Universidade *Brigham Young, Utha, EUA*, Rev. 659, p. 659 – 682, 2005. Disponível em: https://digitalcommons.law.byu.edu. Acesso em: 20 abr. 2020.

HOPKINS, Bruce R.; MIDDLEBROOK, David. *Nonprofit law for religious organizations*: essential questions & answers. New Jersey. Jonh Wiley & Sons. 2008. Disponível em: https://www.wiley.com/en-ao/Nonprofit+Law+for+Religious+Organizations%3A. Acesso em: 19 maio 2021.

IPEA. Instituto Econômico de Pesquisa Aplicada. *Mapa das organizações da sociedade Civil.* Brasília, 2019. Disponível em: https://mapaosc.ipea.gov.br/base-dados.html. Acesso em: 15 fev. 2020.

JEAVONS, T. H. Religious and Faith-Based Organizations: Do We Know One When We See One? Londres: *Sage Publication, Nonprofit and Voluntary Sector Quarterly*. V. 33, p. 140 – 145, 2004. Disponível em: https://journals.sagepub.com/doi/pdf/10.1177/0899764003257499. Acesso em: 07 abr. 2021.

JEAVONS, T. H. Identifying characteristics of "religious" organizations: An exploratory proposal. In: DEMERATH, J. III; Hall, P. D.; SCHMITT, T.; WILLIAMS, R.H. (Eds.). *Sacred companies:* Organizational aspects of religion and religious aspects of organizations. Nova Iorque: Oxford University, 1998.

LEONARDO, Rodrigo Xavier. Revisitando a teoria da pessoa jurídica na obra de J. Lamartine Corrêa de Oliveira. *Revista de Direito da Universidade Federal do Paraná*, Curitiba, v. 46, p. 119-149, 2007. Disponível em: https://revistas.ufpr.br/direito/article/view/14977. Acesso em: 20 maio 2020.

LOBO, Paulo. *Direito civil parte geral.* 10. ed. São Paulo: Saraiva, 2021.

LUHMANN, Niklas. Sociologia como teoria dos sistemas sociais. In: SANTOS, José Manuel (org.). *O pensamento de Niklas Luhmann.* Covilhão: Universidade da Beira Interior, 2005. cap. I, p. 71.

MAIA, Alexandre. *Ontologia jurídica e realidade*: o problema da "ética da tolerância", v. 36, p. 335 – 345, 1999. Disponível em: http://www2.senado.leg.br/bdsf/handle/id/525. Acesso em: 10 maio 2020.

MACHADO, Edgar Godoi da Matta. Conceito análogo de pessoa aplicado à pessoa jurídica. Belo Horizonte: *Revista de Direito da Universidade Federal de Minas Gerais*, Belo Horizonte, v. 6, 1954. Disponível em: https://www.direito.ufmg.br/revista/index.php/revista/article/view/555. Acesso em: 22 jul. 2020.

MARIANO, Ricardo. A reação dos evangélicos ao novo Código Civil. Civitas. *Revista de Ciências Sociais*, v. 6, n. 2, Porto Alegre, 2006.

MARSHALL, Katerine. International NGOs. In: edited by JUERGENSMEYER, Mark; ROOF, Clark. *Encyclopedia of Global Religion.* Santa Barbara: University of California, 2011. Disponível em: http://luceproject.global.ucsb.edu/papers/pdf/Katherine_Marshall_Int_NGO.pdf. Acesso em: 18 maio 2021.

MONTERO, Paula. *Religião, pluralismo e esfera pública no Brasil*, Novos Estudos, Cebrap, São Paulo, p. 47-67, 2006. Disponível em: https://www.scielo.br/j/nec/a/L5hhQqdGx7zk3GKyL5TXDVP/?format=pdf&lang=pt. Acesso em: 20 out. 2020.

REFERÊNCIAS | 291

MONTERO, Paula; ANTUNES, Henrique Fernandes. *A diversidade religiosa e não religiosa nas categorias censitárias do IBGE e suas leituras na mídia e produção acadêmica*. Debates do NER, Porto Alegre, n. 38, p. 339-373, 2020.

MORAES WALTER. Conceito tomista de pessoa: um contributo para a construção do conceito de pessoa. *Revista dos Tribunais*, São Paulo, n. 2, p. 187 – 204, abr/jun., 2000.

NEGRÃO, Ricardo Negrão. *Teoria geral da empresa e direito societário*. 13. ed. São Paulo: Saraiva, 2017.

NORTON, Jane Calderwood. *Religious organizations*. Oxford: University Press, 2016.

OLIVEIRA, J. Lamartine Corrêa de Oliveira. *A dupla crise da pessoa jurídica*. São Paulo: Saraiva, 1979.

OLIVEIRA, Hugo José Sarubbi Cysneiros (org.). *O marco jurídico das organizações religiosas*. Brasília: Edições CNBB, 2019.

OLIVEIRA, Gustavo Justino (org.). *Direito do terceiro setor*. Belo Horizonte: Editora Fórum, 2008.

OLIVEIRA, Aristeu; ROMÃO, Valdo. *Manual do terceiro setor e instituições religiosas*. 3. ed. São Paulo: Editora Atlas, 2011.

PINTO, H. Sobral. *A personalidade jurídica das paróquias*. Vozes de Petrópolis, Petrópolis, p. 40-49, 1941.

PINDUCK, Roberty; RUBINFELD, Daniel. *Microeconomia*. 8. ed. São Paulo: Pearson Ecation.

PEREIRA, Rodrigo Mendes. *Terceiro setor e religião*. Curitiba: ABDR, 2011.

PEREIRA, Caio Mário da Silva. *Instituições de direito civil*. Vol. I. 27. ed. São Paulo: Forense, 2014.

PONTES DE MIRANDA, Francisco Cavalcante. *Tratado de direito privado*. Tomo I. 6. ed. São Paulo: Revista dos Tribunais, 2012.

REALE, Miguel. *Lições preliminares de direito*. 27. ed. São Paulo: Saraiva, 2017.

REALE, Miguel. *Filosofia do direito*. 19. ed. São Paulo: Saraiva, 1999.

RESENDE, Tomáz de Aquino (org.). *Roteiro do terceiro setor*: associações, fundações e organizações religiosas. 6. ed. Belo Horizonte: Fórum, 2019.

ROCHA, S. M. DA. Organização religiosa: pessoa jurídica amorfa no Código Civil de 2002. *Revista ESMAT*, v. 4, n. 4, p. 245-268, 2 set. 2016. Disponível em: http//:esmat.tjo. jus.br/publicações/index. Acesso em: 12 fev. 2020.

SAVGNY, M.F.C. *Sistema del derecho romano actual*. Tomo II. Madrid: Puerta del sol, 1879.

SALAMON, Lester. *A emergência do terceiro setor* – uma revolução associativa global. *Revista de Administração*, São Paulo, v. 33, p. 5-11, 1988.

SÃO PAULO. Tribunal de Justiça. *Processo: 1122828-79.2017.8.26.0100*. Juíza: Drª. Luciana Carone Nucci Eugênio Muhuad. 18, de abril de 2018. Disponível em: https://esaj.tjsp.jus. br/cpopg/processo.codigo. Acesso em: 28 jul. 2021.

SANTA CATARINA. Tribunal de Justiça. *Apelação: 2009.017577-5*. Relator: Artur Jenichen Filho. 13, de novembro de 2014. Disponível em: https://busca.tjsc.jus.br/jurisprudencia. Acesso em: 15 set. 2020.

SILVA, José Afonso. *Curso de direito constitucional positivo*. 36. ed. São Paulo: Malheiros, 2013.

SILVA, Wilson Melo. Pessoas jurídicas. *Revista da Faculdade de Direito da Universidade Federal de Minas Gerais*, Belo Horizonte, v. 6, p. 65, fev., 2014. Disponível em: https://revista.direito.ufmg.br/indez.php/revista/issue/view/72. Acesso em: 15 abr. 2020.

SIDER RJ; UNRUH HR. *Typology of Religious Characteristics of Social Service and Educational Organizations and Programs*. Londres: Sage Publication, Nonprofit and Voluntary Sector Quarterly. V. 33, p. 109–134, 2004. Disponível em: https://journals.sagepub.com/doi/pdf/10.1177/0899764003257499. Acesso em: 07 abr. 2021.

SZAZI, Eduardo. *Terceiro setor regulação no Brasil*. São Paulo: Peirópolis, 2000.

TERAOKA, Thiago Massao Cortizo. *A liberdade religiosa no direito constitucional brasileiro*. Tese (doutorado em direito) – Universidade de São Paulo, São Paulo, 2010.

TOMALIN, Emma. *Religions and development, routledge perspectives on development*. Londres: Routledge, 2013.

VENOSA, Sílvio de Salvo. *Direito civil parte geral*. 14. ed. São Paulo: Atlas, 2014.

WEBER, Marx. *A ética protestante e o "espírito" do capitalismo*. 3. Reimpressão. São Paulo: Companhia das Letras, 2004.

ZITELMANN, 1873, *apud* SILVA, Wilson Melo. Pessoas jurídicas. *Revista da Faculdade de Direito da Universidade Federal de Minas Gerais*, Belo Horizonte, v. 6, p. 90, fev., 2014.